德国宪法案例选释

第 2 辑

言论自由

主编/张翔

法律出版社
LAW PRESS·CHINA

主　编：张　翔

撰稿人：（以撰写案例先后为序）

陈　征　赵　真　冯　威

刘　刚　张　慰　王　锴

赵　宏　李忠夏　张　翔

陈　征

1980年2月生于北京。现为北京师范大学法学院教授，中国宪法学研究会理事、北京市法学会教育法学研究会常务理事、比较法学研究会理事，中德法学家协会(DCJV)会员。2001年年初至2010年年初在德国学习法律，先后就读于海德堡大学和汉堡大学。在德国期间获得法学学士、法学硕士和法学博士学位。主要研究领域为宪法学。2003年至今出版德文和中文专著各1部，先后于《法学研究》、《中国法学》、《清华法学》、《环球法律评论》、《当代法学》、《华东政法大学学报》等刊物发表论文数十篇。

赵　真

1984年生，山东人。中央财经大学法学院讲师，《财经法学》编辑，《法哲学与政治哲学评论》编委。2006年在山东大学获法学学士学位，2009年在中国政法大学获法学硕士学位，2012年在中国人民大学获法学博士学位。2010～2012年在德国柏林洪堡大学访问交流。主要研究领域为宪法学、国家理论。在《读书》、《政法论坛》等刊物发表论文数篇，出版译著《德国基本法：历史与内容》。论文曾获中国宪法学研究会第七届中青年宪法学者优秀科研成果奖（论文类三等奖）。

冯 威

1986年9月生，湖北武汉人。2015年毕业于中国政法大学，获法理学博士学位，现为中国人民大学宪法与行政法博士后，德国海德堡大学访问学者，同时在德国基尔大学攻读公法与法哲学博士学位。研究方向：法哲学、法学方法论、基本权利教义学。曾在《政法论坛》、《比较法研究》、《光明日版》（理论版）等发表中文论文10篇、译文4篇，中国人民大学书报资料中心《复印报刊资料》全文转载1篇。参加国家社科基金重大项目、中国行为法学会、中国博士后科学基金等6项课题。此外，发表英文、德文论文各1篇，参加德国法哲学与社会哲学分会（帕绍）、德国施莱尔研讨会（曼海姆）等多次国际会议。代表作有：《法律体系如何可能？》、Radbruch's Legal Philosophy and Four Dialogues Involved、Methodenfrage der Rechtswissenschaft in China。

刘 刚

1981年出生。北京大学法学院宪法与行政法专业硕士，德国柏林洪堡大学公法学博士，北京大学法学院博士后。主要从事国家学、政治代表理论、宪法学基础理论研究。著有德语专著《现代政治代表与政党的地位》。翻译卡尔·施密特的《国家的价值与个人的意义》、赫尔曼·黑勒的《国家学的危机　社会主义与民族》、迪特·格林的《现代宪法的诞生、运作与未来》。

张　慰

1977年生，浙江义乌人。南京大学法学院本科、硕士，德国图宾根大学博士候选人，德国联邦宪法法院访问学者（2015年6～9月），现为南京大学法学院暨中德法学研究所讲师。主要研究领域为宪法学，尤其是德国基本权利的释义学以及与文化（权）相关的宪法理论。先后在《法制与社会发展》、《法学》、《人大法律评论》、《德国研究》等刊物发表论文多篇，多篇论文被中国人民大学书报资料中心《复印报刊资料》全文转载，多次参与国家社会科学基金、教育部课题等海内外科研项目。

王　锴

1978年生，陕西汉中人。北京航空航天大学法学院教授、博士研究生导师，德国弗莱堡大学访问学者（2013～2014年）。1997～2007年就读于中国人民大学，分别获历史学学士、法学硕士、法学博士学位。研究方向为宪法学、行政法学，主要侧重于违宪审查、基本权利、宪法基础理论、比较宪法和行政法总论。曾在《中国法学》、《法学家》等刊物发表论文40余篇，出版《公法释义学与比较方法》、《部门宪法研究》等多本著作，译著有《法国行政法》、《现代宪法论》等。曾获得北航“蓝天新秀”、“蓝天新星”、第六届中青年宪法学者优秀科研成果论文类三等奖、第七届中青年宪法学者优秀科研成果论文类二等奖等奖励。兼任中国宪法学研究会理事、中国财税法学研究会理事等。

赵　宏

1977年3月生。1995～2002年就读于中国政法大学，获法学学士和硕士学位；2002～2005年就读于北京大学，获法学博士学位。自2005年执教于中国政法大学至今，现为该校比较法学研究院中德法学所教授。曾作为访问学者分别赴德国纽伦堡大学、慕尼黑大学、科隆大学和图宾根大学进行交流。主要研究领域为德国公法和比较公法，研究专长为德国行政行为理论以及德国基本权利的法释义学。目前已出版专著2部：《法治国下的目的性创设：德国行政行为理论与制度实践研究》、《法治国下的行政行为存续力》；译著2部：《德国国家学》、《民族主义：历史、形式、后果》。在《政法论坛》、《法学家》、《比较法学研究》、《行政法论丛》、《法商研究》等专业期刊发表论文20余篇。

李忠夏

山东莱西人。山东大学法学院副院长、副教授。2000年毕业于西北政法学院，获法学学士学位；2003年毕业于中国人民大学，获法学硕士学位；2007年毕业于北京大学，获法学博士学位。自2004年10月获戴姆勒—奔驰基金会资助赴德国柏林洪堡大学留学6年，专业方向为宪法学，获法学博士学位。2007～2010年为中国政法大学博士后流动站研究人员，2010年10月起就职于山东大学法学院。研究方向为宪法学，对宪法学方法论尤感兴趣。近期关注基本权利、中央与地方关系、宪法中“公共财产”的解释与适用、对土地流转的合宪性、宪法中的国家所有等问题。在《中国法学》、《法学研究》、《中外法学》、《法学家》、《清华法学》等刊物发表论文10余篇。

张　翔

1976年7月生，甘肃张掖人。中国人民大学法学院本科、硕士，北京大学法学院博士（2004年），德国柏林洪堡大学访问学者（2009～2010年）。现为中国人民大学法学院教授，兼任中国宪法学研究会副秘书长。治学以“志存闻道，必空所依傍”为座右铭，长期关注基本权利、宪法解释以及法学方法论问题，注重宪法研究的法学视角，强调以法教义学的方法处理实践问题以促进宪政法治之落实。2008年出版专著《基本权利的规范建构》。在《中国社会科学》、《法学研究》、《中国法学》等刊物发表论文30余篇。曾获高等学校科学研究优秀成果奖（人文社会科学）论文类二等奖、中国法学会中国法学优秀成果奖论文类一等奖、中国法学会第七届全国十大杰出青年法学家提名奖。

编写说明

一

《德国宪法案例选释》(第2辑)的主题是“言论自由”(“意见自由”,Meinungsfreiheit)。主要涉及的条款是《德意志联邦共和国基本法》(以下简称《基本法》)第5条,即

(1)人人享有以语言、文字和图画自由发表和传播意见以及不受妨碍地从普遍公开的来源中获取信息的权利。出版自由以及广播和电影的报道自由受到保障。对此不得进行审查。

(2)一般性法律、有关青少年保护的法律规定以及个人名誉权构成上述权利的界限。

(3)艺术和科学以及研究和教学是自由的。教学自由不得免除对宪法的忠诚。

按照德国的基本权利教义学,《基本法》第5条是个“权利群”,是“广义的言论自由”。第5条第1款由三句话组成,包括五项基本权利:第1句的前半句是狭义的言论自由(字面上是“意见的发表和传播自由”),第1句的后半句是信息获取自由;第2句第1项是新闻出版自由,第2项是广播自由,第3项是电影自由。

第5条第3款还规定了艺术自由、科学研究自由和教学自由。第5条第2款规定了对第1款中所列自由进行限制的条件。在第1款中,还明确禁止对言论自由的审查(Zentur),也就是我们所熟悉的,曾被马克思激烈抨击的"书报检查令"制度。

此外,在学理和实务上,《基本法》第8条所规定的集会自由被认为与第5条言论自由有天然的密切关系,本辑也选取了集会自由的案例。《基本法》第8条规定如下:

(1)所有德国人均享有不携带武器进行和平集会的权利,集会无须事先通知或许可。

(2)对于露天集会的权利,可通过法律或依据法律予以限制。

第2辑的编写,继续遵循第1辑思路:(1)选择该主题下最重要的案例;(2)翻译判决要点、描述论证过程、突出重点理论;(3)介绍理论背景和后续影响,兼及借鉴意义;(4)阐述宪法解释与论证的方法。第2辑也继续沿用之前的体例,每个案例介绍大体由以下7部分组成:(1)案例名称;(2)关键词;(3)案情;(4)判决要旨;(5)判决理由与论证;(6)涉及的重大理论问题;(7)后续影响及借鉴意义。当然,各位作者针对不同案例的具体情况进行了必要调整和取舍。

二

第2辑选择了德国联邦宪法法院12个涉及上述各项权利的重要判决进行译介。这里,对这12个案例的要点加以说明:

1.《明镜周刊》案。该案涉及出版自由的概念和保护范围,出版自由在代议制民主中的功能,出版自由作为个人权利与"制度保障",出版自由与保障国家安全之间的权衡,刑事强制措施的合比例性等问题。

2.梅菲斯特案。该案涉及艺术自由作为个人主观权利和客观价值秩序的性质，艺术自由对“作品范围”与“影响范围”的保护，艺术自由的限制等问题。作为权利冲突的另一面，这一案件还涉及对一般人格权的三体、对死者尊严的保护等。艺术自由与人格保护之间的权衡是本案的要点。

3. 雷巴赫案。该案涉及一般人格权、肖像权与言论自由的冲突。宪法法院分析了对私人领域的绝对保护与相对保护，并指出针对相互冲突的私人利益进行利益权衡时，任何一项基本权利都不具有通常的优越地位。此外，该案还讨论了基本权利与基本权利限制之间的交互影响。这一案件在基本权利冲突的利益衡量和比例原则的运用上，具有重要的意义。

4. 基督教社会联盟：欧洲的国家民主党案（竞选案）。该案涉及对言论概念的界定，言论中价值判断与事实论断的区分，对于显然的或故意的虚假事实论断不予保护，民主体制下对高度政治性言论的保护必要性等问题。

5. 不合时宜的游行案。该案涉及对侵害艺术自由刑事裁判的宽泛审查，艺术自由作为个人权利和原则规范的性质等问题。宪法法院在该案中指出艺术不存在普遍有效的定义，但对认定何为艺术给出了判断要素。该案还对一般人格权与艺术自由之间冲突的权衡进行了分析。

6. 布洛克朵夫案。该案涉及集会自由的保护范围，组织者对集会地点、时间、方式和内容的自决权，集会自由作为民主代议制下保护少数派的要素，突发型集会的登记自由，“公共安全与秩序”的内涵，大规模示威游行的特殊性，集会的和平性等问题。

7. 约瑟芬·穆岑巴赫尔案。该案涉及艺术自由对色情文学的保护，事先审查的禁止，立法者对于科学尚未解答的问题的评估特权，艺术自由的界限，艺术自由与青少年保护在个案中的冲突的“实践调和”等。

8. 奥斯维辛谎言案。该案的核心争议是，将《集会法》中的预防性禁止规范适用于倾向于否定对犹太人大屠杀的集会,是否侵犯了言论自由。该案涉及集会自由与言论自由保护范围的界分,集会中的(预防性)禁止规范与言论自由的关系,保护人格权与限制言论表达自由之间的权衡等问题。

9.“士兵是谋杀犯”案。该案涉及言论自由的保护范围,刑法作为限制言论自由的“一般性法律”,对刑事裁判的合宪性审查,对某个集体的戏谑诽谤的可允许性与界限。该案涉及言论自由与特定群体名誉保护之间的关系。

10.第二次摩纳哥卡洛琳公主案。该案涉及名人日常与私人生活照片的公布,涉及对公共传播保护和对私人领域保护的平衡,对于儿童的特别保护,基本权利对私法的辐射效果。该案在新闻自由的限制上具有重大争议性。

11.第二次法庭电视录制案。该案涉及信息获取自由的保护范围问题。该案指出,信息的拥有者(无论私人还是国家)享有对信息自由保护范围的决定权,但这并不就意味着对普遍可获悉的信息来源之侵犯,如果不注意这一区分,就有将信息自由扩张为“请求公开信息来源的权利”之危险。

12.纪念鲁道夫·赫斯集会案。该案涉及为纳粹暴政辩护的言论是“事实判断”还是“价值判断”,以及二者的关系,言论自由是否保护危险的和不正确的言论,宪法确立的价值观与个人意见自由之间的关系,仅针对纳粹言论的限制是否有违“一般性法律”的原则,《基本法》作为纳粹暴政的“对立方案”等问题。

需要说明的是,其他与《基本法》第5条相关的重要案例,在《德国宪法案例选释》(第1辑)“基本权利总论”中已涉及。例如,吕特案实际上是关于言论自由最重要的案例,确立了言论自由的很多基础性理念,包括言论自由的公共性,言论自由在民主社会促进公共舆论形成的功能,言论自由与名誉权的权衡,限制言论自由的“一般性法律”的界定,限制言论的法律与言论自由之间的交互影响(Wechselwirkung),等等。此外,第1辑中的犯人通信案也涉及言论自由,而大学名额案则涉及学术自由。有兴趣的读者可以参考阅读。

三

第2辑的写作分工如下:

王锴:布洛克朵夫案、"士兵是谋杀犯"案

陈征:《明镜周刊》案、第二次摩纳哥卡洛琳公主案

赵真:梅菲斯特案、第二次法庭电视录制案

冯威:雷巴赫案

刘刚:基督教社会联盟:欧洲的国家民主党案(竞选案)

张慰:不合时宜的游行案

赵宏:约瑟芬·穆岑巴赫尔案

李忠夏:奥斯维辛谎言案

张翔:纪念鲁道夫·赫斯集会案

此外,本书有三个附录,分别是弗莱堡大学的博士研究生李浩然撰写的"解题报告之审查模式(宪法诉愿)"和"公法案例分析初阶:以吕特案为例",以及冯威撰写的"雷巴赫案解析"。这三个附录可以帮助我们理解德国法学教育中如何掌握和操作"审查模式"并分析案例,这种"解题报告"的撰写是指向未来法律实务工作的具体操练。

笔者负责了本书统稿工作。

感谢各位作者的辛苦付出!感谢冯威协助选择案例,感谢赵真协助统稿。此外,还要特别感谢法律出版社财经分社沈小英社长、刘晓萌编辑。

《德国宪法案例选释》(第1辑)出版于2012年,出版后得到了许多学界同人和学生的积极评价。很多老师将这本书作为宪法案例课或者外国宪法课的教材或者参考书目。出版社反馈销售状况不错,且加印过一次。第1辑出版后,不断有人问我:"什么时

候出第2辑”,“第2辑的主题是什么”。尽管得到了这样热情的鼓励,但第2辑却直到4年后的现在才编辑完成,与笔者原来预想的一到两年编一本差距甚大。这当然首先得归咎于笔者个人的懒惰懈怠,但编写难度大,各位参编者都是年轻学者,科研、教学、职称、生活压力大也是客观情况。特别是,这种译介作品基本上难以计入科研考核。每次催各位作者赶这种“没用”的稿子,都特别不好意思,尽管表示不好意思的经常是他们。谢谢各位!

欢迎各位读者提出宝贵批评和建议,以帮助我们修订错误并编好未来的《德国宪法案例选释》。联系作者,请发邮件到verfassung@163.com。

最后,让我们回到本辑“言论自由”的主题,以马克思在《评普鲁士最近的书报检查令》中引用过的塔西佗的一句话作为结束:

> “当你能够想你愿意想的东西,并且能够把你所想的东西说出来的时候,这是非常幸福的时候。”①

希望我们越来越幸福。

张　翔

2016年3月4日于中国人民大学明德法学楼

① 马克思:“评普鲁士最近的书报检查令”,载《马克思恩格斯全集》(第1卷),第31页。

目录 Catalogue

《明镜周刊》案

陈　征

【案例名称】《明镜周刊》案（Spiegel-Urteil，BVerfGE 20，162，1966 年 8 月 5 日）

【关 键 词】出版自由　出版企业　搜查　比例原则　国家存续

【　案　情　】

原告以两合公司的法律形式经营一家出版社。《明镜周刊》是该出版社的唯一出版物，创办者是鲁道夫·奥格斯坦因（Rudolf Augstein），同时，他也是业务负责人。出版社运营总部设在汉堡，在波恩还有一家编辑分部。

1962 年 10 月 10 日，《明镜周刊》发表了一篇题为"有条件的军备"的文章，探讨了德意志联邦共和国和北大西洋公约组织的军事情形、军事战略问题以及未来计划。文章表明，根据当时状况，德国联邦国防军仅具有"有条件的军备"，因此，反对德国联邦国防军装备核武器，而认为应增强传统的武器装备。文章不仅阐述了当前的一些军事细节，还涉及了北约和联邦国防军领导层的军事计划，甚至公开了一些与此相关的新武器的图片。与往常相同，文章没有标出作者的姓名，仅在版本说明处标明联邦国防领域的责任编辑是康拉德·阿勒斯（Conrad Ahlers），也就是杂志的副主编。

当天或第二天,联邦总检察长即以叛国罪为由针对杂志的主编和部分编辑启动了侦查程序,并请联邦国防部出具鉴定。经过与鉴定人和国务秘书进一步交换意见,联邦总检察长在1962年10月23日下达了针对奥格斯坦因和阿勒斯的法官搜查令和逮捕令。根据逮捕令,杂志创办者涉嫌于1962年10月8日在汉堡和德国其他地区泄露国家机密(《刑法典》第100条第1款),其明知《有条件的军备》一文公开了联邦国防军和北约的军事事实且保守机密对于联邦共和国的安定具有必要性,但其仍然有意为之。逮捕的理由是防止嫌疑人逃逸或通过毁灭行为踪迹、证据或影响证人来增加调查真相的难度(《刑事诉讼法》第112条)。

搜查工作开始于10月26日星期五。在波恩的搜查行动持续了几个小时。而在汉堡,在出版社工作人员很快即可结束下一期出版工作的情况下,执行搜查任务的公职人员要求全部工作人员离开办公地点并封闭了出版社的全部房间,之后进行的搜查行动一直持续至11月25日。在整个搜查期间,公职人员将搜查完毕的房间逐一归还给出版社,但依据侦查法官在1962年11月23日和25日作出的决议,编辑部的大量资料被查封。在程序进展过程中,主编雅克比(Jacobi)、简(Jaene)和恩格尔(Engel)被拘留,但不久即被释放,出版社主任贝克(Becker)和杂志创办者奥格斯坦因,主编雅克比和阿勒斯以及编辑施迈茨(Schmelz)被捕。

联邦最高法院第三审判庭在1962年11月22日和12月7日分别作出决议,驳回原告针对侦查法官下达搜查令的诉讼请求。1963年10月31日第三审判庭再次拒绝了针对搜查令和查封决议的诉讼请求。但联邦最高法院在1964年8月4日的判决中,部分撤销了查封命令。

联邦总检察官于1964年10月15日针对奥格斯坦因和阿勒斯提起诉讼,但联邦最高法院第三审判庭于1965年5月13日驳回诉讼,认为虽然文章可能公开了一些本应保密的事实,但无法证明二人知晓文章所公开的事实涉密并至少容忍此行为。

1962 年 10 月 29 日原告已针对搜查行为提出宪法诉讼,认为这一行为侵害了《基本法》第 5 条所保护的出版自由、第 13 条所保护的住宅自由和第 14 条所保护的私有财产权,并申请以发布临时命令的形式采取临时保护措施。但联邦宪法法院在 1962 年 11 月 9 日拒绝了发布临时命令的请求。

1965 年 11 月 29 日原告请求联邦宪法法院确认侦查机关的下列措施侵害了《基本法》第 5 条、第 13 条和第 14 条所保障的基本权利并违反了法治国家原则:

1. 联邦检察院申请发布的搜查和查封决议以及针对奥格斯坦因、贝克、雅克比、阿勒斯和施迈茨的逮捕令。

2. 临时逮捕雅克比、恩格尔和简。

3. 联邦最高法院侦查法官针对奥格斯坦因、贝克、雅克比、阿勒斯和施迈茨的逮捕令。

4. 下列在侦查程序中作出的决议:联邦最高法院侦查法官 1962 年 10 月 23 日作出的搜查和查封决议,联邦最高法院侦查法官 1962 年 11 月 23 日针对奥格斯坦因、简和施迈茨以及 11 月 25 日针对奥格斯坦因作出的许可裁定,联邦最高法院第三审判庭于 1962 年 11 月 22 日和 12 月 7 日驳回原告于 1962 年 11 月 10 日提出的刑事诉讼的两次决议,联邦最高法院第三审判庭 1963 年 10 月 31 日部分驳回的决议和 1964 年 8 月 4 日部分驳回的决议。

5. 联邦检察院将一系列文件资料转交给其他机关,侦查机关拒绝交出原告被查封的文件并销毁针对这些文件做的副本和照片。

原告申请撤销上述第 4 点所作的决议,并申请联邦宪法法院声明,今后若再次查封第 5 点提及的文件,则违反《基本法》的上述规定。

在程序要件方面,原告认为虽然搜查行为已结束,逮捕令已撤销且大部分查封的文件已归还出版社,但保护的必要性仍然存在;而联邦政府则认为不符合宪法诉讼的程序要件:一方面,并非原告自身的基本权利受到侵害;另一方面,法官并未支持联邦总检察官发布搜查令的请求,基本权利不可能受到侵害。

在实体要件方面,原告认为虽然《刑法典》第99条和第100条并不违宪,但适用基于这两项条款而发展出的针对新闻叛国罪的"证据和马赛克理论"(Beweis- und Mosaiktheorie)[①]与《基本法》第5条第1款第2句不符。由于在文章中谈及的全部事实均已在此前公开,因此文章本身不包括任何国家机密,不会威胁联邦共和国的稳定。联邦国防部出具的鉴定并未充分考虑此前已公开的消息,且鉴定人缺乏军事知识,基于这一鉴定判定故意叛国罪过于武断。此外,原告认为发布搜查令同样违宪,理由是在针对出版企业适用刑事强制处分时,必须在自由出版物的必要性和刑罚追究的必要性之间进行权衡;虽然并非所有对出版企业的干预都被《基本法》所禁止,但在实施搜查出版企业办公场所这类强度很大的干预行为前,必须首先尝试通过其他方式查明犯罪行为。再有,搜查令并未确定搜查范围,甚至允许夜间搜查,不仅侵犯了《基本法》第5条所保障的基本权利,还违背了法治国家原则。如果宪法诉讼所针对的联邦最高法院的决议涵盖了这些违宪的侦查措施,则同样违宪。

本案涉及的《基本法》条文包括:

第5条规定:

---

① 依据该理论,若通过已经公开或普遍可获知的事实进行整理和总结从而形成一幅关于国防重要事务的整体图景,同样构成泄露国家机密,因为此处存在一个新的认知,可被认定为独立存在的国家机密(Vgl. BGHSt 15,17)。

(1)人人享有以语言、文字和图画自由发表和传播见解以及不受阻挠的从普遍公开的来源中获取信息的权利。出版自由以及广播和电影的报道自由受到保障。对此不得进行审查。

(2)一般法律的规定、有关青少年保护的法律规定以及个人名誉权构成上述权利的界限。

(3)艺术和科学以及研究和教学是自由的。教学自由不得脱离对宪法的忠诚。

第13条规定：

(1)住宅不受侵犯。

(2)只有在法官发布命令后，才可按照法定形式对住宅进行搜查，对于延误有危险的，也可依据法律规定的其他机构发布搜查令且搜查只得以法律规定的形式进行。

(3)如依据有关事实怀疑某人犯有法律规定的某项特别严重的罪行，且以其他手段对案情进行调查格外困难或无望，可依据法官的命令对犯罪嫌疑人可能停留的住宅采用技术手段进行紧急监控以侦探案情。监控措施应有期限。有关监控命令由三名法官组成的审判组织作出。延误有危险时，监控命令亦可由一名法官作出。

(4)为防止紧急危害公共安全，特别是为防止公共危险或生命危险，只有依据法官命令才可对住宅采用技术手段进行监控。如存在延误危险，亦可由法律指定的其他机构颁布命令；此种情况下应立即随后补全法官裁判。

(5)如使用技术手段仅对监控时在住宅中活动的人员进行保护，则可由法律指定的机构命令采取有关措施。只有出于侦查犯罪事实或排除危险的目的，且法官事先对有关措施的合法性确认过时，才可对所获取的情况作其他方面的使用；有延误危险时，应立即补全法官的裁判。

(6)对于依据第3款和第4款联邦主管范围内所采取的技术手段,以及在法官有必要进行审查的情况下依据第5款所采取的技术手段,联邦政府每年向联邦议院报告情况。联邦议院选举产生的委员会依据此项报告行使议会监督。各州保障同样程度的议会监督。

(7)此外,只有为防止公共危险或个人生命危险,以及依据法律防止紧急危害公共安全和秩序时,特别是为解决住宿紧缺、对抗瘟疫危害或为保护受到危害的青年时,才可对此进行干预和限制。

第14条规定:

(1)财产权和继承权受到保障。内容和限制由法律予以规定。

(2)财产权负有义务。其行使应同时有利于公共福祉。

(3)只有为实现公共福祉才可允许征收财产权。对财产权的征收只能通过和依据规定了财产补偿方式和程度的法律进行。确定补偿时要公正权衡社会公共利益和相关人的利益。对于补偿额有争议的,可向普通法院提起诉讼。

【判决理由与论证】

一、对形式要件的审查

在形式要件方面,联邦宪法法院认为原告作为两合公司可以提出宪法诉讼,其出版自由存在受侵害的可能。但原告关于确认联邦总检察官申请发布搜查令和逮捕令的行为侵害了其基本权利的请求不被接受,因为仅在法官判决支持的情况下才可能导致基本权利遭到侵害。即使法官判决予以支持,侵害基本权利的行为也是由侦查法官的决议而引发,侦查法官应为此负责。此外,出版社和编辑部成员针对临时逮捕措施的宪法诉讼也不被接受，因为这些行为首先涉及被逮捕的个人，应由他们以个人名义提出宪法诉讼。虽然逮捕整个领导团队可能导致杂志的出版受阻，进而涉及原告自身基本权利，但考虑到原告的工作团队人数众多，临时逮捕仅持续几个小时，逮捕行为不会对原告的工作进展产生实质性影响。

联邦宪法法院认为，针对发布搜查令、侦查法官查封决议以及联邦最高法院的决议提出的宪法诉讼符合形式要件的要求。虽然搜查已经结束，但部分被查封的资料仍尚未归还，因此这一诉讼具有现实性且仍然存在保护原告权利的必要性[BVerfGE 9,89(93 f.)]。但上述第5条的请求不被允许。联邦检察院转交给其他机关的文件并非证据资料，而是用于其他刑事程序，与侦查对象不存在关联。在联邦最高法院于1964年8月4日决定要求归还上述文件以及联邦检察院明确将归还相关文件及影印后，在这一问题上不再具备权利保护的必要性。至于再次查封或将文件用于其他刑事程序是否合宪的问题，无须在此进行审查。

二、对《基本法》中出版自由条款的阐释

针对出版自由的重要意义，联邦宪法法院指出：

"自由的、不被公权力引导和审查的出版物是一个自由国家的重要组成部分，特别是，自由的定期出版的政治刊物对于现代民主不可或缺。公民若要进行政治判断，必须获得全面的信息，且必须了解他人的观点并能够相互权衡。出版物可以推动持续的讨论，获取信息，亲自表态并作为引导力量在公共争论中发挥作用。公共舆论通过媒体获得表达，在正反意见中阐明论据，各种理由获得清晰的轮廓并为公民作出政治判断提供便利。在代议制民主中，出版物同时还是人民与他们所选的议会和政府代表之间的固定联络机关和监督机关，会批判性地总结在社会及其团体中不断形成的新见解和要求,为其提供探讨平台并将这些内容传递给国家政治机关,通过这种方式使国家的政治决策,哪怕是日常政治的个别问题都始终以人民的实际观点为依据。”

联邦宪法法院进一步指出:

“媒体所分担的这一重要公共任务恰恰是有组织的国家权力无法胜任的,出版企业必须在社会领域自由组建,并依据私营经济原则和私法组织形式运作,各出版企业之间存在思想和经济方面的竞争,公权力原则上不得介入。”

对于《基本法》第5条这项基本权利的功能,联邦宪法法院明确指出:

“如果依据第5条在《基本法》中所处的体系地位以及对该条款传统的理解来判断,出版自由的规定首先保障了出版工作人员和出版企业的主观基本权利,保障了出版主体不受国家强制行为干预的自由,并在某种关联上赋予了出版主体优待性法律地位。但出版自由同时还具有客观法属性,该条款保障了‘自由出版’这项制度。只要规范的适用范围涉及出版业,国家就有义务在法律制度中考虑到出版业的自由,在此并不取决于某一个体的主观权利。从中可以导出自由成立出版机构,自由从事出版职业,公权力机关履行答复义务等原则性请求,还可能导出国家针对自由出版业所蕴含的形成见解垄断危险的防御义务。”

对于出版自由的保护范围,联邦宪法法院进一步指出:

“第5条所保障的出版独立性涵盖了从获取信息到传播新闻

和见解的全过程[BVerfGE 10,118 (121);12,205 (260)]。因此,对出版主体和信息提供者之间信任关系的某种保护同样属于出版自由的保护范围。对这一信任关系的保护不可或缺,因为出版主体无法放弃私人提供的信息,而仅当原则上能够信任'编辑机密'继续受到保护时,信息提供者才可能源源不断地提供信息。"

联邦宪法法院意识到,出版自由可能与《基本法》保护的其他价值产生冲突,可能涉及个人或群体和社团的权利与利益,还可能涉及公共利益,而公共利益可能与出版自由同等重要。对于这类冲突的规制,联邦宪法法院认为《基本法》已指明这是一般法秩序(allgemeine Rechtsordnung)的任务,这一点在第5条第2款中已明确体现出来,即规定出版自由的界限存在于一般法律中。联邦宪法法院在1958年1月15日的"吕特"案[BVerfGE 7,198 (208 ff.)]中曾就意见自由与一般法律的关系表态,认为"意见自由虽然受到一般法律的限制,但对这类法律的解释必须始终着眼于意见自由,或许在其限制意见自由的效果中自身又受到限制;上述原则依其意义同样适用于出版自由,出版自由甚至还具有特殊意义,因为在媒体中表达意见通常有助于公共舆论的形成……这一判决对于出版自由的意义在于保障出版自由不被一般法律及适用法律的法院相对化,要求对这类法律的解释始终以出版自由的基本价值为导向,并借此确保给出版自由留出合理空间,出版自由只能基于至少与其价值相当的法益才可能受到限制。此处特别强调了出版自由的客观法制度性保障属性及其作为一般法律制度的价值标准和解释原则所发挥的作用"。

一方面,联邦宪法法院指出:"《刑法典》第99条和第100条关于叛国罪的规定属于《基本法》第5条第2款意义上的一般法律,对其合宪性不存在任何可成立的质疑。"但另一方面,联邦宪法法院同样承认该条款与出版自由可能产生冲突。“宪法关于叛国罪规定的目的是对外保护德意志联邦共和国的存续,若出版物公开一些基于国防利益本不应公开的事实、物品或知识,这一规范目的则会与出版自由产生冲突。”因此,联邦宪法法院认为在平衡二者冲突时,不得武断地作出不利于出版自由的判断,“因为保卫和维持德意志联邦共和国的存续不仅包括其在组织上的存续,还包括共和国自由民主的基本制度……包括军事领域在内的国家事务均须经常接受人民的批评或赞同”。“从这一角度来看,国家安全利益中军事机密的必要性与出版自由并非相互对立和排斥的两方面,而是在确保法律意义上德意志联邦共和国的存续这一更高级的目标之下互相关联。因此,两项对于国家均具有必要性的价值的冲突须基于这一目标来解决。在个案中,须考虑出版物所公开的事实对于潜在的敌人和对于本国人民形成政治判断所分别具有的意义,将出版内容对于国家安全可能造成的威胁与在国防政策领域获知重要事件的必要性进行权衡。在这一意义上,第5条第1款在对上述刑法条款解释的过程中原则上发挥着限制性影响。”

三、对搜查令的合宪性审查

(一)对刑法的适用是否构成对出版自由的侵害

联邦宪法法院认为,在本案中无法认定在适用刑法时侵害了《基本法》第5条第1款第2句的基本权利。而支持认定对出版自由构成侵害的一种观点具有如下理由:

1. 自由和公开的讨论对于自由民主的国家制度而言极为重要,军事领域的讨论也不例外,讨论政府的国防方案、军备战斗力、军事缺陷、军事预算等属于出版业的正当任务;出版自由对《刑法典》第99条和第100条的影响要求对《刑法典》第99条第2款意义上的故意叛国罪的两种行为方式加以区分,至少媒体公开国家机密原则上与特务和间谍的叛国罪不具备可比性。前者通常是新闻工作者在政治讨论等行为中出于被广泛认可的动机公开国家机密；而后者则通常是直接将国家机密泄露给外国政权或基于卑鄙意图实施叛国行为（BR-Drucks. Nr. 264/66 S. 15,30）。据此，不具备叛国意图的故意公开国家机密行为，仅根据新规定的“公开国家机密”罪予以刑事处分，法律后果原则上仅为自由刑；在对《刑法典》第 99 条进行解释时，原则上不得适用马赛克理论，因为该理论是针对间谍行为发展出来的，对新闻泄露国家机密行为适用这一原则会极大限制出版任务范围；出版企业的典型任务就是收集整合新闻资料，通过分析具体信息总结出结论；先前已公开的内容原则上排除了新闻叛国罪的客观要件构成；此外，某些军事事实是否具备保密的必要性（§ 99 Abs. 1 StGB）以及在具体情况中是否构成对德意志联邦共和国稳定的威胁（§ 99 Abs. 2 StGB）均不得仅根据军队领导的利益作出判断，还要考虑公开新闻事实对于民主制度的重要意义和积极效果，发现军备重要弱点虽然在短期看来对于联邦共和国的安全存在不利，但长期看来或许积极效果更大。

2. 依据《基本法》第 5 条第 1 款第 2 句，本案中应审查文章所公开的军事事实是否之前已公开讨论或普遍可以获取相关信息，还要审查文章所公开内容的积极作用是否可以否定对国家安全的威胁，而这些所要求的审查在发布搜查令时彻底被忽视了；侦查法官的依据仅为上述鉴定，而在鉴定中，保密的必要性和对联邦共和国的具体威胁均主要以国防部门的视角来判断，侦查法官忽视了《基本法》第 5 条第 1 款第 2 句对刑法规范的影响；甚至联邦最高法院关于确认搜查令的决议同样没有充分考虑《基本法》第 5 条第 1 款第 2 句，而只是毫无保留地接受了鉴定内容。

但联邦宪法法院认为，上述理由不足以证明搜查和查封决议以及联邦最高法院的确认决议违宪。

下达搜查令的前提之一是存在犯罪嫌疑，而新闻叛国罪属于

《刑法典》第99条和第100条的犯罪构成，且这两项条款的合宪性不存在任何疑问，因此仅当符合下列各项条件时，搜查令才应基于刑法原因被禁止：

(1)叛国罪嫌疑仅以所谓的证据和马赛克理论为依据；

(2)将这一理论适用于新闻叛国罪的情形明显违宪。

根据法官所掌握的资料，特别是W博士的鉴定，在这一程序阶段可以认定对于文章第24页的大部分内容并不存在预先发表的情况。因此，怀疑大量原始国家机密被泄露并非通过适用马赛克理论作出的判断，该理论可能并未对法官的决定产生实质性影响。在此无须讨论该理论的适用是否违背《基本法》第5条，在宪法上无法否认侦查法官的决议违宪。而对于W博士的鉴定，联邦宪法法院则认为，W博士以完全中立的立场联系了主管的军事人员，并在不受其他机构干预的情况下共同出具了鉴定报告，因此怀疑鉴定人个人的中立性并无依据。

在针对上述不同观点进行反驳之后，联邦宪法法院进一步指出，在解释和适用一般法律时，必须考虑出版自由对于自由民主基本制度的意义，是否应对出版企业或其成员实施搜查和查封这类强制措施，取决于法官或其他主管部门的裁量。由于这类强制措施"依其本质通常会包含对当事人受到基本权利保护的生活领域，特别是《基本法》第2条[①]和第13条所保护的基本权利的严重干涉，因此其适用必须符合普遍适用的比例原则[BVerfGE 19, 342 (348-349);17,108 (117);16,194 (202)]。对基本权利的干涉必须与犯罪行为的严重性和犯罪嫌疑的程度成比例，且恰是这些强制措施对于查明和追究犯罪行为具有必要性，若存在强度

① 《基本法》第2条规定：(1)在不侵害他人权利，不违背宪法秩序和道德规范的前提下，人人享有自由施展其人格的自由。(2)人人享有生命和身体不受侵犯的权利。人身自由不可侵犯。只有依据法律才能介入此类权利。

更小的手段,则不符合必要性原则。最后,搜查还必须有望达到获取适当证据的结果。如果搜查和查封措施针对出版企业,那么还可能或极有可能同时构成对出版自由的干涉,首先可能因搜查和查封行为妨碍基本权利的行使。比如,通过封锁必要的工作间或没收对于日常工作必要的资料,此外还可能干涉编辑机密,这一后果经常与强制措施相互关联。由于出版企业及其员工与信息提供者之间的信任关系是出版企业运作的重要前提,对信任关系的威胁不仅在本案中,而且对于其他出版机构以至于整个出版自由均会产生不利影响,因此在刑事追究所要实现的利益与对出版自由的保护之间必然存在冲突,这一冲突须借助于联邦宪法法院在上述判决中发展出来的法益权衡方法来解决"。

联邦宪法法院指出,针对上述法益进行权衡原则上是立法者的任务。当编辑面临刑事惩罚时,考虑到这一信任关系,必须容忍刑事追究难度加大的事实。在满足特定条件的情况下,责任编辑或其他参与人员甚至享有拒绝证言权(Zeugnisverweigerungsrecht),并且可以禁止官方查封和搜查。这些权利分别由《刑事诉讼法》或联邦宪法法院裁决予以认可。由于《刑事诉讼法》的相关条款至少部分实现了对编辑机密的保护,因此条款本身并不存在违宪的嫌疑,而且这些条款并不禁止法官对编辑机密实施更高强度的保护。由于目前尚不存在新的法律规定,因此将《基本法》第5条所保护的价值和与其冲突的法益进行权衡的任务属于法官。

(二)对刑事诉讼法的适用是否构成对出版自由的侵害

联邦宪法法院认为,在通过上述法益权衡标准对搜查命令做进一步的审查之后,无法认定在适用《刑事诉讼法》时侵害了《基本法》第5条第1款第2句的基本权利。而有一种观点则认为在适用《刑事诉讼法》时侵害了出版自由,理由如下:

1. 若搜查的主要目的是查明提供信息的个人,那么不仅违背了法治国家原则,还构成对第5条第1款第2句所保障的基本权利的侵害;即使无法直接从第5条第1款第2句中得出普遍禁止搜查出版人员和出版地点的结论,也必然应基于第5条第1款第2句对《刑事诉讼法》的相关条款的强制措施进行限制性适用;考虑到编辑机密是自由出版行业运作的重要前提条件,对于以调查与出版内容相关的犯罪行为为目的搜查出版企业的行为应提出更为严格的要求。当存在其他调查主观犯罪要件的可能时,不得采取这一手段。

2. 宪法诉讼所针对的法院判决并未充分考虑到出版自由和法治国家的比例原则;在搜查令中,既没有明确搜查的具体对象,又没有明确所要调查的犯罪行为,搜查令要求搜查原告在汉堡和波恩所有办公区和奥格斯坦因的全部档案,而仅仅原告在汉堡的办公区就包括7层楼的117个房间,其中包括77间编辑办公室和18间档案室,其档案室是联邦共和国最全面的出版档案室之一,为此联邦检察院投入了7名检察官并在部分时段投入大约50名警力,这一搜查从范围和方式上必然构成对出版企业极其严重的干涉;此外,搜查令包含了禁止企业员工使用企业设备和进入搜查区的命令,由于这一搜查可能要持续数周,因此必然会对企业运转构成消极影响甚至会威胁企业的生存;再有,至少对于涉及国防问题的报道,搜查行为还会对其他出版企业产生消极影响;从比例原则的适当性原则角度分析,《刑法典》第100条第1款及第99条的主观要件要求罪犯对泄露国家机密的行为具有直接或间接故意,且这一故意必须涵盖《刑法典》第99条第2款意义上的对联邦共和国利益构成的具体威胁,但如果搜查行为的目的是调查是否具备犯罪的主观要件,必须考虑到一个有经验的记者在知晓文章确定或可能公开了国家机密的情况下,基本不可能不销毁相关资料和文件而仍然将其保存在办公区内;可见,为此实施如此大规模的搜查并不适当;在必要性原则上,搜查并非唯一能够查明主观要件的手段，应优先采取审讯责任人的措施；在利益权衡时，联邦检察院满足于将刑法规定所保护的法益与出版自由进行抽象的权衡并存在整体上优先考虑追究故意叛国罪而忽视个案特殊性的嫌疑，而且忽视了联邦宪法法院曾经针对《基本法》第5条第2款第1半句阐明的解释原则——不得触及“基本权利的核心”；法院需要将这一严重干涉与对立的利益进行权衡，包括考量和权衡刑法所要保护的法益、具体犯罪行为对其构成的威胁、犯罪嫌疑的强度、搜查的必要性以及搜查的预期效果等，而法院的判决并未充分认清宪法的问题，甚至在1963年10月31日作出的证实搜查令合法且有效的判决中，判决内容同样以犯罪嫌疑为出发点，并未考虑个案中犯罪嫌疑的程度。

联邦宪法法院认定合宪的理由如下：

1. 联邦检察院本不负有获取鉴定报告的义务，但其为了使程序建立在可靠的基础之上，仍然决定就文章是否存在泄露军事机密的问题咨询专业人士，而除了国防部，联邦检察院无法找到更适合的机构来完成咨询任务；鉴定人W博士是该领域的专业人士，并非仅因本事件才受邀，W博士联系了相关军事专家并与其共同撰写鉴定报告，最后还请其他军事专家审查了鉴定结果，这一过程可以确保鉴定人的事实独立性；鉴定人并未错误认定预先公开的内容，其在鉴定工作开始阶段就指出“涉及的话题是否且在何种程度上已经是公开讨论的对象至关重要”；鉴定并非判断是否构成叛国罪的依据，甚至不足以提起公诉，联邦检察院仅依照这一鉴定来判定是否存在叛国罪嫌疑以及是否应采取调查措施，鉴定人准确地将其称为“临时性鉴定”，仅用于联邦检察院的决定，其他内容予以保留；联邦检察院并未盲目依据鉴定作出判断，而是进行了独立的审查并与鉴定人展开讨论，侦查法官同样对鉴定作出了自己的评价，联邦检察官Wa博士甚至明确表示：“若事实已经通过预先出版的内容公开，则在我看来不应再于鉴定中被称作机密”;此后其又指出,不应仅考虑出版时间的先后,还须审查哪些内容以何种形式已经公开,从而使文章公开的内容不再被视为机密,在此不得将搜查的结果当做前提判定搜查是否正当;“若这一程序仍然被原告视为‘草率’,那么只能说明其对法治国家提出了过高的要求……与其他犯罪嫌疑人须接受刑事追究机关的调查措施一样,出版企业在刑事程序中并无特权;出版自由对应的是有责任感的出版企业[BVerfGE 12,113(130)],即在自由民主国家中,出版自由对应的是出版业对于国家安全的共同责任”。

2.“搜查和查封措施这类证据保全措施必然会干涉公民的基本权利,但由于其通常是有效的刑事追究不可或缺的手段,因此即使那些存在嫌疑但无过错责任的人同样须在某种程度上容忍这类措施的实施;若这些措施针对的是出版机构,则必然会与出版自由产生冲突,须格外谨慎地将支持和反对采取程序措施的理由进行权衡”;至于需要与出版自由权衡的具体因素,联邦宪法法院明确指出包括:“强制措施所要保护法益的普遍等级、具体的作为调查对象的犯罪行为所产生的危害、嫌疑的强度、所要实施的程序措施的适当性和必要性”;在此案中,不必对手段的适当性做进一步的论证,因为搜查《明镜周刊》办公区域的手段极可能会发现证据,记录已出版的或即将出版的新闻资料不仅可以协助查明出版内容是否涉及机密,而且可能查明与国防部内部的信息提供者的合作方式,尤其有助于查明编辑部成员的叛国罪嫌疑的主观要件。在审查措施的必要性时,一方面需要考虑出版企业的工作必须排除一切来自公权力的不必要干涉;但另一方面又必须考虑此案涉及针对国家安全的犯罪嫌疑,所威胁的法益的重要意义至少不比出版自由的意义小。在此,需要权衡犯罪嫌疑的重要性、可能的犯罪行为的危害性以及所维护的公共利益的重要性是否足够允许限制出版自由甚至威胁杂志的生存;而从联邦检察院和侦查法官所做决定当中,无法认定未进行上述权衡或错误的认识了宪法价值的标准;"若出版物涉及军事技术的个别问题,权衡重心则发生转移:公众获取信息的必要性不被优先考虑,一方面因为读者缺乏足够的专业知识而无法形成独立的判断;另一方面因为这些知识对于读者形成政治判断并无必要,而这些对于本国公众相对而言不重要的细节对于国外的专业军事情报机构却可能具有重要价值;因此,出版企业在出版这类内容时同样须对信息必要性和国家利益进行权衡,不得通过援引出版自由而逃避这一义务";《基本法》第21条第2款和第91条规定,当威胁德意志联邦共和国的存续时,宪法要求严厉地干涉;由于文章极可能关系联邦国防军最高领导层的刑事犯罪,因此必须迅速全面地澄清整个事实,而全面澄清事实只得以搜查办公区的方式来发现证据,从而查明文章所使用的资料内容、是否涉及国家机密、其他待出版的资料、相关资料的来源等一系列问题;查明资料如何进入编辑部有助于审查编辑部相关人员是否满足叛国罪的主观要件以及联邦国防部中的信息提供者是否以及在何种程度上参与了犯罪行为;上述一切目标均无法通过无目的的审问方式得以实现,甚至第一次审问可能会构成对利益相关人的警告,从而导致未来的搜查行为无法得到任何不利于他们的证据。

3. 出版自由确实包含了对编辑机密以及信息提供者的保护,但立法者在具体化的过程中享有大范围的自由空间,宪法并不对信息提供者提供有特定内容的保护。《刑事诉讼法》赋予编辑等人员拒绝证言权(第53条第1款第5项),并为了防止逃避这一要求而相应作出了禁止查封(Beschlagnahmeverbot)(第97条第5款)的规定,但只有那些在具体刑事程序中可能成为证人的人才享有这两项权利,编辑等人不可能成为证人并享有该权利,而本案中的调查对象为作者阿勒斯和知晓出版内容并同意出版的奥格斯坦因,嫌疑直接指向编辑部的相关人员。除此以外,还要审查搜查和查封措施是否专门或主要以查明信息提供者为目的,依据联邦检察院的观点,搜查的主要目的是寻找叛国罪的书面证据,联邦最高法院同样在1964年8月4日决议的第一部分第一章节中明确了此观点,虽然搜查的同时可能会找到与信息提供者的通信往来并查明信息提供者的姓名,但这并非《刑事诉讼法》第97条意义上的搜查目的,因此第97条第5款与搜查和查封并不矛盾。由于此处涉及故意叛国罪且编辑可能是罪犯,而信息提供者可能是参与者,因此即使书面文件涉及信息提供者,也不得禁止对其进行查封。国家安全这一重大法益在1953年的刑法制定者看来具有极高的价值,以至于当有意愿提供信息的人所提供的信息明显会构成叛国罪时,编辑同样负有告发义务(《刑法典》第139条),因此若信息提供者通过禁止查封的规定而免受刑事追究,则与法律不符。与此相应,实务界的主流观点也认为,至少在涉及叛国罪的情况下,编辑机密不受保护。保护条款的目的并非保护信息提供者和编辑本身,而是保护自由出版业的正常运转,协助其完成公共任务,而出版业只在宪法秩序和国家利益的框架内才能完成公共任务,出版自由不得成为阻止调查涉及国家安全和自由民主秩序的严重犯罪行为的理由。

综上所述,联邦宪法法院认定,原告需要证明文章并不存在泄露国家机密的嫌疑,而联邦国防部却对杂志工作产生了消极影响,且联邦检察院和侦查法官在没有进行认真审查的前提下接受了联邦国防部的鉴定,而原告却没有提供这一证据,甚至原告本人也未否认文章存在犯罪嫌疑;对国家利益的保护是宪法的最高要求,在一些情况下,对基本权利的保护都要让位于国家利益,这一点在宪法文本中也能够体现出来。

四、关于搜查令的明确性

一种支持违宪判决的观点认为:搜查通常构成对上述基本权利的干涉,《基本法》第13条第2款和与其相符的《刑事诉讼法》第105条第1款原则上将命令搜查的权力交给了法官,以确保搜查的法治化，此处让法官介入的目的不仅是审查搜查措施是否满足了法律上的条件，而是在搜查开始之前就须确保搜查不会受到政治或其他因素的影响进而扩大对基本权利的干涉范围，法官必须准确界定基本权利干涉的内容、目的和范围，并授权行政机关执行，仅当如此，干涉才可以受到衡量和控制。法官授权不得只包含特定人员和地点，而将搜查的目标和范围留给行政裁量来决定，为了遵循法治国家的要求，仅说明刑法犯罪构成的文本并不足够，法官在可能的情况下必须首先准确描述犯罪行为，否则无法确定搜查到底旨在澄清哪些事实，这有助于防止搜查机构利用搜查令寻找其他相关犯罪行为的证据，毕竟搜查人员超出范围进行搜查的可能性很大，因为无数搜查对象均可能成为澄清案件事实的证据。而在本案中，搜查令仅指明“叛国罪”和“《刑法典》第 100 条第 1 款的罪行”，并未说明具体的事实以及犯罪时间和地点，而这对于如此大范围的搜查行动本是不可或缺的；若侦查法官一开始就书面说明搜查的范围，则责任人可能会通过自愿交出所要搜查物品的方式来阻止继续搜查。

针对这一观点，联邦宪法法院认为上述阐述并不足以导出搜查令违宪，因为其并非存在可以使公权力行为被视为违宪或无效的内容缺陷和形式缺陷。虽然搜查决议中未提及犯罪行为，但这并非严重缺陷，因为，同时下达的逮捕令已具体指明犯罪行为，责任人在搜查开始时完全可以获知哪些事实可以成为叛国罪的依据。虽然联邦宪法法院认为在作出这类决议时仍然需要格外谨慎，若以书面方式作出，则应尽可能明确犯罪行为、搜查目的、目标和范围，但在本案中并无法更为明确地指出搜查的房间和证据，事先也无法说明以何种方式进行搜查，因为外部人员根本无法判断在哪些办公室里可能保存所要搜查的文字资料。此外，联邦检察院在整个行动中尽可能保护了编辑工作，曾多次命令执行人员将搜查范围局限于与文章相关的资料，甚至在整个搜查过程中，始终有一名检察官和侦查法官在现场。由此可见,虽然搜查决定的文本不够确定,但仍然可以确保搜查和查封行为不会肆意扩展,即使出现超出许可范围的搜查行为,也仅构成程序瑕疵,并不会导致整个搜查行动违宪。

五、结论

由于原告针对搜查命令提出的宪法诉讼并不成立,因此针对侦查法官的查封令以及联邦最高法院的决议提出的意见同样不成立。在本案中无法查明联邦最高法院的决议对原告的基本权利构成侵害。若宪法诉讼涉及搜查令的执行和实施查封的范围,对其裁决在此予以保留。

【涉及的重大理论问题】

一、出版自由的功能

如果说私有财产权是物质领域的基本权利,那么出版自由与言论自由、科研自由、艺术自由、信仰自由等则属于精神领域的基本权利。出版自由首先保障了出版工作人员和出版企业不受国家强制行为干预的主观权利。此外,出版自由同时还具有客观法律属性,该条款保障了"自由出版"这项制度。一方面,宪法保障在社会领域自由成立出版企业,并按照私营经济的原则和私法组织的形式运作,①出版企业之间在精神和经济两个领域展开竞争,公权力原则上不得干预;而另一方面,宪法又要求国家履行相关义务,防止出版企业在经济上产生垄断进而导致其对见解和信息的垄断。

如果将出版自由对于权利主体所发挥的作用称为主观功能,那么其同时还具有客观功能,即出版自由对于国家和社会所发挥的作用。在上述判决中,联邦宪法法院明确了出版自由对于民主

① 这一点涉及"基本权利的组织保障",参见张翔:"大学判决",载张翔主编:《德国宪法案例选释》(第1辑)法律出版社2012年版,第117~143页。

政治所具有的重要作用:公民进行政治决断的前提是获得全面准确的信息,出版物可以推动政治讨论并作为引导力量在公共争论中发挥作用,从而促进公共舆论的形成;在代议制民主中,出版物是人民与代议机关和政府之间的桥梁。可见,除了可以使权利主体自我表现,出版自由还可以履行健全民主政治这一公共任务。

二、出版自由的保护范围

在出版过程的保护方面,出版自由与言论自由之间存在着天然差别。在言论自由领域,在权利主体接收信息之后到表达言论之前的阶段,国家无法对言论自由进行任何影响。而在出版自由领域,不仅在获取信息与传播信息阶段,而且在中间的编辑、出版和印刷阶段,国家均可能对出版自由施加各种消极影响。因此,宪法保护了出版自由的整个过程,包括获取信息、编辑信息、发布信息以及信息被公众接收这一系列环节,一些主体在该阶段可能还享有特别的权利。例如,当知情者仅在匿名的情况下才希望向记者或编辑提供信息时,双方之间的信任关系必须受到保护,记者或编辑有权不透露信息的来源。联邦宪法法院认为,对这一信任关系的保护不可或缺,因为信息提供者仅当信任"编辑机密"受到宪法保护时,才可能源源不断地提供信息。

在出版内容的保护方面,虽然出版自由具有主观功能和客观功能,但这并不意味着仅同时具备这两项功能的出版内容才属于出版自由的保护范围。正如联邦宪法法院在判决中指出,出版自由首先是个人权利,出版内容是否受到保护应首先取决于其对于权利主体个人的意义。照此,不具备客观功能的出版内容同样可能属于出版自由的保护范围。但在适用比例原则进行权衡时,应将出版自由可能实现的公共利益纳入考量范围。若出版内容对于民主政治具有重要意义,受到宪法保护的强度则会更大。

三、出版自由与其他宪法价值的冲突与权衡

出版自由可能会与宪法保护的其他价值产生冲突,《基本法》

第5条第2款已明确要求由一般法秩序(allgemeine Rechtsordnung)对这类冲突进行规制,但对这类法律的解释必须以出版自由为导向并尊重出版自由的基本价值。一般法律制度不得将宪法对出版自由的保护相对化,出版自由只能受到至少与其价值相当的法益的限制。本案中,《刑法典》第99条和第100条关于叛国罪规定的目的是对外保护德意志联邦共和国的存续。联邦宪法法院认为,在平衡二者冲突时需要考虑对国家的保护不仅包括组织上的存续,还包括自由民主的基本制度,须在个案中考虑出版物所公开的事实对于外国潜在的敌人和本国人民形成政治判断所分别具有的重要意义,权衡对于国家安全可能造成的威胁以及对于国防重要政策报道的必要性,还需要考虑信息提供者与编辑之间的信任关系被破坏对其他出版企业所产生的消极影响。

而对于刑事诉讼法的适用,特别是所实施的搜查和查封措施必须符合比例原则,需要考虑强制措施所要保护法益的重要性、文章出版后所产生的危害、犯罪嫌疑的可能性、强制措施的适合性和必要性等因素。虽然公众同样需要获知国防政策中的重要新闻,但文章所涉及的军事内容对于民众而言较为陌生,对民主政治的发展并无意义,反而会对国外间谍机构人员提供极大帮助和便利条件。因此,在对出版自由所蕴含的法益与基于刑事诉讼法而实施的搜查与查封行为所要保护的国家安全进行权衡时,联邦宪法法院认定搜查和查封行为属于查明犯罪嫌疑的适当手段,在本案中,国家的存续比出版自由更为重要。①宪法保障出版自由并不意味着权利主体可以摆脱对国家安全的责任。虽然出版自由确实包含了对编辑机密以及信息提供者的保护,但至少在涉及叛国罪的情况下,不应优先考虑编辑机密,编辑机密和出版自由不得成为阻

① 但在本案的判决中,认为应优先考虑出版自由的法官数量与认为原告败诉的法官数量相同。

止调查涉及国家安全和自由民主秩序的严重犯罪行为的理由。

【后续影响及借鉴意义】

《明镜周刊》判决被后来的搜查毒品咨询处案(BVerfGE 44, 353)、第一次强制执行案(BVerfGE 51, 97)、呼吁抵制案(BVerfGE 62,230)、两次搜查令案(BVerfGE 96,27, BverfGE 96, 44)、三次摩纳哥卡洛琳公主案(BVerfGE 97,125, BVerfGE 101, 361, BVerfGE 120,180)所引用,并引发了学术界关于出版自由保护范围和界限的探讨。除了对学术研究的促进作用,《明镜周刊》判决还对立法产生了影响,其中最典型的事例就是该判决导致德国《反限制竞争法》(Gesetz gegen Wettbewerbsbeschränkungen)增加了关于监督出版行业集中度的规定。

我国针对言论自由的研究相对丰富,而关于出版自由的研究稍显薄弱,鲜有学者专门针对如何界定其保护范围的问题展开研究。①事实上,出版自由保护范围的界定至少涉及出版自由的权利主体、出版过程和出版内容几方面。在《明镜周刊》判决中,联邦宪法法院明确认定《明镜周刊》作为两合公司性质的法人属于出版自由的主体,可以提出宪法诉讼。事实上,对于出版自由自然人主体的界定更为复杂,②而该判决对于我国针对出版自由主体的进一步研究具有很大启发。此外,出版自由的保护范围涵盖整个出版过程,从获取信息、编辑信息、发布信息直至信息被公众所接收。而在获取信息阶段,联邦宪法法院特别强调,当知情者仅在匿名的情况下才希望向记者或编辑提供信息时,双方之间的信任关

---

① 关于出版自由保护范围的界定,参见陈征:“论宪法出版自由的保护范围”,载《当代法学》2014 年第 4 期。马岭教授曾针对出版自由的主体和法律保护展开研究,参见马岭:“言论自由、出版自由、新闻自由的主体及其法律保护”,载《当代法学》2004 年第 1 期。

② 关于出版自由自然人主体的界定,参见陈征:“论宪法出版自由的保护范围”,载《当代法学》2014 年第 4 期。

系必须受到保护,记者或编辑有权不透露信息的来源,这一权利是今后获取其他信息的前提。最后,在出版内容方面,联邦宪法法院通过比例原则等方法将出版自由所保护的法益与国家利益进行权衡,并在本案中优先考虑了国家安全,其在该判决中所阐述的利益权衡方法使读者清晰地认识到:无论将言论和出版自由视为至高无上的宪法价值,还是在未充分实现言论和出版自由的情况下即过分强调其限度,均属于基于个人政治立场和倾向而武断作出的判断。

梅菲斯特案

赵　真

【案例名称】梅菲斯特案（Mephisto-Beschluss，BVerfGE 30，173，1971年2月24日）

【关键词】艺术自由　人的尊严　人格领域　权衡

【案　情】

克劳斯·曼（Klaus Mann）是德国大作家托马斯·曼（Thomas Mann）的长子。纳粹上台后，克劳斯·曼离开了德国。1936年，他在阿姆斯特丹出版了小说《梅菲斯特——关于事业的故事》。[①] 克劳斯·曼去世后，该小说又于1956年在东柏林出版。小说描写了亨德里克·赫夫根（Hendrik Höfgen）的事业发展。赫夫根是一个很有天赋的演员。为了接近德国纳粹当权者，成就其艺术家事业，他抛弃了自己的政治信仰，置人道和伦理约束于不顾。

小说人物赫夫根以演员古斯塔夫·格林德根斯（Gustaf Gründgens）为原型。格林德根斯是20世纪20年代汉堡剧院的演员。他与克劳斯·曼相熟，并娶了他的姐姐埃丽卡·曼（Erika

---

① 在德国的民间传说中，梅菲斯特（Mephisto）是恶魔的名字，它的经典形象是歌德在《浮士德》中描绘的那个与浮士德订立契约的魔鬼。克劳斯·曼以“梅菲斯特”命名小说，意味深长。这本小说的中译本可参见［德］克劳斯·曼著：《梅菲斯特升官记》，包智星译，上海译文出版社2000年版。

Mann),但两人的婚姻没有维持太久。赫夫根在许多细节上,包括外貌、参与的剧目、年代顺序、担任普鲁士国家议员以及普鲁士国家剧院总负责人等,与格林德根斯的外貌和经历吻合。另外,小说还参照了当时格林德根斯周围的人。

克劳斯·曼在1942年纽约出版的《转折点》一书中谈到了小说人物赫夫根及其与格林德根斯的关系:

"我将我的姐夫看作最卓绝的叛徒,堕落者与犬儒的可怕化身。他那可耻的荣耀是如此引人入胜,以至于我决定在讽刺小说中描绘梅菲斯特—格林德根斯。我认为确实有必要揭露和分析那些无耻、背叛的知识分子。他们为了低俗的名声和暂时的利益,滥用自己的天分。古斯塔夫就是其中一员,无论是在现实中,还是在我的故事创作中。对我来说,他是一个焦点,围绕他,我可以描绘那群可怜的、令人作呕的向上爬的人和骗子。"

在1948年德国出版的《转折点》修订版中,克劳斯·曼写道:

"我为什么要写作《梅菲斯特》这部小说?在流亡期间(1936年),我出版了第三本书,这本书处理的是一个不怎么讨人喜欢的角色。我描写的那个演员很有天分,但没有更多其他对自己有利的东西,尤其是,他缺少通常构成'特征'的道德品质。亨德里克·赫夫根只有野心、虚荣,追名逐誉,渴望成功。他不是一个人,而是一个小丑。这样一个人物值得写吗?答案是肯定的。因为,这个小丑代表和象征了装模作样的、极不真实的和不现实的政权。在一个骗子和伪君子横行的国度里,这个演员获得了成功。《梅菲斯特》是发生在第三帝国中的关于事业的故事。正如海尔曼·凯斯滕(Herman Kesten)在一篇富有洞见的评论中指出的:'他(作者)或许想要使真正对小丑的描写与那些残忍的半吊子的恐怖故事形成对比。'他继续写道:'他实现了更多的东西,他描绘出了那种随大溜儿的人,他们是无数最卑微的帮凶,没犯大的罪过,但食凶手俸禄,现在虽非罪犯,但终将有罪,没有杀人,但对此保持缄默,想得到比他们应得的更多的东西,他们不惜为强权者舔足,即使他们脚上沾满了无辜者的鲜血。这些人是当权者的拥趸。'我甚至都不能比这更好地表述我的目的,这正是我要描写的类型。《梅菲斯特》不像人们认为的那样是实录小说。这个邪恶的成功者和无所忌惮、一心往上爬的人是我的讽刺作品中的核心人物,他可能与某个真实的演员具有某些相同特征。我的角色赫夫根议员、总导演描写的是我年轻时的朋友格林德根斯议员、总导演吗?并不完全如此。赫夫根在有些方面不同于我的姐夫。但是,即使这个小说人物比他实际的样子更接近原型,仍然不能将格林德根斯看成是这本小说的'主角'。在这种批判时代的努力中,它针对的不是个人,而是类型。以其他人为样本也能很好地达到我的目的。我之所以选择格林德根斯,并不是因为我认为他很坏(他甚至要好于其他第三帝国的高官),而是因为我碰巧对他很了解。准确地说,由于我们早年相熟,他的沉浮对我来说是如此惊人、奇特、难以置信,足够就此写一本小说……"

1963年8月,出版商预告了小说《梅菲斯特》的出版。格林德根斯(1963年去世)的养子,也是他唯一的继承人提起诉讼。原告诉称,任何熟悉20世纪二三十年代德国戏剧的人都会将赫夫根与格林德根斯联系在一起。除了许多可识别的事实外,该小说还包含许多冒犯性的虚构,这种描绘是对格林德根斯的人格最虚假、最恶劣的损害。该小说不是艺术作品,而是实录小说。克劳斯·曼写作该小说是为了向格林德根斯报复,因为,克劳斯·曼认为他的姐姐埃丽卡由于和格林德根斯的婚姻而尊严扫地。原告申请法院禁止复制、发行、出版《梅菲斯特》。

原告的诉讼请求没有得到汉堡州法院的支持。1965年9月,出版商出版了上述小说,并附加了一个声明:"这本书的所有人物所描述的都是类型,而非肖像。——克劳斯·曼"原告又向上诉法院提起上诉。根据原告于1965年11月23日在上诉法院获得的临时命令的要求,小说附加了一个更详细的序言:

"致读者:作者克劳斯·曼基于良心于1933年自愿离开德国,并于1936年在阿姆斯特丹写作了该小说。以他当时的视角与对希特勒独裁的憎恨,他的小说完成了对戏剧史的时代批判。不可否认,小说确实参照了当时的人,但小说人物主要还是作者想象的创造物,尤其是主要人物。无论如何,小说中这个人的行为和信仰主要还是作者想象的。因此,作者在书中添加了说明'这本书的所有人物所描述的都是类型,而非肖像'。——出版者"

上诉法院从原告的权利和古斯塔夫·格林德根斯去世后仍然存续的人格权出发,支持了原告的诉讼请求。出版商于是向联邦最高法院申请复核。联邦最高法院从死者仍然存续的权利出发,支持了原告的主张,但并未回答原告以自己的权利为出发点是否正当。

出版商不服上诉法院和最高法院的裁决,认为它们违反了《基本法》第1条、第2条第1款、第5条第1款和第5条第3款、第14条、第103条第1款以及宪法上的比例原则和法的安定性原则,从而向联邦宪法法院提起宪法诉愿。根据《联邦宪法法院法》第94条,联邦司法部长和原告陈述了自己的意见。联邦司法部长认为,要审查无限制的发行禁令是否符合比例原则以及小说的序言是否充分表明小说消极描绘的类型不是对现实的可信描写。原告认为,这部小说是对艺术自由的滥用,它的出版在本质内容上涉及格林德根斯的人格权。对克劳斯·曼而言,这么做不是因为艺术的要求,而是因为憎恶感,因此不应考虑法益权衡。就此,联邦宪法法院要审查:被挑战的判决在适用民法规范时是否基于对基本权利的含义的不正确理解,或者解释的结果是否侵害了被主张的基本权利。如果它涉及宪法的辐射作用,这就首先关系到诉愿人主张的艺术自由(《基本法》第5条第3款第1句)的范围。然后涉及意见自由(《基本法》第5条第1款),尤其是该项基本权利与上述判决根据《基本法》第1条第1款和第2条第1款给予保护的人格领域之间的关系。

本案涉及的重要法条如下:

1.《基本法》第1条第1款规定:"人的尊严不可侵犯。尊重和保护人的尊严是一切国家权力的义务。"

2.《基本法》第2条第1款规定:"在不侵害他人的权利,不违背合宪性秩序和道德律的前提下,人人享有自由发展其人格的自由。"

3.《基本法》第3条第1款规定:"法律面前人人平等。"

4.《基本法》第5条规定:"人人享有以语言、文字和图画自由发表和传播见解以及不受阻挠的从普遍公开的来源中获取信息的权利。出版自由以及广播和电影的报道自由受到保障。对此不得进行审查。

一般法律的规定、有关青少年保护的法律规定以及个人名誉权构成上述权利的界限。

艺术和科学以及研究和教学是自由的。教学自由不得脱离对宪法的忠诚。"

【判决要旨】

"1.《基本法》第5条第1款第1句是调整艺术与国家关系的价值决定的基本规范。同时,它还提供一项个人自由权。

2.艺术自由的保障不仅涉及艺术活动,而且涉及艺术作品的表演和传播。

3. 图书的出版者也可以援引艺术自由。

4.《基本法》第5条第2款的限制和《基本法》第2条第1款第2半句的限制不适用于艺术自由。

5. 艺术自由保障与宪法保护的人格领域之间的冲突根据基本法的价值秩序来解决;就此,尤其要重视《基本法》第1条第1款保障的人的尊严。”

【判决理由与论证】

联邦宪法法院裁判的总体思路:(1)阐明《基本法》第5条第3款艺术自由的保护范围。(2)艺术自由虽不存在法律保留,但可能与《基本法》第1条第1款人的尊严保护的人格领域产生冲突。要解决这种冲突,只能通过权衡的方法。(3)不能认定上诉法院和联邦最高法院的判决对于上述两项基本权利的保护领域的范围和意义——尤其是诉愿人援引的艺术自由的本质——存在错误认识。而且,判决中的出版禁令也符合《基本法》第3条第1款恣意禁止的要求。(4)《基本法》第5条第1款意见自由没有被侵犯。具体分析如下:

一、艺术自由的保护范围

联邦宪法法院对基本权利(尤其是自由权)案件的审查一般从保护范围开始,[①]本案也不例外。联邦宪法法院认为,从含义与意义上来看,“《基本法》第5条第3款第1句首先包含一个客观的、调整艺术与国家之间关系的‘价值决定的基本规范’,同时也保障艺术家的个人自由”。这句话指出了艺术自由的双重性质:

① 按照德国基本权利教义学总结的分析框架,基本权利案件通常采取三阶段审查模式,分别是“保护范围”、“限制”以及“对限制的合宪性论证”。参见张翔:“艾尔弗斯案”,载张翔主编:《德国宪法案例选释》(第1辑),法律出版社2012年版,第3页。

既是“主观权利”,也是“客观法”。[①] 从这种认识出发,联邦宪法法院分三步讨论艺术自由的保护范围。

(一)艺术的概念

联邦宪法法院认为,要说明艺术自由的保护范围,必须“以一种对所有艺术形式都同等有效的方式深入考查不同表现形式的艺术活动”。因此,它首先试图界定“什么是艺术”。联邦宪法法院指出,“艺术活动的本质在于自由创造过程,在这个过程中,艺术家的印象、体验、经历通过一定的形式语言媒介转化成直接的观念。在任何艺术活动中,有意识的过程和无意识的过程都是交织在一起的,无法合理地区分。在艺术创造中,直觉、想象、艺术理解都会起作用;首要的是表达(Ausdruck),而非告知(Mitteilung),尽管是艺术家的个性的最直接表达”。在本案中,由于当事人、法院和专家都认可这部小说是艺术作品,因此,联邦宪法法院没有进一步讨论该小说是否属于艺术。即使没有人对小说的艺术属性提出质疑,也不意味着诉愿人一定可以援引艺术自由。因此,联邦宪法法院要进一步考查艺术自由的效力范围。

(二)对事的效力范围

在对事的效力范围上,联邦宪法法院认为:“艺术自由不仅保障艺术创作的‘作品领域’(Werkbereich),而且保障‘影响领域’(Wirkbereich),两者构成不可分割的统一体。”因为,公众能够接触到艺术作品是通过展示、发行等“影响领域”实现的。第5条第3款的保障首先是以“影响领域”为基础发展起来的。仅仅回顾纳粹的统治及其艺术政策就可以知道,只保护艺术家的个人权利不能充分保障艺术自由;除非从人的效力范围延伸到影响领域,否则,艺术自由将会有名无实。

① 关于基本权利的双重性质,参见张翔:“基本权利的双重性质”,载《法学研究》2005年第3期。

在本案中,该小说是一个叙述性艺术作品,它与历史事实关联,与作品表达的人的值得保护的权利和利益存在冲突的危险。既然所有人对于小说作为艺术作品的性质没有异议,那么,联邦宪法法院的关注点就转向了评价这个作品时需要考量的因素。对此,联邦宪法法院的观点很明确:应该按照艺术的规律、审美的要求来评价艺术作品和理解艺术自由的保障。具体而言,“即使艺术家描述的是真实的人生,艺术作品中的事实也被‘浓缩’了。这种现实将脱离经验历史的背景和规律,并被放入新的关系中。就此,更重要的是直观表现的艺术要求,而不是真实的题材。在艺术整体之下,可以也必须牺牲个别事件的真实性”。更进一步,“《基本法》第5条第3款第1句的意义和任务首先在于,使基于艺术自身的规律性的、由审美的考虑确定的过程、行为方式和决定不受任何公权力的侵犯。如果艺术创作应该自由发展,那么就不能规定艺术家应该怎样对待现实,应该怎样表达这个事件,应该怎样来经历这些。只有艺术家自己能判断对待现实的态度是否‘正确’。在这个意义上,保障艺术自由意味着禁止影响艺术活动的方法、内容和趋势,尤其是限制艺术家的表现空间或给创作过程施加一般性的约束规则。对于叙述性的艺术作品,宪法保障意味着艺术家应自由地选择和表现其他主题,禁止国家以约束性规则或价值判断限制特定的艺术判断”。这一评价标准不仅适用于作品中涉及历史事件的情况,还适用于作品涉及当前事件的情况;“参与其中的”(engagiert)艺术也受宪法保障。

(三)对人的效力范围

对人的效力范围与对事的效力范围是紧密相关的。我们已经看到,在对事的效力范围上,艺术自由的保障从“作品”延伸到“作品的影响”,因此,在对人的效力范围上,艺术自由的保障也要相应地从创作作品的人延伸到提供影响媒介的人,也就是说,从“艺术家”延伸到“出版商”。“如果大众传播媒介是在艺术家和公众之间建立关系所必需的,那么这里从事媒介活动的人也受艺术自由保障的保护。因为,如果不能被出版者复制、传播、发表,叙述性艺术的成果就不能在公共领域中产生影响。因此,出版商在艺术家和公众之间发挥着不可或缺的媒介功能。艺术自由也保障它的活动。"因此,联邦宪法法院认为,作为小说出版商的诉愿人可以援引第5条第3款第1句的艺术自由。

二、艺术自由作为无法律保留的基本权利

联邦宪法法院认为,艺术自由属于没有法律保留的基本权利。"该条款以明确的用语否定了任何限制艺术自由的尝试,不管对艺术概念的价值限缩,还是基于其他宪法规定的限制规则进行扩张解释或类比。"要得到上述结论并不容易,首先需要否定两个表面看来可以限制艺术自由的宪法规定:

(一)《基本法》第5条第2款

联邦宪法法院首先需要处理的问题是《基本法》第5条的内在结构,尤其是"意见自由"和艺术自由之间的关系。在这里,联邦宪法法院综合运用了"体系解释"和"历史解释"的方法。

首先,《基本法》第5条对于不同的生活领域提供了不同的保障,也就是说,第5条在保障领域上存在一个体系的划分。第5条第3款是第5条第1款的特别法(lex specialis),因此,第5条第2款中的限制不得适用于第5条第3款涉及的事项。同样,不得将它适用于艺术作品的某个部分:把它当作第5条第1款之下的意见表达,然后将第5条中规定的限制适用于它。

其次,在历史方面,在考虑了制宪会议的代表曼戈尔特(Hermann von Mangoldt)、一般编辑委员会的意见以及纳粹独裁带给制宪者的经验和教训后,联邦宪法法院认为,基本法的制定者也没有把艺术自由视为表达自由或意见自由的一种。联邦宪法法院立论的根据是:第一,在1948年10月5日的制宪会议原则委员会(Grundsatzausschuss)的会议上,曼戈尔特认为,艺术、学术自由的保障与意见表达的自由的保障存在直接的联系。这说明,艺术自由条款在当时便具有独立的地位。第二,一般编辑委员会(Allgemeine Redaktionsausschuss)在1948年12月16日发表的意见认为:对于戏剧来说,禁止审查是一个明确的要求。其理由是,戏剧自由不是由草案第7条(《基本法》第5条第3款)保障的,因为,不是任何一个戏剧演出都需要是艺术。

最后,对于刚从纳粹时代走出的制宪者来说,艺术和艺术家完全附庸于政治的—意识形态的目标或沉默不语恰恰证立了艺术的独立性和自身的规律性应受到特别保障。

(二)《基本法》第2条第1款

《基本法》第2条第1款保障人格自由发展的权利。在"艾尔弗斯"案中,联邦宪法法院对它作了非常宽泛的解释,将其解释为"一般行为自由"和"兜底的基本权利"。[①] 此外,联邦宪法法院还结合《基本法》第1条第1款从中发展出了"一般人格权"。即使表面看来如此宽泛的基本权利也要受到"其他人的权利"、"合宪性秩序"或"道德律"的限制。可以将这种限制扩展到艺术自由之上吗? 在这里,联邦宪法法院坚持了一贯的立场:《基本法》第2条第1款辅助于特殊的单项自由权。用黑塞(Konrad Hesse)的话说,第2条第1款的自由权在"后续的逐项自由权中,按照具体的方向而被特定化,在那些缺乏特定化之处,它会被辅助性的适用"。[②] 当第2条第1款的自由权被特定化后,就只能按照特定化后的特殊自由权的规定来考虑限制的问题。因此,不得将第2条第1款第2半句这种共同体保留延伸到由特殊基本权利保护的生

---

① 张翔:"艾尔弗斯案",载张翔主编:《德国宪法案例选释》(第1辑),法律出版社2012年版,第3页。

② [德]康拉德·黑塞著:《联邦德国宪法纲要》,李辉译,商务印书馆2007年版,第332页。

活领域。出于同样的考虑，不得把第2条第1款当作解释第5条第3款第1句意涵的规则。这种限制规定也不适用于艺术的“影响领域”。

三、艺术自由和人格领域的冲突及其解决

（一）艺术自由和人格领域的冲突

根据《基本法》第5条第3款的规定，艺术自由不存在法律保留，而且，以第5条第2款和第2条第1款限制艺术自由的观点也被联邦宪法法院否定，这是否意味着艺术自由的保障是不受限制的呢？联邦宪法法院给出了否定的答案。“像其他的基本权利一样，第5条第3款第1句的艺术自由保障也源自基本法中人的形象：人是自我负责的，在社会共同体中自由发展。”艺术自由不存在法律保留只意味着它既不能被一般的法秩序，也不能被不确定的条款相对化。但是，这种无保留性仍然要承认，艺术自由的边界只能由宪法自己来规定。因为，整个基本法具有一个共同的价值基础：《基本法》第1条保障的“人的尊严”。人的尊严作为最高的价值，支配着整个基本法的价值体系。艺术自由也应归于人的尊严之下。由于艺术作品会影响到社会层面，因此，艺术自由的保障与同样受宪法保护的人格领域可能存在冲突。对此，联邦宪法法院认为，“根据基本法价值秩序的要求，并考虑基本价值体系的统一，通过宪法解释来解决在艺术自由的框架中要考虑的冲突”。

对于可能存在的冲突，联邦宪法法院进一步论述道：“艺术家利用周围人的人格和人生信息可能涉及被描述者对社会的价值要求和尊重要求，因为，这样的艺术作品不仅是美学现实，同时也在现实中存在，尽管在描述时进行了艺术升华，但并没有失去其社会影响。除了艺术领域，它对社会层面也有影响；尽管在考虑《基本法》第5条第3款第1句的保护范围时也评价了这种社会影响，因为，‘现实的’和‘美学的’世界在艺术作品中构成了一个统一体。”

那么，在本案中，受宪法保护的人格领域的规范依据究竟是什么？在下面的论述中，联邦宪法法院严格区分了“人格领域”（Persönlichkeitsbereich）和“人格权”（Persönlichkeitsrecht），它们对应于《基本法》第1条第2款和第2条第1款。

一方面，联邦宪法法院认为，法院在判断对已故演员格林德根斯的“人格领域”的保护作用时援引第1条第1款是正确的。因为，人的死亡不能免除国家在《基本法》第1条第1款之下的保护人的尊严不受侵犯的义务：“一个人借助于其存在应得到尊严。如果他在去世后，在一般的尊重要求下可以被贬低或污蔑，那么，这不符合人的尊严不可侵犯的宪法要求。”

另一方面，联邦最高法院和上诉法院认为，《基本法》第2条第1款在私法中对于格林德根斯也具有辐射性的保护效力，尽管在范围上由于其去世而受到限制。然而，联邦宪法法院认为，人格权在去世后继续存续应被否定。因为，“基本权利的享有者是活着的人，随着他的死亡，基本权利的保护也消失了。第2条第1款基本权利的前提在于至少存在一个可能的或将来的、有行为能力的人”。联邦最高法院的考虑不能改变这一点：某人死后的法律状况与他在有生之年的自由发展是无关紧要的。因此，对死者人格保护的否定不是对《基本法》第2条第1款保障的行为自由和决定自由的干涉。

（二）权衡方法

解决人格保护和艺术自由之间的紧张关系，既要考虑艺术作品对艺术之外的社会领域的影响，也要考虑艺术特定的观点，也就是说，既要考虑人格保护，也要考虑艺术自由。因为，《基本法》第5条第3款第1句的自由保障也参与塑造构成《基本法》第1条第1款之基础的人的形象，就像反过来，该自由保障也受《基本法》第1条第1款的价值观念影响。个人对社会的价值要求和尊重要求并不优先于艺术自由，艺术也不能忽视人对尊重的一般要求。

如果艺术描述是依据真实的人格信息完成的，出版这种艺术作品是否会严重干涉被描述者值得保护的人格领域？联邦宪法法院通过权衡个案的所有情况来回答这个问题。其具体的判断标准是，“相比‘原型’(Urbild)，这种‘描写’(Abbild)是否以及在多大程度上表现出如此的独立性，以至于有利于‘人物’(Figur)的共性、特征的个性、个人隐私是客观化的”。如果这种从艺术出发的思考认为艺术家已经或想要描绘“原型”的“肖像”(Porträt)，则判断的结果取决于艺术加工的程度或这种“歪曲”影响当事人名誉或纪念的范围和意义。

四、对上诉法院和联邦最高法院判决的审查

联邦宪法法院以前面阐明的原理来审查被挑战的判决。它需要判断，在权衡《基本法》第 1 条第 1 款保护的已故的古斯塔夫·格林德根斯及其养子的人格领域与《基本法》第 5 条第 3 款第 1 句保障的艺术自由时，法院是否考虑了这些原理。在这项审查中，合议庭的 6 名法官在投票时产生了平等的分化。根据《联邦宪法法院法》第 15 条第 4 款之规定，票数相等时，不得确认有抵触《基本法》或其他联邦法之情事。

首先，联邦宪法法院认为，法院援引《基本法》第 2 条第 1 款是错误的，其中的原因，联邦宪法法院在前面已经阐明。尽管如此，联邦宪法法院认为，这种错误没有什么妨碍，因为根据第 1 条第 1 款得出的理由足以支撑判决。

其次，联邦宪法法院注意到，作为事实查明的最后审级，上诉法院已经确认，格林德根斯是当代史上的人，公众对他的记忆还是鲜活的。在此基础上，上诉法院和联邦最高法院均认为，应继续保护已故的格林德根斯的尊严。就此，联邦宪法法院也强调了这种保护的相对化：“联邦最高法院正确地认识到，保护的需要——也是保护的义务——随着对逝者记忆的衰退以及对其生平事略的真实描写失去兴趣而变弱。”同时，法院认为，克劳斯·曼的小说是《基本法》第 5 条第 3 款意义上的艺术作品，诉愿人可以援引这项基本权利。这意味着,法院已经确认第1条第1款和第5条第3款第1句所保护的领域之间存在明显的紧张关系,并试图通过冲突利益的权衡来解决。

最后,联邦宪法法院再次重申了对法院判决进行审查的原则:“不能审查事实的查明和评价、普通法律的解释及其在个案中的适用。”因此,联邦宪法法院的自我克制使得审查只能在一个狭窄的范围内进行,它无权像上诉法院那样以自己对个案的评价取代主管法官的意见。“毋宁是,在这些案件中,如果主管法官没有认识到这涉及冲突基本权利的权衡,或者他的判决基于对这个或其他基本权利的含义(尤其是保护范围)的不正确理解,那么就可以认定败诉方的基本权利受到了侵犯。”

以上面的标准审查被挑战的判决,联邦宪法法院认为,“如果人们在其整体关系中评价这些判决,并不能认定它们建立在对两个基本权利的保护领域的范围和意义的错误认识的基础上。尤其是,从这些判决中也没有看出关于在权衡时处于下风的(诉愿人援引的)基本权利的本质的观点是有缺陷的”。实际上,作出判决的法院既考虑了艺术之外的社会影响,也考虑了艺术特定的观点。联邦宪法法院虽然认为法院对这个观点——小说人物赫夫根在如此多的细节上符合格林德根斯的外部特征和生平,以至于一群并非不重要的读者很容易就认出了格林德根斯——的表述是“深入细致”的,但并没有评判其正确与否。这些法院对本案的决定性评价是:相对于“原型”格林德根斯,赫夫根的“描写”并不如此独立和超越,以至于有利于“人物”的共性、特征的个性、个人隐私足够的客观化。此外,这些法院还深入讨论了:作者为赫夫根描绘了一个根本上消极的人格和性格图像,因此也是对已故的格林德根斯的描绘。它在许多细节上都是不真实的,并通过一些消极描述的行为方式(尤其是虚构了对黑人舞女的行为)被强化,甚至还包含口头的侮辱和诽谤。

在上述事实和法律状况下，这些法院支持了原告请求，而拒绝了对诉愿人的保护。联邦宪法法院认为，并不能以出版禁令与对已故的格林德根斯的尊重要求的妨害不符合比例关系这个考虑质疑这些法院得出的结论。因为，比例原则在这里不具有适用的可能性。尽管联邦宪法法院一贯认为，“比例原则具有宪法位阶，所有公权力对公民自由领域的干涉都应遵守比例原则”。联邦宪法法院认为，本案中的双方当事人之间是平等主体的私法关系，并不涉及比例原则针对的那种公权力干涉。因此，联邦宪法法院在这里只能以《基本法》第 3 条第 1 款“平等条款”审查受质疑判决公布的出版禁令。在这里，联邦宪法法院采用的审查标准是传统的“恣意公式”，即是否基于理性的、就事物本质看来合理的理由。由于这些法院已经考虑了小说的出版附带一个澄清的前言（有限的出版禁令）能否被允许，并深入讨论了按照他们的观点支持或反对一个绝对的或有限的出版禁令的原因，并最终决定支持出版禁令。因此，联邦宪法法院认为，该禁令的理由是恰当的，因而不是恣意的。

五、意见自由的问题

在本案中，诉愿人是否还可以援引第 5 条第 1 款的基本权利？对此，联邦宪法法院明确予以否定。其理由是，本案中不存在意见表达，不适用第 5 条第 1 款。退一步说，即使包含意见表达，艺术陈述与意见表达也并非相同的东西。联邦宪法法院最终将第 5 条第 3 款第 1 句与第 5 条第 1 款的关系界定为“特别法”与“一般法”关系。因此，诉愿人在本案中不得援引第 5 条第 1 款的意见自由。它还顺带指出，第 14 条第 1 款和第 3 款在本案中也不适用。

六、反对意见

上述第四部分只是三位法官的观点。对于联邦宪法法院在第四部分一开始提出的问题，还有三位法官得出了否定的结论。其中，两位法官发表了反对意见，主要针对的是冲突状况的解决。准确地说,他们反对的不是权衡方法,而是对情况的评价。反对意见认为,只有当小说这种艺术形式为了侮辱或诽谤他人之目的而被滥用时,艺术自由才受限制。在《梅菲斯特》中,个人只是被当作类型来描述,而非当作人物。小说的前言也表明了这一点。反对意见认为,上诉法院和联邦最高法院的判决是实质违法的。因为,它们首先把关注点放在了艺术之外,放在了现实之上,而不是建立在美学价值上。根据异议法官的观点,小说的主角"忠于现实"根本是微不足道的,因为,小说要在美学现实中评价。因此,他们支持该宪法诉愿。

【涉及的重大理论问题】

一、艺术的概念

梅菲斯特案是联邦宪法法院第一次解释《基本法》第5条第3款第1句的艺术自由,也是联邦宪法法院第一次界定艺术的概念。在本案中,联邦宪法法院这样定义艺术:"艺术活动的本质在于自由创造过程,在这个过程中,艺术家的印象、体验、经历通过一定的形式语言媒介转化成直接的观念。在任何艺术活动中,有意识的过程和无意识的过程都是交织在一起的,无法合理地区分。在艺术创造中,直觉、想象、艺术理解都会起作用;首要的是表达,而非告知,尽管是艺术家的个性的最直接表达。"在这里,联邦宪法法院提供的是一个实质的、涉及价值的艺术概念。它把这些概念要素视为"艺术自身的结构特征"。

梅菲斯特案阐发的艺术概念受到了多方批评。有学者认为,这个概念相比"中立的价值概念"而言太过狭窄了;也有学者指出,它的要素相比美学上众所周知的界定又太多了。[①] 在梅菲斯特案之后,联邦宪法法院不得不承认,一般性地定义艺术是不可能

① Ingolf Pernice, Art. 5 Ⅲ, in Horst Dreier (Hrsg.), Grungesetz-Kommentar, Bd. 1,1996, S. 442.

的。在司法实践中,联邦宪法法院同时在多个层面上使用艺术的概念:(1)实质的艺术概念,即梅菲斯特案所阐发的艺术概念;(2)形式的艺术概念,该概念强调艺术作品的本质在于,它可以被归属于一定的作品类型,如绘画、雕塑、写作、戏剧表演等;(3)一定程度上开放的艺术概念,它强调艺术表达的显著特征在于,由于其表述内容的多样性,在不断解释的过程中又能不断从其表述中获得更多的含义,以至于它几乎是一个取之不尽的、多层次的信息中介。[①] 第一种概念的缺点前面已经提及。第二种概念没有对先锋艺术形式保持开放。联邦宪法法院在司法实践中越来越倾向于第三种概念。在学术文献上,这三种艺术概念都有其支持者。由于存在不同的艺术概念,学界已达成了较大范围的一致,即应该开放地理解艺术自由。正如默勒斯(Christoph Möllers)所言,"基本法保障艺术自由,通过这个表述,它向美学的发展开放。联邦宪法法院的任务不是阐明一个永远有效的艺术概念,毋宁是,为了紧跟社会发展重新确定这个概念,看看哪种新的表达形式引发了法律问题"。[②]

二、出版商作为艺术自由的享有者

《基本法》第5条第3款第1句的艺术自由保障与艺术有关的整个生活领域都免受国家的影响。这不仅包括艺术创作的成果,还包括成果的展示。用联邦宪法法院的话说,艺术自由不仅保障艺术创作的"作品领域",而且保障其"影响领域",二者是不可分割的统一体。艺术自由的保护范围的这种扩张与艺术的本质是相契合的。艺术是公共交流的媒介和手段。如果艺术要在公共领域产生影响,沟通艺术家和公众的大众传播媒介就是不可或缺的。

---

① Pieroth/Schlink, Grundrechte. Staatsrecht Ⅱ, 26. Aufl., 2010, Rn. 660.

② [德]克里斯托夫·默勒斯著:《基本法:历史与内容》,赵真译,中国法制出版社2014年版,第75页。

同样,如果艺术的传播渠道被垄断,也无法实现充分的艺术自治。因此,不仅是艺术家,出版商也应得到艺术自由的保障。

在本案中,除了艺术自由之外,作为诉愿人的出版商还主张《基本法》第5条第1款、第2条第1款、第14条等多项基本权利。这种情况的出现,不仅仅是由于诉愿人尽最大努力获得有利判决的私心,也是因为基本法的确存在所谓"法条竞合"的情况。目前,法条竞合的解决并没有统一的规则。根据联邦宪法法院的解释,《基本法》第5条第3款第1句是第2条第1款"一般行为自由"和第5条第1款(尤其是意见自由)的特别法。因此,诉愿人可以援引第5条第3款第1句,而非第2条第1款和第5条第1款。关于《基本法》第14条财产权,尽管联邦宪法法院在本案中着墨不多,但它与第5条第1款之间的关系仍然是一个问题。如果案件不只是涉及该作品在经济上的使用,那么,权利人应该援引艺术自由,而非财产权。①

三、艺术自由与其他宪法法益的冲突及其解决

《基本法》在基本权利部分规定的法律保留可以分为三种:(1)单纯的法律保留。《基本法》要求通过法律或依据法律干涉某项基本权利,除此之外,没有对法律提出特别的要求。(2)特殊的法律保留。《基本法》不仅要求干涉某项基本权利要通过法律或依据法律作出,而且还要求法律在一定的情况下作出,有利于一定的目标或采取一定的手段。(3)无法律保留。在某项基本权利上,《基本法》没有规定通过法律或依据法律进行干涉。② 艺术自由属于无法律保留的基本权利,它既不能被一般的法秩序相对化,也不能被不确定的条款相对化。在梅菲斯特案中,联邦宪法法院

---

① Ingolf Pernice, Freiheit der Kunst, in Horst Dreier (Hrsg.), Grungesetz-Kommentar, Bd. 1, 1996, S. 456.

② Pieroth/Schlink, Grundrechte. Staatsrecht II, 26. Aufl., 2010, Rn. 263ff.

还否定了以《基本法》第5条第2款和第2条第1款第2句限制艺术自由的可能性。但是,这并不意味着艺术自由是不受限制的基本权利,也不能说明基本权利比其他基本权利享有更高位阶的保护。艺术自由的限制只能是内在的,由宪法自己来规定,也就是说,艺术自由的限制只能从其他"受宪法保护的法益"中寻找。在本案中,出版者的艺术自由触及了宪法保护的人格领域,从而导致了艺术自由和人格保护之间的冲突。在这种情况下,艺术自由可能会受到宪法保护的人格领域的限制。此外,一般人格权、财产权、青少年的保护、亲权等都基本权利也可能构成对艺术自由的限制。实际上,除了其他基本权利之外,国家目标规定或其他基本权利的限制性规定中表达的价值也可能是艺术自由的限制。①

艺术自由与其他受宪法保护的法益之间的冲突属于宪法内在的冲突。在本案中,它具体表现为是艺术自由和人格领域之间的冲突。这个冲突应该如何解决?联邦宪法法院认为,一方面,个人对社会的价值要求和尊重要求并不优先于艺术自由;另一方面,艺术自由也不能忽视人对尊重的一般要求。可见,联邦宪法法院并不希望通过在艺术自由和人格保护之间建立绝对的、抽象的优先关系,一劳永逸地解决二者之间的冲突。它认为,应该"权衡个案的所有情况"。这里有两点非常重要:第一,为什么权衡?阿列克西(Robert Alexy)的"原则作为最优化的命令"提供了一种可能的解释。在这里,我们可以把艺术自由的保障和人格领域的保护都看作"原则"。根据阿列克西的观点,原则是一种"最优化命令",它要求在考虑法律和事实可能性的基础上最大限度地实现自己。一个原则相对于其他原则之规定获得满足的适当程度是通过权衡

① Ingolf Pernice, Freiheit der Kunst, in Horst Dreier (Hrsg.), Grungesetz-Kommentar, Bd. 1, 1996, S. 449f.

来确定的。因此,权衡是原则适用的特定形式。[①] 实际上,不只是艺术自由的规定,联邦宪法法院几乎已经将权衡延伸至任何种类的宪法规定。第二,如何权衡?个案相关性是权衡的一个重要特征。在权衡过程中,法院需要判断,在抽象意义上具有同等地位的原则中,哪个在具体情况下具有更重的分量。这里,不是抽象地衡量两种相互冲突的法益,而是其重要性在个案中被具体化。[②] 虽然在学术文献上对权衡的批评不绝于耳,但在实践中,权衡仍然是联邦宪法法院裁判的核心方法。

【后续影响及借鉴意义】

梅非斯特案是德国联邦宪法法院第一次解释《基本法》第5条第3款中的艺术自由,它激活了艺术自由的司法的宪法理解。在梅非斯特案之前,虽然学术文献上对于艺术自由已经有所讨论,但学界真正对于艺术自由进行深入而持续的讨论是在梅非斯特案之后。可以说,联邦宪法法院的这一裁判在艺术自由的教义学史上具有十分重要的地位。

在梅非斯特案中,联邦宪法法院对于"艺术"作出了实质的界定。这种概念立场在它后来的判决中没有得到坚持。例如,在"不合时宜的游行"案(Anachronistische Zug)中,联邦宪法法院同时使用了前面提到的三种艺术概念,并且认为"街道剧"可以归属于三种艺术概念下。[③] 虽然联邦宪法法院后来在一定程度上偏离了梅非斯特案中阐发的艺术概念,但是,由这个概念出发界定的艺术自由的效力范围却被司法实践遵守。根据这种界定,艺术自由不仅保障艺术创作的作品领域,而且保障其影响领域。因此,梅非

① [德]罗伯特·阿列克西:"宪法权利与合比例性",陈燕译,张龑校,载许崇德、韩大元主编:《中国宪法年刊》(2010),法律出版社2011年版。

② Robert Alexy, The Theory of Constitutional Rights, Julian River trans., Oxford University Press, 2002, S. 44ff.

③ Pieroth/Schlink, Grundrechte. Staatsrecht Ⅱ, 26. Aufl., 2010, Rn. 661.

斯特案中的出版商可以援引《基本法》中的艺术自由。从作品领域延伸到影响领域,联邦宪法法院极大地拓展了艺术自由的保护范围。今天,不仅出版商,甚至艺术作品的广告也可以获得艺术自由的保护。例如,在黑伦贝格报告案(Herrnburger Bericht)中,根据《刑法典》第86a条的规定,在集会或散发的传单中公开使用违宪组织的标志,或者传播这些标志,应处3年以下的自由刑或罚金。《黑伦贝格报告》的演出广告使用了违宪组织"自由德国青年团"(FDJ)的标志。联邦宪法法院最终裁决,《基本法》第5条第3款第1句的自由保障也保护艺术作品的广告。[①]

艺术自由是无法律保留的基本权利,但这并不意味着,艺术自由的保障是不受限制的。在本案中,联邦宪法法院认为,不仅《基本法》第5条第2款的限制条款不适用于艺术自由,而且第2条第1款第2半句的也不得被援引为限制。艺术自由的限制只能是宪法内在的限制,艺术自由的边界只能由宪法自己来规定。艺术自由的限制来源于它与其他宪法法益可能存在的冲突。联邦宪法法院认为,应该根据基本法价值秩序的要求,并考虑基本价值体系的统一,通过宪法解释来解决这种冲突。这种立场不仅为后来的艺术自由判决遵守,而且也为阐明其他无法律保留的基本权利的限制问题提供了参照。例如,在1984年的一个判决中,联邦宪法法院考虑了艺术自由和他人的财产权之间的冲突。[②]在约瑟芬妮·穆岑巴赫尔案(Josefine Mutzenbacher)中,联邦宪法法院权衡了艺术自由与青少年保护之间的冲突。[③] 在1995年的一个判决中,联邦宪法法院注意到《基本法》第20a条[④]规定的保护自然的生活基

① BVerfGE 77,240.

② NJW 1984,1293.

③ BVerfGE 83,130.

④ 《基本法》第20a条规定,出于对后代的责任,国家在宪法秩序的范围内,通过立法并依法由行政和司法机构保护自然生活条件和动物。

础的国家目标规定与艺术自由的冲突。[①]

联邦宪法法院以权衡方法解决艺术自由与其他宪法法益之间的冲突。不唯如此,权衡也是联邦宪法法院解决其他宪法法益(不限于基本权利)之间的冲突的方法。就权衡而言,最明显的莫过于联邦宪法法院在实质合宪性审查中常常诉诸的比例性审查,尤其是狭义的比例性审查。[②] 虽然权衡是联邦宪法法院所倚重的核心方法,但它所受到的批评也是不绝于耳。对权衡方法的批评主要集中在对其理性和客观性的质疑和担忧。哈贝马斯认为:"因为不存在理性标准,所以按照习惯标准和层级安排,权衡要么是武端地,要么是不加反思地进行。"施林克指出,在狭义上的比例性审查标准中,只有审查者的主观性最终起作用……狭义上的比例性标准所规定的评价和权衡……最终,仅仅是通过一种决断的方式做到的。[③] 阿列克西的《宪法权利理论》可以看成一种在法理论上证立联邦宪法法院裁判方法的努力。在该书中,阿列克西在德沃金的基础上发展出"原则作为最优化命令"的观点,并在宪法权利和权衡之间建立起结构性联系。为使权衡进一步准确化,从2000年开始,阿列克西陆续发表了一系列文章,建构起所谓的"重力公式",使对权衡因素和过程的分析从定性发展到定量的

---

① NJW 1984,1293.

② 宪法上的比例性审查通常包括四个方面:(1)对基本权利的干涉是否追求一个正当的目标;(2)该措施是否适于实现这个目标;(3)是否存在一个更温和的手段来实现这个目标;(4)自由的损失和目标的实现是否处于适当的关系。参见[德]克里斯托夫·默勒斯著:《基本法:历史与内容》,赵真译,中国法制出版社2014年版,第87页。

③ Jürgen Habermas, Between Facts and Norms, trans. William Rehg, 1996, S. 259; Bernhard Schlink, Freiheit durch Eingriffsabwehr-Rekonstruktion der klassischen Grundrechsfunktion, 11 European Journal for Constitutional Rights(1984), S. 462. 转引自[德]罗伯特·阿列克西:"论宪法权利的构造",张龑译,载《法学家》2009年第5期。

程度。[①] 在重力公式中，阿列克西为权衡对象，即正在审查的原则被侵犯的强度和与之对立的原则的重要性，分别赋予轻、中、重不等的值，以此来确定正在审查的原则的具体分量。由此，从商谈法哲学的立场出发，阿列克西认为，法院的判决是商谈情景中的一个正确性主张。如果商谈是建立在宪法观点的这一共同基础之上，那么，权衡中的评估就有了共同的尺度。因此，权衡是理性法律商谈的一种论证形式。[②] 通过这种理论努力，阿列克西一方面解释了联邦宪法法院的现有实践，另一方面也为这种实践提供了正当化的说明。

我国《宪法》第47条规定："中华人民共和国公民有进行科学研究、文学艺术创作和其他文化活动的自由。国家对于从事教育、科学、技术、文学、艺术和其他文化事业的公民的有益于人民的创造性工作，给以鼓励和帮助。"一般认为，这一条款规定了科研自由、艺术自由以及从事其他文化活动的自由。梅菲斯特案对艺术自由的阐释对于考察我国宪法上的艺术自由的保护范围、内涵及其限制等问题具有重要的借鉴意义。1989年的荷花女案是民法学上的一个经典案例，而其中隐藏的艺术自由和其他宪法法益之间的冲突问题长期以来没有得到足够的关注。《荷花女》是以40多年前去世的艺人吉文贞（艺名"荷花女"）为原型创作而成的连载小说。吉文贞的母亲认为小说虚构的情节有损吉文贞和她的名誉，从而将小说的作者告上了法庭。荷花女案涉及作者的艺术自由和死者的人格保护之间的冲突问题，这与梅菲斯特案中出版商的艺术自由和死者的人格保护之间的冲突问题极为相似。此后，在馒头案和人殃案中，有学者开始关注这类案件中蕴含的艺术自

① 雷磊："基本权利、原则与原则权衡——读阿列克西《基本权利论》"，载《法律方法》2011年第1期。

② ［德］罗伯特·阿列克西："论宪法权利的构造"，张龑译，载《法学家》2009年第5期。

由和其他宪法法益之间的冲突问题。[①] 在最近的研究中,有学者对成力案所反映的公序良俗对艺术自由的限制进行了探讨。[②] 另外,我国《宪法》第22条规定:“国家发展为人民服务、为社会主义服务的文学艺术事业、新闻广播电视事业、出版发行事业、图书馆博物馆文化馆和其他文化事业,开展群众性的文化活动。国家保护名胜古迹、珍贵文物和其他重要历史文化遗产。”该条款与第47条存在怎样的体系关联?如何将这种关联纳入艺术自由的规范建构?这些问题都需要宪法教义学的进一步展开。

① 例如,郑贤君、林聪:“文学艺术创作自由与人格权的冲突问题”,载韩大元主编:《中国宪法事例研究》(二),法律出版社2008年版,第167~181页。张翔:“‘馒头案’中的基本权利冲突与竞合”,载韩大元主编:《中国宪法事例研究》(二),法律出版社2008年版,第152~167页。

② 杜强强:“宪法上的艺术自由及其限制——以‘敏感地带’行为艺术案为切入点”,载《法商研究》2013年第6期。

雷巴赫案

冯　威

【案例名称】雷巴赫案(Lebach,BVerfGE 35,202,1973 年 6 月 5 日)

【关 键 词】广播电视报道自由　一般人格权　不具有通常优先地位的紧张关系　利益权衡　比例原则　公众信息利益　犯罪人的再社会化利益　并非完全豁免权

【案　情】

生于 1945 年的本案诉愿人曾经参与了所谓雷巴赫士兵谋杀案(Der Soldatenmord von Lebach)的重大犯罪行为。该案的两名主犯于 1969 年针对某处联邦国防军弹药库发动突袭,杀害了四名熟睡中的警卫队士兵,重伤一名,并获取了武器和弹药,以便用作进一步犯罪的工具,最终实现三人在南太平洋游艇上的梦想人生。本案诉愿人曾帮助其中一名主犯,教他如何使用手枪,以俟后用于上述突袭活动。但在与其伙伴计划犯罪时,他再三强调自己无法从事此种犯罪行为,因此他并未参与上述突袭活动。事后两名主犯在经过与本案诉愿人协商后,通过信件勒索某位银行经纪人的财物。此外,三人之间的部分关系具有同性恋性质。这三位青年男子致力于在他们厌倦的社会之外建立一个独立的生活共同体。

雷巴赫暴力犯罪事件引起了德国公众极不寻常的关注,其重视程度超过了德国战后直至当时的任何其他案件。对犯罪嫌疑人的抓捕与侦查行动也持续数月之久。萨尔布吕肯刑事陪审法庭于1970年8月7日判处两名主犯终身自由刑,本案诉愿人作为帮助犯被判处为期6年的自由刑。截至1972年,诉愿人已服刑超过2/3刑期,剩余刑期的执行预计将于该年7月通过假释而中止。

而就在接近本案诉愿人被释放前的时间里,德国第二电台(ZDF)于1972年年初针对此案摄制了一部纪录片电视节目(Dokumentarfernsehspiel)。该纪录片一开始就以照片方式将诉愿人与主犯一同呈现在观众眼前,其后由演员扮演之。诉愿人的姓名在整个节目中被反复提及。而且在该节目的第一部分就描述了这群伙伴之间的关系。该节目预计将由德国第二电台在某个周五的晚间播出。

诉愿人认为,预计播放的电视节目将非法侵犯他依据《艺术著作权法》第22条与第23条(§§ 22,23 KUG)享有的肖像权,以及依据《基本法》第2条第1款连同第1条第1款(Art. 2 Abs. 1 in Verbindung mit Art. 1 Abs. 1 GG)所享有的一般人格权(allgemeine Persönlichkeitsrecht)。此外,他尤其担心其再社会化(Resozialisierung)过程将受到威胁。因而他申请通过临时处分(einstweilige Verfügung)禁止德国第二电台播放该节目,只要其中还在展示其人格或者提及其姓名。上述申请遭到美因茨地方法院(LG Mainz)驳回,进一步的上诉也被科布伦茨州高等法院(OLG Koblenz)驳回。

科布伦茨州高等法院的实质论证过程如下:[①]《艺术著作权法》第22条所规定的肖像权应当受到该法第23条第1款第1项(§ 23 Abs. 1 Nr. 1 KUG)的限制,即来自历史领域的肖像(die

① OLG Koblenz, *NJW* 1973, 251(252).

Bildnisse aus Bereich der Zeitgeschichte),即使未经肖像权人的同意,仍然可以被传播和展示。这一限制同时又以该法第 23 条第 2 款(§ 23 Abs. 2 KUG)为前提,即不得侵犯肖像人的正当利益(die berechtigten Interessen des Abgebildeten)。科布伦茨州高等法院一方面认为,诉愿人(在此还只是临时处分的申请人)的肖像权是其一般人格权的"特殊表现形式";另一方面认为,德国第二电台依据《基本法》第 5 条第 1 款第 2 句(Art. 5 Abs. 1 Satz 2 GG)所享有的广播电视报道自由(Freiheit der Berichterstattung durch Rundfunk)也应当得到保障。[①] 该条第 2 款(Art. 5 Abs. 2 GG)也规定:上述权利受一般制定法(又译作"一般性法律"或"一般法律",allgemeine Gesetze)规定的限制。[②] 而前述《艺术著作权法》第 22 条与第 23 条正属于一般制定法上的限制规定。但是,科布伦茨州高等法院也认识到,根据联邦德国宪法法院的既有判决,基本权利与一般制定法之间的冲突关系,并不能被理解为一般制定

---

① 此处的"Rundfunk"既包括传统的收音机广播(Hörrundfunk),也包括电视节目的播放(Fernsehrundfunk),所以通常译作"广播与电视",可资参考的案例有:BVerfGE 12,205(226)-Deutschland-Fernsehen;以及本案 BVerfGE 35,202(202)。

② 笔者建议将德文"Gesetz"译为中文的"制定法"。"Gesetz"通常被译作"法律";与此相关联的德文"Recht",通常兼有"法律"与"法"两种译法。尤其是当二者在德文中被并举时——"Gesetz und Recht"——不少学者建议译为中文的"法律与法",以体现二者之间微妙的差异。但是一旦置身具体的上下文,我们会发现:中文的"法"也常常指称德文的"Gesetz",如"法典"(Gesetzbuch)、"基本法"(Grundgesetz)等,不胜枚举。这些例外如此频繁,以至于德文"Gesetz und Recht"这一表述中的微妙差异无法通过中译的"法律与法"立即体现出来。因而笔者建议将"Gesetz und Recht"译为"制定法与法(律)"。也就是说,保持"Recht"原有的灵活性,兼有"法"或者"法律"两种中文译法;但是将"Gesetz"主要固定译为"制定法",只在前述合成词中简略译为"……法……"如此,将德文的"Gesetzesrecht"译为"制定法"、"成文的法律"也就顺理成章了;假使译为"法律法",将令人费解。此外,如若有人使用"ungeschriebenes Gesetz"(不成文的制定法),也将明显违背德语的语言习惯。有关"制定法与法律"更为深入的法哲学探讨,参见冯威:《法律原则与基本权利教义学》,中国政法大学 2015 年博士学位论文,第 78 ~ 80 页。

法对基本权利的单方面限制,而是要求一般制定法在相关基本权利的价值规定意义范围内予以解释,并且反过来受到基本权利的限制。在此意义上,科布伦茨州高等法院确认道:"由此最终有必要在意见自由与通过限制性制定法所保护的法律利益之间进行利益权衡(Güterabwägung)。意见自由以及此处受侵害的法律利益都不能自动享有优先地位(nicht automatisch ein Vorrang)。在此要进行的并非抽象法律利益的权衡,而是具体个案中的冲突利益之权衡。"①就此而言,科布伦茨州高等法院明确指出了权衡的必要性。

但值得注意的是,科布伦茨州高等法院的进一步论述主要在于对上述一般制定法的事实构成要件(Tatbestandmerkmale)之分析。② 尽管它提及了公众的信息利益(Informationsinteresse der Öffentlichkeit),但只是作为对来自历史领域肖像的一项限制理由。换言之,只是作为《艺术著作权法》第23条第1条第1款背后的利益。此外,它还大量探讨了所谓"绝对"与"相对"历史人物的概念。其中,两名主犯就属于"相对"历史人物。③ 不容忽视的是,它还探讨了当时得到广泛认可的再社会化思想,将其视为《艺术著作权法》第23条第2条意义上的"正当利益"。虽然有这些看似"抽象"的利益分析,科布伦茨州高等法院依然认为,还应结合该案的具体案情进行利益权衡:尽管一方面无法确定地认识到,是

① OLG Koblenz, *NJW* 1973, 251(252).

② OLG Koblenz, *NJW* 1973, 251(254). 德国学者罗伯特·阿列克西(Robert Alexy)早已指出:科布伦茨州高等法院的利益权衡是在《艺术著作权法》第23条第2款的解释框架内进行的;虽然利益权衡在该案中事实上发挥了举足轻重的作用,但是涉及的只是《艺术著作权法》第22条、第23条的适用问题。Vgl. Robert Alexy, „Die logische Analyse juristischer Entscheidung(1978)", in: ders., Recht, Vernunft, Diskurs, Suhrkamp, Frankfurt am Main 1995, S. 31 f.

③ OLG Koblenz, *NJW* 1973, 251(252).

否在时隔多年以后依然存在对雷巴赫士兵谋杀案的公众信息利益，以及申请人的人格利益；但是另一方面能够确定的则是，申请人的再社会化并没有被事先剥夺或者变得不可能。由此科布伦茨州高等法院最终认为：事关公众利益的意见自由权在本案中具有优先地位。

诉愿人最终向联邦宪法法院提起了宪法诉愿，认为上述普通法院的裁判侵犯了他的一般人格权，致使他无法重返社会；而一项客观而实事求是的报道，完全可以避免涉及他的人格。联邦宪法法院因此受理了该宪法诉愿。但联邦宪法法院认为，自身的任务并不在于审查普通法院对一般制定法的解释与适用，而是针对普通法院的裁判本身是否充分注意到了基本权利的辐射效果（Ausstrahlungswirkung）。联邦宪法法院在其判决要旨中形成了如下裁判规则："总而言之，一项重复的、不再涉及即时信息利益的、关于严重犯罪行为的电视报道，如果威胁到犯罪人的再社会化，那么也不得被允许。"[①]联邦宪法法院由此撤销了美因茨地方法院以及科布伦茨州高等法院的裁判，并发布临时处分，禁止德国第二电台在有效判决作出之前播放上述使用了临时处分申请人——同时也是本案的诉愿人——姓名或肖像的纪录片，否则将面临无限制的罚金。

本案涉及的法条主要有以下：

1.《艺术著作权法》第22条规定【肖像权】："肖像，仅仅在得到肖像人同意的情形下，才可以被传播或者公开展示……"

2.《艺术著作权法》第23条规定【肖像权，例外规定】："1. 以下肖像或者图像，未得到第二十二条所必需的同意，仍然可以被传播与展示：(1)来自历史领域的肖像……2. 不过，上述权限并不包括侵犯到肖像人……正当利益的传播与展示。"

---

① BVerfGE 35,202(203).

3.《基本法》第1条第1款规定【人性尊严】:“人性尊严不可触碰,尊重与保护人性尊严是一切国家权力的义务。”

4.《基本法》第2条第1款规定【人格自由权】:“人人享有自由发展其人格的权利,只要不侵犯他人的权利,不违反合宪法性秩序或者道德法则。”

5.《基本法》第5条第1款第2句规定【出版、广播电视与电影报道自由】:“出版自由以及通过广播电视与电影的报道自由受到保障。”

6.《基本法》第5条第2款规定【意见自由权的限制】:“上述权利受一般制定法规定、保护青少年以及个人名誉权的制定法规定之限制。”

【判决要旨】

“1. 广播或者电视机构原则上能够首先援引《基本法》第5条第1款第2句所提供的保护而播放任何节目。广播电视自由涵盖了对被播放材料的选择,以及对表演方式与方法——包括被选择的节目形式——的决定。

只有当广播自由陷入与其他法律利益的冲突时,才取决于通过具体节目所追求的利益、制作的方式与方法,以及致力于的或者可预见的效果。

2.《艺术著作权法》第22条、第23条的规定提供了充足的利益权衡空间(Raum für eine Interessenabwägung),一方面要考虑依据《基本法》第5条第1款第2句的广播自由的辐射效果;另一方面要考虑依据《基本法》第2条第1款连同第1条第1款的人格保护。

在此,两项宪法价值都不能要求享有通常的优先地位(kein grundsätzlicher Vorrang)。在个案中对人格范围的侵犯强度应当与公众的信息利益相互权衡。

3. 就针对重大犯罪行为的即时报道而言，公众的信息利益相对于犯罪人的人格保护一般而言享有优先地位（im allgemeinen den Vorrang verdienen）。尽管如此，除了考虑到不可触碰的、最内在的生活范围以外，还应当注重比例原则（Grundsatz der Verhältnismäßigkeit）；据此而言，使用犯罪人的姓名、肖像或者其他身份标识，并不总是被允许的。

宪法上的人格保护并不允许，电视台超出即时的报道之外——如以纪录片的形式——不受时间限制地干预犯罪人的人格及其私人领域。

一项过时的报道无论如何是不被允许的，如果它——不同于即时的信息——会对犯罪人造成重新的或者额外的巨大损害，尤其是威胁到他重新融入社会（再社会化）。通常应当被视为威胁再社会化的是，在犯罪行为人被释放以后或者即将被释放之前的时间里，播放某个可识别犯罪人的、有关其严重犯罪行为的节目。"

【判决理由与论证】

一、不具有通常优先地位的紧张关系

联邦宪法法院首先认可了科布伦茨州高等法院的出发点，即许多基本权利都影响到了普通法律（einfaches Recht）——尤其是一般制定法——的适用；[①]在此涉及的是："《基本法》第2条第1款连同第1条第1款所保护的人格权与第5条第1款第2句所保

① BVerfGE 35, 202(219). 此处的"普通法律"（einfaches Recht）是相对于"宪法"（Verfassungsrecht）与/或"基本权利"（Grundrecht）而言的，也就是位阶低于宪法及其基本权利条款的所有其他形式的或者实质的法律。普通法律主要包括立法机关制定的"一般制定法"（allgemeine Gesetze）或者说"形式的制定法"（förmliche Gesetze），但也包括行政法规（Verordnung）等其他较低位阶的、实质的法律。

障的广播电视报道自由二者之间的紧张关系(Spannungslage)。"①接下来经过对相互碰撞的利益——时而也被称为"冲突情形"(Konfliktfall)②——进行了长达七页的反复讨论后,联邦宪法法院强调指出:"两项宪法价值中的任何一方都不能要求具有通常优先地位。"③

根据德国宪法教义学的三阶审查模式"保护范围—侵犯—合宪性证成"(Schutzbereich-Eingriff-verfassungsmäßige Rechtfertigung),其中的合宪性证成部分考察的是:对于相应基本权利保护范围的某项侵犯,是否足以构成对该基本权利的合宪性限制(Schranken)。因而,在此仍有必要呈现联邦宪法法院对上述两项基本权利的保护范围与合宪性限制之分析。

一方面,就一般人格权而言,本案中通过使用犯罪人的姓名和肖像来对犯罪行为进行电视报道的行为,毋庸置疑侵犯了基本权利上一般人格权的保护范围,因为后者意味着在私人领域中"为自己而存在"、"只属于自己"。当然,整个私人生活领域并非全部处在一般人格权的绝对(nicht absolut)保护之中,而是可能在与其他公民的交往中以及公共生活中受到相应限制。在此存在一项基础原则,即保护公共利益(Interesse der Allgemeinheit)的公共权力措施只被允许对其进行符合适当强度的且必要的侵犯(erforderliches Eingriff mit entsprechender Intensität)。而此处的一般人格权由于源于宪法上的最高价值,即人性尊严(Menschenwürde),因而也应当享有很高的位阶。所以在具体个案中需要考察的是:"所追求的公共利益是否既是一般地又是针对个案情形地具有优先地位;所预见的对私人领域的侵犯,是否在

① Ebd.

② BVerfGE 35,202(225).

③ Ebd.

方式和范围上为追求上述公共利益所必要，并且与事物的意义保持符合比例的关系（im angemessenen Verhältnis）。”①

另一方面，就广播电视报道自由而言，联邦宪法法院也认同科布伦茨州高等法院的正确观点，即广播电视报道自由对于自由民主的基本秩序（freiheitlich-demokratische Grundordnung）具有构成性作用，因为广播和电视本身是公共意见与公共意志形成程序中的决定性因素之一。② 而且在此也要避免对《基本法》第5条第1款第2句中的“报道”（Berichterstattung）二字进行严格文义解释。实际上，无论像新闻、政论、时评等“严肃”节目（„ seriöse “ Programme），还是广播剧、滑稽剧或者其他娱乐节目（Unterhaltungssendungen），都会由于对节目的选择与制作而影响到公众的意见形成。更重要的是，联邦宪法法院还认为，对于宪法保障的侵犯也不取决于相关人对节目具有“正当的”或“合法的”的利益。如果比较一下前述《艺术著作权法》第23条第2款规定的“肖像的使用不得侵害到肖像权人的正当利益”，那么可以发现：联邦宪法法院并不认为一般制定法总是可以限制广播电视报道自由的基本权利，而是应当反过来从基本权利的角度考察对一般制定法的解释甚至限制，从而确保广播电视报道自由符合比例地实现（angemessene Verwirklichung）。③

然而，联邦宪法法院通过对上述两项基本权利的保护范围与限制的分析，并不能立即决定何者具有优先地位；可以察觉的反倒是：必须同时进行一般的与具体的权衡（eine generelle und

---

① BVerfGE 35,202(221).

② Ebd. 有关广播自由的服务功能与特殊地位，亦参见 BVerfGE 12,205(260)-Deutschland-Fernsehen;83,238(296) – 6. Rundfunkurteil.

③ BVerfGE 35,202(222 f.).

konkrete Abwägung),[①]并且考虑比例原则的要求。[②]

二、权衡命令及其标准

联邦宪法法院与之前的科布伦茨州高等法院都在不同程度上提及了“*利益权衡的必要性*”。[③] 尽管如此,我们还是很容易发现:二者谈论的“权衡”具有不同的依据,且指向了不同的对象。

科布伦茨州高等法院的权衡主要是依据《艺术著作权法》第23条第1款第1项中的“*历史领域的肖像*”与该法第23条第2款中的“*肖像权人的正当利益*”进行的。尽管二者各自都可以追溯到其在宪法上的基本权利基础,即一方面是广播电视报道自由;另一方面是一般人格权。但科布伦茨州高等法院还是将其分别具体化为:一方面是公众信息利益;另一方面是再社会化思想。因而总的来说,作为普通法院,科布伦茨州高等法院裁判中的利益权衡过程是以普通法律,即《艺术著作权法》第23条上的限制条款以及限制之限制条款为来源的;普通法院的权衡对象也主要是普通法律中指示的利益。

与此不同,联邦宪法法院对于上述普通法律,即《艺术著作权法》第23条的审查篇幅并不多。唯须注意的是该法虽然颁布于1907年9月9日,[④]属于前宪法的法律(vorkonstitutionelles Recht),但是自《基本法》于1949年5月23日生效以来,对于该法的整体理解——尤其是对肖像权的理解——应当从一般人格权的角度审视之。[⑤] 因而,尽管联邦宪法法院也承认《艺术著作权法》第23条所要求的利益权衡,但是这一利益权衡还应当充分考量基本权利对普通法律的辐射效果。联邦宪法法院并不关切普通法律

---

① BVerfGE 35,202(224).

② BVerfGE 35,202(221,222 f.).

③ OLG Koblenz,*NJW* 1973,251(252);BVerfGE 35,202(226).

④ Vgl. RGBl. 09.09.1907,S. 7.

⑤ BVerfGE 35,202(224).

中的哪些事实构成要件应予权衡,而是仅仅针对相互碰撞的基本权利及其各自的辐射效果加以权衡。由此也显示出了普通法院与联邦宪法法院在权衡的依据与对象上的核心差异。

正是针对相互碰撞的基本权利,联邦宪法法院认为:“根据宪法的意图,两项宪法价值(Verfassungswerte)都构成了《基本法》上自由民主秩序的实质组成部分,因而其中任何一方都不能要求具有通常优先地位(keiner von ihnen einen grundsätzlichen Vorrang beanspruchen könne)。……两项宪法价值由此必须在冲突情形中尽可能地取得均衡(nach Möglichkeit zum Ausgleich gebracht werden müssen);如果无法达到这一状态,那么应当考量案件类型的构造以及个案的特殊情形,以决定何种利益不得不退让(zurücktreten)。”[①]由此我们可以说:(1)相互碰撞的基本权利之间具有的没有通常优先地位的紧张关系;(2)且不可能达成均衡,这二者构成了联邦宪法法院权衡的起点。

此外,联邦宪法法院还尤其说明了权衡的“指导价值”(Richtwert)。它们包括:其一,人性尊严。上述两项宪法价值都应当从人性尊严这一宪法价值体系(Wertsystem der Verfassung)的核心来予以理解。[②] 其二,合比例性的一般原则(allgemeines Grundsatz der Verhältnismäßigkeit),且尤其是过度禁止(Übermaßverbot)。也就是说:“权衡一方面必须考察上述形式的节目对人格领域的侵犯强度(Intensität der Eingriff);另一方面应当对该节目所服务的具体利益进行评价和审查,是否以及在多大程度上该利益能够在不妨碍(Beeinträchtigung)——或者不深度妨碍——人格保护的情况下依然能够得到满足(Befriedigung)。”[③]

---

① BVerfGE 35,202(225).

② Ebd.

③ BVerfGE 35,202(226).

以上是联邦宪法法院提出的权衡要求及其权衡标准。

三、“一般的”权衡:可识别犯罪人人格的即时电视报道

根据联邦宪法法院的表述,应当首先考量案件类型的构造(falltypische Gestaltung),以得出具有宪法意义的若干标准,它称之为“一般权衡”(generelle Abwägung)。[①]

一方面,就一般人格权而言,本案中通过使用犯罪人的姓名和肖像来对犯罪行为进行电视报道的行为,始终构成对其人格领域的严重妨碍(stets erheblich beeinträchtigen),因为其犯罪行为被公之于众,其人格一开始就在观众眼前受到负面评价。电视节目会给观众造成某种视觉印象;其纪录片的客观与实事求是风格也会让观众惑于“真实的幻觉”,将犯罪人的部分行为误信为涵盖其全部人格;再加上观众的“选择性感知”倾向,这些都会强化他们对社会边缘群体的普遍排斥。

另一方面,就广播电视报道自由而言,公众需要获知包含犯罪人人格在内的完整信息,这值得慎重考量(erhebliche Erwägung)。在一般的好奇心与感官刺激之外,也应当出于严肃的理由对待公众的信息利益,即不仅是知道纯粹的事实,而且需要对犯罪行为、背景、社会条件予以深刻解释。此外,作为一种合法的民主需要,公众也需要对负责公共安全的国家机构或机关、刑事侦查机关以及刑事法庭进行监督,这一点具有重大分量(maßgebende ins Gewicht)。而电视节目恰好因其覆盖范围而特别适合用来满足上述信息诉求。

“如果人们进行一般的权衡”,联邦宪法法院认为,“那么就针对犯罪行为的即时报道而言,公众的信息利益一般而言享有优先地位(Wägt man generell ab, so verdient für die aktuelle Berichterstattung

① BVerfGE 35,202(232).

über Straftaten das Informationsinteresse im allgemeinen den Vorrang)”。[①] 在此联邦宪法法院也就通过“一般的”权衡确立了一项有利于公众信息利益的优先规则。值得注意的是，联邦宪法法院依然强调，此处的优先地位依然是通常性的（grundsätzlich），[②]因为信息利益的优先地位并不是毫无限制的有效。由于它对其他基本权利（在此即一般人格权）造成了限制（Schranken），因而这一限制又要考量到人性尊严以及比例原则。

四、“具体的”权衡：可识别犯罪人人格的过时电视报道

经过针对案件类型构造的“一般的权衡”，尚需针对个案的特殊情形（besondere Umstände des Einzelfalls）进行“具体的权衡”（konkrete Abwägung）。[③] 此案的特殊情形至少在于：上述交往媒体已经超出即时报道的范围，不受时间限制地（zeitlich unbeschränkt）展示犯罪人的人格及其私人领域。因而最好就该当案件确定一条时间上的界限。但联邦宪法法院尤其指出，在一项通常被允许的即时报道与一项不被允许的过时展示与描述之间，无法一般性地、将若干个月或者若干年作为所有案件中的固定期限。

紧接着联邦宪法法院集中探讨了犯罪人重新融入社会的利益。实际上，有关社会化的一般观点在当时已经被视为自由刑执行应当追求的较高目标。尤其从释放之日起，犯罪人的再社会化进入决定性阶段：不仅仅犯罪人必须做好回归自由社会的准备，而且社会本身也应当做好接纳他的准备。人们可以想到，社会化思想在前述科布伦茨州高等法院的审理过程已经得到了承认，而且也部分通过 1969 年的两次《刑法改革法》（1. und 2.

---

① Ebd.

② Ebd.

③ Ebd.

Strafrechtsreformgesetz v. 25. 6. und 4. 7. 1969)[①]得到接受。但联邦宪法法院则更进一步地认为:"从宪法上讲,该(再社会化)要求关乎一个社会的自我理解,也就是对于处在宪法价值秩序核心的人性尊严,以及对于社会国原则(Sozialstaatsprinzip)所负有的义务。"[②]对弱势群体的国家关怀与照料,甚至也是对共同体本身的保护(Schutz der Gemeinschaft selbst)。

"总而言之",联邦宪法法院重新总结道,"一项重复的、不再涉及即时信息利益的、关于严重犯罪行为的电视报道,如果威胁到犯罪人的再社会化,那么也不得被允许"。[③] 更进一步的,关于再社会化威胁如何认定,联邦宪法法院指出:"具有一般有效性的是:一项节目越是以犯罪行为的典型性为对象,它越是不需要对犯罪人的可识别性。"[④]就此而言,犯罪人人格的可识别性也被作为本案的考虑因素之一。最终,经过更为"具体的"权衡,联邦宪法法院得出了一项逆转的优先规则,即对于犯罪行为、可识别、过时的报道,犯罪人的再社会化利益相对于公众信息利益具有——通常性的——优先地位。

【涉及的重大理论问题】

一、联邦宪法法院的权衡裁判方法

1. 雷巴赫案之前的权衡裁判

雷巴赫案集中展现了广播电视报道自由——以及《基本法》第5条规定的其他意见表达自由——与一般人格权的紧张关系及其解决路径,因而被视为联邦宪法法院权衡裁判

① Vgl. BGBl. 1969 I,S. 645 und S. 717.

② BVerfGE 35,202(235 f.).

③ BVerfGE 35,202(237).

④ Ebd.

(Abwägungsjudikatur)的典范。[①] 经典的吕特案涉及的还只是《基本法》第5条第1款(意见表达自由)与该条第2款意义上的一般制定法之间的限制与冲突(Konflikt)。[②] 梅菲斯特案则明确涉及不包含保留条款的艺术自由(《基本法》第5条第3款第1句)与一般人格权之间的"紧张关系"(Spannungslage),并且必须通过权衡得到解决。[③] 其中的一般人格权,最初是源自民事法院的裁判,[④]但在梅菲斯特案中则是由联邦宪法法院从《德国基本法》第2条第1款(一般行为自由)连同第1条第1款(人性尊严)所共同推导出来的,从而具有了基本权利的位阶。[⑤] 随后的索拉娅案涉

---

① 德国学者本哈德·施林克(Bernhard Schlink)较早针对权衡裁判进行批判性研究,其中针对雷巴赫案的评述颇多。Vgl. Bernhard Schlink, Abwägung im Verfassungsrecht, Duncker & Humblot: Berlin 1976, S. 34 f. 此后,罗伯特·阿列克西(Robert Alexy)尤其以雷巴赫案为例,对联邦宪法法院的权衡裁判进行了分析和重构。Vgl. Robert Alexy, „Die logische Analyse juristischer Entscheidung (1978)", in ders., Recht, Vernunft, Diskurs, Suhrkamp, Frankfurt am Main 1995, S. 13 – 51; auch ders., Theorie der Grundrechte, Nomos: Baden-Baden 1985, S. 84 ff., 138 f., 150 f. 有关雷巴赫案的若干评述也主要是针对基本权利的碰撞与权衡。Vgl. Kiethe & Fruhmann, „Abwägung zwischen Meinungsfreiheit und kollidierenden Rechtsgütern-Bedeutung der Sachlichkeit", *MDR* 1994 (48), S. 115 – 118; Zacharias, „Das ‚Lebach-Urteil'-Grundsatzentscheidung des BVerfG zur Abwägung zwischen Rundfunkfreiheit und allgemeinem Persönlichkeitsrecht aus dem Jahr 1973", *JA* 2000(32), S. 649 – 652.

② BVerfGE 7, 198(198, 230)-Lüth-Urteil. 关于《基本法》中的法律保留条款所导致的冲突情形,还可以参见如下案例:BVerfGE 7, 337(403)-Apothekenurteil 以及 BVerfGE 13, 97(105)-Beschluss zur Handwerksordnung,涉及《基本法》第12条第1款第1句(职业自由)与该条第1款第2句意义上的"制定法"(《药店法》,或者《手工业法》)之冲突;此外,BVerfGE 17, 306(317)-Mitfahrerzentrale 以及 BVerfGE 20, 150(159)-Sammlungsgesetz,涉及的则是《基本法》第2条第1款(一般行为自由)与该条意义上的"合宪性秩序"(《旅客运输法》,或者《集会法》)之冲突。在以上案件中,联邦宪法法院都运用了权衡方法与比例原则。

③ BVerfGE 30, 173(195)-Mephisto.

④ BGHZ 13, 334.

⑤ BVerfGE 30, 173(194)-Mephisto.

及的不仅是《基本法》第5条第1款第2句(出版自由)与该条第2款意义上的一般制定法之间,更是与一般人格权之间的权衡。[①] 经过索拉娅案中的权衡裁判,联邦宪法法院最终认可了因一般人格权遭受严重侵犯而提出精神损害赔偿金的诉求。[②] 自此以后,一般人格权在相关裁判中得到明确的采纳和持续的发展。[③] 值得注意的是,对人性尊严、"人类形象"、价值秩序的强调一直都构成了联邦宪法法院上述裁判的背景观念,而权衡与/或比例原则的运用则构成了上述裁判的方法。正是在雷巴赫案中,权衡裁判的完整过程才得到清晰的呈现,涵盖到了权衡的对象、标准、阶段、结果及其逆转,因而成为我们理解和重构权衡裁判方法的必读文献。也正是通过权衡裁判过程,雷巴赫案对前述一般人格权作出了内容上与程序上的重要发展。

2. 权衡裁判的方法

从雷巴赫案可以看到,被联邦宪法法院纳入权衡的对象至少包括:一般人格权与广播电视报道自由这两项基本权利,或者也被界定为两项"宪法价值";此外还涉及公众的信息利益;犯罪人的再社会化利益,等等。因而可以认为,联邦宪法法院对于不同基本权利、价值或利益之间的紧张关系及其权衡是等量齐观的,并没有进行明显的区分。而且可以发现,一般人格权与再社会化利益之间、广播电视报道自由与公众信息利益之间分别存在论证支撑关系。但值得注意的是,一般制定法并不会被联邦宪法法院纳为权

① BVerfGE 34,269(281 f.)-Soraya.

② BVerfGE 34,269(269)-Soraya.

③ 与基本权利位阶的"一般人格权"相关联,还可以参见早期裁判中已经发展出来的"人格领域理论"(Sphärentheorie),也就是区分出"不可触碰的、受绝对保护的、最内在的私人生活塑造的核心、私密领域"与其他私人领域。Vgl. BVerfGE 6,32(36,41)-Elfes-Urteil;27,1(6 f.)-Mikrozensus;34,238(245)-Tonbandentscheidung。最后一案尤其要求在肖像权、录音权与重大公共利益之间进行权衡。

衡对象,它所关注的毋宁是不同基本权利各自对普通法律的辐射效果;这一点明确区别于前述普通民事法院基于一般制定法所进行的利益权衡,在此不再赘述。

除上述权衡对象及其内部支撑关系以外,联邦宪法法院还援引了若干具有支撑性的其他论据,譬如,人性尊严(《基本法》第1条第1款)对于一般人格权的支撑;自由民主的基本秩序(《基本法》第20条)对于广播电视报道自由的支撑;社会国原则(《基本法》第20条第1款)对于再社会化利益的支撑;等等。

接下来更需要追问的是:上述基本权利、价值或利益在什么意义上是可权衡的(abwägungsfähig)?或者说,它们是否具有可权衡的要素?根据联邦宪法法院的论述:“权衡一方面必须考察上述形式的节目对人格领域的侵犯强度;另一方面应当对该节目所服务的具体利益进行评价和审查,是否以及在多大程度上该利益能够在不妨碍——或者不深度妨碍——人格保护的情况下依然能够得到满足。”①由此可见,联邦宪法法院明确提到了以下两项要素:一项基本权利或利益被侵犯、被妨碍的强度;以及与此同时另一项基本权利或利益得到满足的程度。② 就此而言,不同基本权

① BVerfGE 35,202(226).

② 阿列克西(Robert Alexy)最初以雷巴赫案为例,提炼出了“被妨碍的程度”与“被满足的重要性”这两项权衡要素。他还在此基础上提出了如下的“权衡法则”(Abwägungsgesetz):一项原则(基本权利)不被满足或者遭受妨碍的程度越高,另一项原则(基本权利)被满足的重要性必然越大。Vgl. Robert Alexy, Theorie der Grundrechte, Nomos: Baden-Baden 1985, S. 145 – 154。此后,阿列克西还进一步从各项权衡对象中提炼出各自的“抽象分量”与“认知前提确定性”要素,以及相应的“认知权衡法则”:对一项基本权利的侵犯份量越重,支撑这一侵犯的前提之确定性必须越大。See Robert Alexy, „Postscript“, in his *A Theory of Constitutional Rights*, translated by Julian Rivers, Oxford University Press: Oxford 2002, pp. 388 – 425; ders., „Die Gewichtsformel“, in: Gedächtnisschriftfür Jürgen Sonnenschein, hrsg. von Joachim Jickeli, Peter Kreutz und Dieter Reuter, De Gruyter Recht: Berlin 2003, S. 771 – 792.

利、价值或利益之间可以进行程度或分量上的比较、权衡。

从权衡结果来看,联邦宪法法院先后作出了两次不同的判断,它称之为"一般的"与"具体的"权衡。第一次权衡的结果是:"就针对犯罪行为的即时报道而言,公众的信息利益一般而言享有优先地位";①第二次权衡的结果则是:"一项重复的、不再涉及即时信息利益的、关于严重犯罪行为的电视报道,如果威胁到犯罪人的再社会化,那么也不得被允许",②而且"具有一般有效性的是:一项节目越是以犯罪行为的典型性为对象,它越是不需要对犯罪人的可识别性"。③ 它们也可以被重新表述如下:

权衡结果一:如果可识别犯罪人人格的电视报道是即时的,那么广播电视报道自由(受公共信息利益支撑)相对于犯罪人的一般人格权具有通常的优先地位。

权衡结果二:如果可识别犯罪人人格的电视报道是过时的,那么犯罪人的一般人格权(为再社会化利益提供支撑)相对于广播电视报道自由具有通常的优先地位,相关电视报道因而不得被允许。

由此可以发现,联邦宪法法院每次权衡的结果都或明确或隐含地包含了以下三项步骤:(1)确认优先条件;(2)确认基本权利、价值或利益的通常优先地位;(3)设定相应的法律后果。④ 这些权衡结果也就构成了联邦宪法法院据以裁判的具体规则,我们称之

① BVerfGE 35,202(232).

② BVerfGE 35,202(237).

③ Ebd.

④ 阿列克西在此基础上提出了如下"原则碰撞法则"(Kollisionsgesetz):使一项原则优先于另一项原则的那些条件,形成了一项规则的事实构成要件,该规则支持的是取得优先地位的那项原则的法律后果。Vgl. Robert Alexy, Theorie der Grundrechte, S. 83-84;亦参见冯威:"法律原则与基本权利教义学",中国政法大学2015博士学位论文,第65页。

为"裁判规则"(Entscheidungsregeln)。

最后仍然需要进一步追问的是上述第二项步骤，即相关基本权利、价值或利益的通常优先地位到底是如何得到确认的？换言之，究竟根据什么标准来"测量"不同权衡对象及其要素的分量？对此联邦宪法法院至少明确提出了两项标准，或者说"指导价值"：其一，人性尊严，它被视为《基本法》的价值体系之核心；其二，比例原则，这也是我们在此主要关注的对象。①

比例原则——更为完整的称谓是"合比例性原则"(Grundsatz der Verhältnismäßigkeit)——滥觞于19世纪的德国警察法与行政法。战后以来，随着《基本法》的制定与联邦宪法法院裁判的持续发展，比例原则也成为德国宪法裁判以及教义学领域的通说，②并进一步影响欧洲人权法院以及英美的人权立法与司法实践。对于宪法上的比例原则较有影响力的理论主要有：彼得·莱尔歇提出的"最审慎均衡思想"(Gedanken des schonendsten Ausgleich)，③康拉德·黑塞提出的"实践协调原则"(Prinzip praktischer Konkordanz)，④以及罗伯特·阿列克西提出的"最优化命令"(Optimierungsgebote)理论或曰"原则理论"(Prinzipientheorie)。⑤

---

① BVerfGE 35,202(225).

② 除前述案例外，联邦宪法法院还在其他早期案例中频繁运用比例原则，譬如，BVerfGE 19,330(337)-Einzelhandel;19,342(348 f.)-Untersuchungshaft;22,180(219)-Jugendhilfe;38,348(368)-MRVerbG;65,1(44)-Volkszählung.

③ Vgl. Peter Lerche, Übermaß und Verfassungsrecht, Carl Heymanns Verlag: Köln, Berlin, München, Bonn 1961, S. 125 f.

④ Vgl. Konrad Hesse, Grundzüge des Verfassungsrechts der Bundesrepublik Deutschland, 20. Aufl., C. F. Müller: Heidelberg 1999(1. Aufl., 1967), Rdn. 72, S. 28.

⑤ Vgl. Robert Alexy, „Zum Begriff des Rechtsprinzips", in: *Rechtstheorie*, Beiheft 01(1979), S. 59 – 87; *ders.*, „Rechtsregeln und Rechtsprinzipien", in: Archiv für Rechts- und Sozialphilosophie, Beiheft 25(1985), S. 13 – 29; Theorie der Grundrechte, S. 71 – 157. 值得注意的是，阿列克西的原则理论尤其建立在对雷巴赫案的分析之上。

上述理论的核心均是强调:处于紧张关系中的各项基本权利、价值或利益,在彼此权衡过程中不得牺牲其中任何一方,而应当符合一定的比例关系。在雷巴赫案中,联邦宪法法院不仅明确将比例原则作为权衡裁判的标准,而且也说道:“两项宪法价值必须在冲突情形中尽可能地取得均衡;如果无法达到这一状态,那么应当考量案件类型的构造和特殊情形,以决定何种利益不得不退让。”①

比例原则又可以被进一步区分为下三项分原则:适当性原则(Grundsatz der Geeignetheit)、必要性原则(Grundsatz der Erforderlichkeit)以及所谓“狭义的比例原则”(sog. Grundsatz der Verhältnismäßigkeit im engeren Sinne)。在雷巴赫案中,联邦宪法法院也一再强调:一方面,“保护公共利益的公共权力措施只被允许对其[一般人格权]进行符合适当强度的且必要的侵犯”;另一方面,应当“确保广播电视报道自由符合比例地实现”。此外,它还就各项基本权利在特定事实构成下是否遭到“严重妨碍”、是否“具有重大分量”反复进行判断。因而可以说,比例原则已明确构成了联邦宪法法院权衡裁判的实际指导标准和操作方法。要确认哪一项基本权利、价值或利益在特定事实构成条件下具有通常优先地位,都需要通过比例原则的检验:首先,某项手段是否适当于满足一项基本权利,无论它是否可能同时满足或侵犯到另一项基本权利(适当性原则);其次,如果不同的手段同样适当于满足一项基本权利,那么其中是否有一项手段对于另一项基本权利的侵犯强度最小,甚至毫无侵犯(必要性原则,或称“最小侵害原则”);最后,如果已经采取了适当于满足一项基本权利且对另一项基本权利的侵犯强度最小的手段,那么一项基本权利被满足的程度与另一项基本权利被侵犯的强度是否符合比例(狭义的比例

① BVerfGE 35,202(225).

原则)。[①] 最后这一项狭义比例原则也被视为原本的权衡。[②] 而雷巴赫案尤其被作为适用狭义比例原则的范例。[③]

3. 异议

即便如此,依然有学者对联邦宪法法院明确进行的权衡裁判持有异议。他们的质疑至少包括:(1)联邦宪法法院是否真正认为相关的基本权利始终处于紧张关系?(2)联邦宪法法院是否真正进行了它称之为"权衡"的过程?或者只是对各项基本权利的保护领域和/或事实构成的具体化?(3)联邦宪法法院是否真正运用了比例原则的第三项分原则,即狭义的比例原则?

本哈德·施林克就认为,在雷巴赫案中联邦宪法法院将比例原则视为其权衡的指导性观点,"而根据比例原则应当提出以下两个问题:信息利益是否要求播放相关的电视节目?人格保护是否要求排除播放该电视节目?联邦宪法法院否定了第一项提问……而肯定了第二项提问"。[④] 他认为,联邦宪法法院并没有否认德国第二电台的广播电视报道希望达到一定强度的公共道德与社会责任,但认为这是不明显的。与此相反,对于诉愿人再社会化的严重威胁则是确定的。基于上述不明显的可能性,对诉愿人以及公众造成的损害也就无法得到平衡(nicht aufwiegen)。[⑤] 因而施林克也认为合比例性检验应以事实调查(Tatsachenuntersuchung)为前提,包括:考虑公共信息利益的确定及其满足条件,

---

① Vgl. Robert Alexy, Theorie der Grundrechte, 1985, S. 100 – 104; auch ders., „Postscript", in his A Theory of Constitutional Rights, translated by Julian Rivers, 2002, pp. 397 – 401.

② Vgl. Robert Alexy, Theorie der Grundrechte, 1985, S. 103.

③ Vgl. Christian Bumke / Andreas Voßkuhle, Casebook Verfassungsrecht, 5. Aufl., Verlag C. H. Beck: München 2008, S. 25 – 28 ff.

④ Bernhard Schlink, Abwägung im Verfassungsrecht, 1976, S. 32 – 33.

⑤ A. a. O., S. 34.

考虑再社会化的实现及其前提条件。①

除此之外,他进一步批评到:“雷巴赫案……并没有脱离宪法价值、宪法价值观或者价值秩序这一转向,这种转向认为:关于信息利益或者人格保护的优先地位问题,应当在《基本法》的价值秩序中通过权衡得到解决。如果要摒弃这种理解,仅仅像联邦宪法法院那样在开篇时宣称两项宪法价值的位阶相等,是于事无补的;相反,如果公众的信息利益并不要求播放该电视节目,而诉愿人的人格保护却要求排除播放该电视节目,那么根本就不存在优先地位的问题(die Frage eines Vorrangs stellt sich überhaupt nicht)。因为只有当一项利益以牺牲另一项利益为代价才能得到贯彻时,只有当一项价值以另一项价值的退让为成本才能被实现时,才必须对这项利益或价值进行权衡。”②施林克最终认为,联邦宪法法院解决了信息利益与人格保护之间的紧张关系,却是通过揭穿其虚假面纱(ihren Schein zerstören),并指出:造成优先地位问题的那种冲突其实并不存在。③

对于上述诸多异议的全面回答,需要我们接下来进入到对基本权利规范结构的理解,并进一步关注第二次雷巴赫裁判的发展。

二、基本权利规范的结构

1.不具有通常优先地位的紧张关系

联邦宪法法院在谈到两项基本权利的紧张关系时,强调二者之间并不存在通常优先地位;而随着论证的展开,联邦宪法法院依次根据两种不同的优先条件,得出了有关优先地位的不同判断,并指向了不同的法律后果。即便如此,它依然强调这些不同条件下的优先地位判断并不是绝对、无限制的,而是允许出现例外情形。

① A. a. O., S. 34.

② A. a. O., S. 34.

③ A. a. O., S. 35.

因而可以发现,联邦宪法法院无论开篇对"通常优先地位"的否定判断,还是在论证过程中甚至结尾处对不同——但仍然"通常的"——优先地位的肯定判断,都反映了它对基本权利规范的一贯理解。如此一来,就可以回应前述针对权衡裁判的第一项异议:不同基本权利规范之间即使发生紧张关系,也不是严格的、绝对的矛盾冲突关系,而是始终可能结合一定的优先条件予以通常性的判断:是否以及何者具有优先地位。联邦宪法法院并没有通过后来对于通常优先地位的判断,来推翻自己先前对于"不具有通常优先地位的紧张关系"这一判断。

如果许多法律条文都在遇有冲突时自始具有通常优先地位,只是在例外情形下可能失去优先地位,那么另外一些自始就不具备通常优先地位的法律条文,就属于不同类型的规范。在法律理论上,我们将前一种规范称为规则(Regeln)或者"确定性命令/理由",而将后一种规范称为原则(Prinzipien)或者"最优化命令"、"初显性理由"等。基本权利规范正是具有原则的特征,而不具备规则的特征,因而又可以被称为"初显性权利"(prima facie-Recht)。[①]

"初显性理由"在实践哲学领域有着广泛的探讨。在对相关情形进行全盘考量之前,初显性理由——在此即基本权利规范——单独来看就具有实践的正确性;在遇有紧张关系时,它(们)并不立即享有或者立即丧失优先地位,与此相反,无法就何者具有优先地位的问题作出确定的判断。[②] 这正符合了联邦宪法法院关于"不具有通常优先地位的紧张关系"这一表述。阿列克西也正是将"不具有通常优先地位的紧张关系"视为雷巴赫案中

① Vgl. Robert Alexy, Theorie der Grundrechte, 1985, S. 75 – 77, und S. 90 – 92.

② Vgl. Wolfgang Enderlein, Abwägung in Recht und Moral, Verlag Karl Alber, Freiburg/München 1992, S. 45 – 66.

进一步着手利益权衡的起点;[①]而且他还认为,该案涉及了两项初显性权利:请求人格保护的初显性权利,以及请求报道自由的初显性权利。[②] 除雷巴赫案以外,在早先的梅菲斯特案中,联邦宪法法院也使用了艺术自由与一般人格权之间的“紧张关系”这一措辞;[③]而在索拉娅案中它也认为,“一般人格权在(与出版自由)的权衡中并不能直截了当地主张具有优先地位”;[④]在后来的第二次摩洛哥公主卡罗琳案中它也一再强调,一般人格权只是要求私人领域具有“通常的”隔离可能性,但“无法一般地、抽象地确定”,“只能作出情境化的判断”。[⑤] 这些表述都说明,联邦宪法法院对基本权利规范的理解,可以被归属为法律理论层面的“原则”或者“初显性权利”。

2. 基本权利的限制理论

在以上两种优先条件下,任何一项基本权利取得通常的优先地位,实际上也就相应地对另一项基本权利造成了限制。这种限制是否被允许,以及能否得到合宪性证成,也就构成了基本权利教义学的核心论题之一。在此涉及的《基本法》第2条第1款已经包含了限制条款:“只要不侵害他人的权利,不违反合宪法性秩序或者道德法则。”不过,与此相关联的第1条第1款(人性尊严)则不包含任何限制条款。与此相对,第5条第1款第2句(广播电视报道自由)也受到该条第2款的限制:“上述权利受一般制定法规定、保护青少年以及个人名誉权的制定法之限制。”

① Vgl. Robert Alexy, „Die logische Analyse juristischer Entscheidung(1978)“, in: ders., Recht, Vernunft, Diskurs, Suhrkamp, Frankfurt am Main 1995, S. 41 – 45 ff; auch ders., Theorie der Grundrechte, 1985, S. 84 – 87 ff.

② A. a. O., S. 92, und S. 98.

③ BVerfGE 30, 173(195)-Mephisto.

④ BVerfGE 34, 269(282)-Soraya.

⑤ BVerfGE 101, 361(384, 386)-Caroline v. Monaco II.

有关基本权利的限制理论通常可分为“内部理论”与“外部理论”两种。根据内部理论(Innentheorie),只存在各项具有特定内容的权利,而对该权利的限制最多只能是所谓的“内在限制”(immanente Schranken),否则即构成对该权利的侵犯;[①]根据外部理论(Außentheorie),可以区分出初显性权利与受到来自外部限制的权利。[②] 假使选择内部理论,那么需要区分来自基本权利内部的限制与并非来自基本权利内部的侵犯。此时的难题仍然在于:如何区分限制与侵犯? 此外,是否存在非内部的但仍属合宪的限制? 然而显而易见的是,无论非内部的侵犯,还是非内部的但仍属合宪的限制,都需要经过合宪性证立。与此不同,假使选择外部理论,那么对基本权利的任何限制都是外部的限制,接下来只需要考察这些外部限制是否构成对该基本权利的侵犯;如果构成侵犯,那么这种侵犯能否得到合宪性证成。所以,基本权利的限制,最终还是可以被纳入“保护范围—侵犯—合宪性证成”的三阶审查模式中来。

在此无法就内部限制理论与外部限制理论作出最终评断,只需指出基本权利受到限制的可能性,且这些限制并不一定就是不合宪的。换言之,可能构成合宪的限制。至于对基本权利的限制是否当即构成对基本权利的侵犯——哪怕可能得到合宪性证成——则在此无法详究。雷巴赫案的情况实际上更为复杂,其中发生了两项基本权利的紧张关系,任何一方取得优先地位,都意味着对另一方的限制或者侵犯;而这些彼此的限制或者侵犯都应当得到合宪性证成。实际上,联邦宪法法院在雷巴赫案中依然使用

---

① Vgl. Peter Häberle, Die Wesensgehaltgarantie des Artikel 19 Abs. 2 Grundgesetz, 3. Aufl., Heidelberg 1983, S. 126.

② Vgl. Robert Alexy, Theorie der Grundrechte, 1985, S. 250 ff.; auch vgl. Martin Borowski, Grundrechte als Prinzipien, 2. Aufl., Nomos: Baden-Baden 2007, (1. Aufl., 1998), S. 34 ff.

“被侵犯强度”、“被满足程度”的表述,[①]因而权衡裁判方法与上述三阶审查模式是相兼容的。

3. 裁判规则作为附属的基本权利规范

前已述及,联邦宪法法院的权衡裁判至少包含了三项步骤:(1)确认优先条件;(2)确认基本权利、价值或利益的通常优先地位;(3)设定相应的法律后果。由此得到是一项具有确定性的裁判规则,而不再是只具有初显性的原则。其中,前两项步骤——一定的优先条件,以及一项基本权利相对于另一项基本权利的优先地位——形成了该裁判规则的事实构成要件部分。不过,根据前述针对权衡裁判的第二项异议,上述裁判规则只是基本权利规范——连同它所包含的限制条款——的具体化,而陷入紧张关系的另一项基本权利规范只是满足或未满足前者的限制条款;所谓的“权衡”过程并未发生,或者只是无关紧要的。这种观点也构成了对“不具有通常优先地位的紧张关系”的质疑。

然而,正如雷巴赫案中的两次权衡结果所显示的,一项基本权利在一定条件下优先于另一项基本权利,意味着:通过权衡,前者的被侵犯强度胜过了后者的被满足程度。换个角度来看,后者虽然对前者造成了侵犯和/或限制,但是最终未能得到合宪性证成。此外,在发生权衡结果逆转时,前者的被侵犯强度未能胜过后者的被满足程度;换言之,前者对后者造成了未被满足的状态,且未能得到合宪性证成。因而,上述过程既可以被理解为不同基本权利规范各自的具体化,也可以同时——根据联邦宪法法院的实际论述——被理解为陷入紧张关系的各项基本权利之间的权衡。我们不应当排除后一种理解。毋庸讳言,权衡乃是一种特别的解释方法。对于陷入紧张关系的各项基本权利,这种解释方法并不能自始确认通常的优先地位,而是应当根据具体的优先条件作出优先

① BVerfGE 35,202(226).

地位判断,得出具有确定性的裁判规则。这些裁判规则与原本的基本权利规范相比,并非只是具体化程度上的不同:后者只是为案件提供了初显性的理由,而前者指示出了个案的法律后果,属于确定性理由。正是在此意义上,我们将上述裁判规则视为附属、派生的基本权利规范(zugeordnete Grundrechtsnorm)。[①] 由此也可以看到,原本的基本权利条款具有初显性特征,因而在规范层面上属于原则;也可能在不同优先条件下取得确定性,因而在规范层面上属于规则。我们称之为基本权利的双重性质。[②]

正是通过雷巴赫案,犯罪人的再社会化权被认可为一项重要的附属基本权利。这种附属的基本权利不仅具有了内容上的确定性,而且同时得到了程序性的保障:其一,在宪法诉愿的审理过程中,联邦宪法法院实际上并不满足于民事法院的事实确认,而是自行进行了更为深入的证据收集,即听取众多专家意见,询问他们该电视节目的播放会对诉愿人的再社会化机会造成何种影响;其二,在判决与执行阶段,联邦宪法法院也采取了异乎寻常的步骤,不仅撤销了民事法院的裁判,而且亲自发布了临时处分,其主要目的是通过及时的宪法程序来限制诉愿人的人格被再度曝光。这一程序性保障也在后来的若干裁判中得到了延续。[③]

4. 异议

作为原则的基本权利,以及作为附属基本权利规范的裁判规则,这种思路常常与吕特案以降的“客观价值秩序”(objektive

---

① Vgl. Robert Alexy, Theorie der Grundrechte, 1985, S. 84 – 87.

② Vgl. a. a. O., S. 122 – 125.

③ BVerfG, NJW 2009, 350-Holzklotz-Fall; BVerfG, AfP 2009, 244-Berliner Koma-Sauf-Prozess; BVerfG, NJW 2003, 2523-Mordfall Jakob von Metzler; BVerfG, NJW 2002, 2021-El-Kaida-Terroristen.

Wertordnung)、[①]“价值决定”(Wertentscheidung)、[②]“原则性规范”(Grundsatznorm)[③]等观念结合起来,激起了若干学者的疑虑和批评。他们认为:如此一来,基本权利不再是防御来自国家侵犯的自由权,或者防御来自国家不平等对待的平等权,而是具有了某种客观法面向,对国家之外的第三人基本权利发生效果,甚至对整个法律秩序产生辐射效果;随着联邦宪法法院权衡裁判的发展,出现了“法治国家”(Rechtsstaat)向“司法国家”(Justizstaat)转变的趋势;宪法不再只是捍卫一定的框架秩序(Rahmenordnung),而是试图建构某种基本秩序(Grundordnung)。[④]

对上述异议的回应是,基本权利规范作为初显性命令或者原则,并不必然与“客观价值秩序”、“基本决定”、“原则性规范”、“基本秩序”等观念直接关联在一起。[⑤] 作为原则的基本权利规范确实具有客观法面向,但与此同时并没有丧失其主观防御权面向。其核心在于对初显性特征、“不具有通常优先地位的紧张关系”的强调,以及对权衡方法的运用。[⑥]

至于“司法国家”、“基本秩序”等有关宪法观念的疑虑,在此无法得到完整的回答。仅就雷巴赫案而言,我们看到:联邦宪法法院的裁判并没有取消不同基本权利规范的初显性特征,而是寻求在具体条件下作有关优先地位的判断,形成相应的个案裁判规则。

---

① BVerfGE 7,198(205,218,215)-Lüth.

② BVerfGE 27,195(201)-Hessische Privatschulen.

③ BVerfGE 6,55(71)-Ehegattensplittung;35,79(112)-Hochschulurteil.

④ Vgl. Ernst-Wolfgang Böckenförde,„Grundrechte als Grundsatznormen-Zur gegenwärtigen Lage der Grundrechtsdogmatik“,Der Staat1990,S. 1-31. 关于“自由民主的基本秩序”这一表述,参见 BVerfGE 2,1(12 f.)-SRP-Urteil;12,205(259 ff.)-Deutschland-Fernsehen;20,162(174 ff.)-Spiegel;35,202(221)-Lebach.

⑤ Vgl. Robert Alexy,“Grundrechte als subjektive Rechte und objektive Normen”,Der Staat 1990,S. 55 ff.

⑥ Ebd.

这些包含优先地位判断的裁判规则并不是唯一可能的权衡结果，而总是依赖于相应的优先条件、受侵犯强度、被满足程度等。在雷巴赫案中我们还可以清楚地看到，在同一份判决书里不同基本权利的优先地位如何发生了决定性的逆转。而正如阿列克西在《基本权利理论》搁笔之处所提到的：恰恰是通过对雷巴赫案的分析，我们不可能提出一种预先提供全部答案、实质的基本权利理论，有的只是在具体优先条件中的理性论证与权衡。①

【后续影响及借鉴意义】

一、权衡裁判与一般人格权的发展

尽管面临诸多异议，联邦宪法法院的权衡裁判自雷巴赫案之后仍然得到了持续的发展。一般人格权的保护范围也得到了不断的扩展，至少涵盖了以下几个方面：(1)隐私保护权(Recht auf Schutz der Privat-, Geheim- und Intimsphäre)，如防御公开个人生活事实的权利、②防御未经允许公开出版私人生活照片的权利；③(2)自我决定权(Recht auf Selbstbestimmung)，如性自决权、④性别决定权、⑤姓氏保护权、⑥取名权、⑦血缘知晓权、⑧父子关系鉴定权、⑨财政自决权；⑩(3)自我形象权(Recht auf Selbstdarstellung)，

① Vgl. Robert Alexy, Theorie der Grundrechte, S. 519. vgl. auch ders., "Postscript", in: A Theory of Constitutional Rights, translated by Julian Rivers, 2002, pp. 387 – 394.

② BVerfGE 80, 367 (373)-Tagebuch; 109, 279 (313 ff., 318 ff.)-Großer Lauschangriff.

③ BVerfGE 101, 361 (382 f.)-Caroline von Monaco II.

④ BVerfGE 47, 46 (73)-Sexualkunde.

⑤ BVerfGE 49, 286 (298)-Transsexuelle.

⑥ BVerfGE 78, 38 (49)-Ehename II.

⑦ BVerfGE 115, 1 (14)-Transsexuelle III.

⑧ BVerfGE 79, 256 (268 f.)-Abstammung I; 96, 56 (63 ff.)-Abstammung II.

⑨ BVerfGE 117, 202 (204)-Vaterschaftsfeststellung.

⑩ BVerfGE 72, 155 (170 ff.)-Schuldenfreier Eintritt in die Volljährigkeit.

如防御强加不实言论的权利、[1]名誉权、[2]反自证其罪权、[3]辩护权、[4]禁治产沉默权;[5](4)信息自决权(Recht auf informationelle Selbstbestimmung),[6]等等。而雷巴赫案中涉及的肖像权、犯罪人的再社会化权尤其为上述的自我形象权开辟了道路。从今天的视角来看,犯罪人的性取向尤其会导致再社会化方面的严重问题,毕竟与一位异性伴侣共同生活将是犯罪人成功重新融入社会的决定性因素之一。

更为重要的问题是:上述案件中的一般人格权如若与其他基本权利、价值或利益陷入紧张关系,应当如何得到解决?答案正是通过权衡方法以及比例原则。根据随后不久的人口调查案,基于重大公共利益而对一般人格权(在此即公民信息自决权)的限制应当符合如下标准,即基本权利自身在本质上所要求的比例原则。[7] 此外,在第二次血缘判决中,两种一般人格权——一方面成年非婚生子女要求知晓亲生父亲的权利与另一方面母亲的隐私保护权——之间存在紧张关系,联邦宪法法院在此认为应当允许更大的权衡裁量空间,不应当未经具体权衡就给予前者优先地位。[8] 另外值得注意的是郝文案,该案涉及一般人格权(防御强加不实言论的权利)与意见表达自由之间的紧张关系,并需要通过权衡来解决。但联邦宪法法院在该案中强调,权衡的结果由于依赖于

---

① BVerfGE 54,148(154)-Eppler;99,185(195 f.)-Helnwein.

② BVerfGE 54,208(217 f.)-Böll / Walden.

③ BVerfGE 38,105(114 f.)-Rechtsbeistand.

④ BVerfGE 63,131(142 f.)-Gegendarstellung.

⑤ BVerfGE 78,77(84)-Entmündigung I.

⑥ BVerfGE 65,1(43)-Volkszählung.

⑦ BVerfGE 65,1(43 f.)-Volkszählung. 联邦宪法法院同时还提到了其他两项标准:法治国原则下的规范清晰性;组织法与程序法上的保障。

⑧ BVerfGE 96,56(63 ff.)-Abstammung II.

个案情形,因而不能预先得到一般地、抽象地确定。[①] 最后还不妨再次提及第二次摩洛哥公主卡罗琳案,该案通过权衡之后认为一般人格权(在此即防御未经允许公开出版私人生活照片的权利)具有通常优先地位。[②] 与此案直接相关的是由欧洲人权法院裁判的汉诺威公主卡罗琳案,该案在原则上区分了关于事实的报道与关于个人私生活细节的报道,并认为即使基于公众的信息利益也不能侵犯后者。[③] 因而该案一方面反映了一般人格权在欧洲范围内的广泛影响;另一方面也可以看到,相较于德国联邦宪法法院而言,欧洲人权法院在相关案件的权衡结果上甚至给予了一般人格权更为突出的强调。

二、第二次雷巴赫案中的重新权衡

1. 联邦宪法法院对普通法院的影响

除了上述一般的发展以外,还需要提及的是雷巴赫案自身的后续发展,也就是 1999 年联邦宪法法院作出的第二次雷巴赫案判决。[④] 该案的第一诉愿人以及另一位临时处分申请人系“雷巴赫士兵谋杀”案的两位主犯,曾因此于 1969 年被判处终身自由刑。该谋杀案的另一位帮助犯则被判处 6 年自由刑,且在 1972 年的第一次雷巴赫案中成功获得联邦宪法法院发布的临时处分,禁止了德国第二电台播放对其具有可识别性的纪录片。而在 1996 年,第二次雷巴赫案的第二诉愿人 SAT. 1 电台摄制了九集系列节目《创造历史的犯罪》,其中就包括《雷巴赫案(1969)》的样片,但是并未使用犯罪人的真实姓名或肖像,只是采用了化名。当年第一次雷巴赫案的诉愿人旋即针对 SAT. 1 电台提出了临时处分申

---

① BVerfGE 99,185(196 f.)-Helnwein.

② BVerfGE 101,361(382 f.)-Caroline von Monaco II.

③ EGMR,NJW 2004,2647(2650)-Caroline v. Hannover.

④ BVerfGE, *NJW* 2000, 1859-Lebach-Beschluss II; auch vgl. „Praktische Konkordanz von Grundrechte“,RA 2000,S. 414 – 418.

请,但是双方最终就节目的不可识别性达成了和解。随后 SAT. 1 电台还向另外两位犯罪人——第二次雷巴赫案的第一诉愿人以及另一位临时处分申请人——发出了负刑事责任的不作为声明(strafbewehrte Unterlassungserklärung),保证相关节目不涉及其人格。此时,本案的第一诉愿人已于 1992 年获释,并以真实姓名生活着;另一位临时处分申请人虽然还处在服刑状态,但是无疑符合被释放的条件,只是本人尚未明确表示同意。

第一诉愿人针对 SAT. 1 电台的电视节目向萨尔布吕肯地方法院提出了临时处分申请,但遭到驳回,进一步的上诉也被萨尔布吕肯州高等法院予以驳回。第一诉愿人因而提起了宪法诉愿。另一位临时处分申请人也向美因茨地方法院提出了临时处分申请,SAT. 1 电台则提出反诉。不同的是,美因茨地方法院——在经历了第一次雷巴赫案之后——坚定地支持了临时处分申请。SAT. 1 电台的进一步上诉也被科布伦茨州高等法院予以驳回。SAT. 1 电台因而提起了宪法诉愿,成为本案的第二诉愿人。由此可见,第二次雷巴赫案的两组被诉愿人——萨尔布吕肯地方法院与州高等法院,以及美因茨地方法院与科布伦茨州高等法院——分别作出了相反的民事裁判。同时,我们也看到了联邦宪法法院对普通法院的不同影响。

萨尔布吕肯州高等法院的实质论证如下:根据第一次雷巴赫案发展出来的标准,第一诉愿人(此时还只是临时处分的申请人)应当忍受关于其犯罪行为的电视电影(Fernsehfilm)。它认为两案的关键区别在于:后者并不具有可识别性。犯罪人的个人关系也被隐而不宣。而且,SAT. 1 电台也没有选择纪录片节目(Dokumentarspiel)这一节目形式,慕尼黑警长的解说只是插播在电影之中。该电影也没有塑造犯罪人的负面形象,其关系中的同性恋部分尽管是有所暗示的,但完全没有被视为值得谴责的。此外,相对遥远的时间距离也不会激起进一步探究的兴趣。社会观念也发生了变迁,再社会化思想比以前得到了更多的认同。所以对第一诉愿人再社会化的威胁是不明显的。而从《基本法》第5条第1款第2句的角度,电台并未被禁止制作任何以雷巴赫士兵谋杀案为题材的电影节目,只要其中排除对犯罪人的可识别性。即便第一诉愿人非常希望出狱后在人格上不再与此次谋杀案有任何牵连,作为犯罪人他还是无法将这起事件从公众记忆中抹去,就仿佛它从未发生过一样。①

与此不同,美因茨地方法院的论证如下:该电影尽管对临时处分申请人进行了匿名的描述,仍然触及了其再社会化利益。对于那些原本知晓他是雷巴赫士兵谋杀案主犯的人,以及他在被释放后将要接触到的人而言,该电影仍然具有可识别性。此外,还应当考虑该电影对临时处分申请人本人心态上的消极影响。就第二诉愿人SAT. 1(此时还只是临时处分的被申请人)主张的广播自由而言,一项具体的、基于《基本法》第5条第1款第2句的播放利益并没有得到充分的证立。因而,一般人格权最终在具体个案的利益权衡中胜出。在上诉阶段,科布伦茨州高等法院也认为:临时处分申请人请求在长达27年的服刑之后重返社会,可是又将受到上述节目的妨碍。尽管他的姓名和肖像未被使用,但是仍然会被认出是雷巴赫士兵谋杀案的主犯。SAT. 1电台的电影与德国第二电台于1972年摄制的纪录片之间的差别并不重要。此外,正如联邦宪法法院在1973年第一次雷巴赫案中所裁判的那样,人格权随着时间距离的增长会为媒体的信息利益设置界限。②

2. 一般人格权并非完全豁免权

联邦宪法法院受理了第二诉愿人SAT. 1电台——作为国内私法上的法人——基于《基本法》第5条第1款第2句提出的宪法

① LG und OLG Saarbrücken, ZUM-RD 1998, 264.

② OLG Koblenz, ZUM-RD 1998, 260.

诉愿,并认为本院曾经在第一次雷巴赫案——以及BVerfGE 97,391——中就相关宪法问题作出了裁判。但第一诉愿人的宪法诉愿被认为并不满足受理条件。

联邦宪法法院首先重申:《基本法》第5条第1款第2句保障的广播电视自由权涵盖了政治节目与娱乐节目,与此同时它还受到该条第2款意义上的“一般制定法”限制;普通法院对一般制定法的解释与适用,必须考虑到被限制的基本权利,而且通常需要在被限制的基本权利与限制基本权利的其他法律利益之间进行权衡。然而,联邦宪法法院进一步认为,美因茨地方法院在此案中的权衡并不成立。除了广播电视报道自由以外,一般人格权在此案的权衡中也具有分量。但一般人格权的保护并不意味着一项一般处分权(keines generelles Verfügungsrecht),以禁止针对某人人格所表达的全部信息或者评价。一般人格权并没有授予犯罪人彻底禁止公众获悉其犯罪事实的权利(kein Anspruch darauf, in der Öffentlichkeit überhaupt nicht mehr mit der Tat konfrontiert zu werden)。从第一次雷巴赫案以及联邦宪法法院的其他裁判中都无法得出这种权利。第一次雷巴赫案只是确认了,人格权防御的是媒体不受时间限制地干预“犯罪人的人格及其私人领域”。这并不意味着针对未经允许的、涉及人格的事件描述享有完全的豁免权(keine vollständige Immunisierung)。具有决定性的始终是:相关报道对于人格发展的妨碍达到了何种程度。

3.案件类比与重新权衡

尽管在第一次雷巴赫案中,对于犯罪行为的电视报道对于诉愿人而言后果如此严重,以至于其一般人格权胜过了广播电台的报道利益,然而本案与第一次雷巴赫案的案情并不相同。在第一次雷巴赫案中,犯罪人的姓名与肖像被展现在纪录片之中;而在本案中并不能认为计划播放的是一档“可识别犯罪人的节目”,且将造成消极后果。尚不明显的是,电影的播放会导致临时处分申请人初次或者重新遭受污名化或者孤立化。其再社会化也不可能受到威胁。尽管那些已经认识该临时处分申请人的人们可能强化对他的意见或偏见，但是尚不可预见的是，该电影将会造成迄今为止所没有过的否定评价。

除此之外，美因茨地方法院与科布伦茨州高等法院并有充分考虑广播自由的重要意义。它们认为在该具体个案中不存在支撑广播自由优先地位的论点。但联邦宪法法院并不认同这一观点。禁止播放相关节目始终都是对广播电视报道自由的严重侵犯。尽管该节目不具有信息性，而是娱乐性，但是它仍然反映了历史事件。犯罪人的行为及其动机、刑事侦查机关与公众的反应，都说明了当时的社会状况，具有特定的历史利益。

最终，联邦宪法法院否定了美因茨地方法院与科布伦茨地方法院的裁判，认为它们对相关基本权利的保护范围进行了不正确的界定，而且忽视了第一次雷巴赫案与本案在具体案情上的区别，否则它们完全可能作出不同的裁判。

4. 总结

回顾两次雷巴赫案中的权衡裁判，首先，值得我们注意的是，与第一次雷巴赫案相比，该案出现了新的优先条件，即第二诉愿人关于雷巴赫士兵谋杀案的电视节目尽管也是过时的——而非即时的——报道，但是其中并没有提及犯罪人的姓名或者展示其肖像。而第一次雷巴赫案曾经形成的最终权衡结果却是：如果可识别犯罪人人格的电视报道是过时的，那么犯罪人的一般人格权（为再社会化利益提供支撑）相对于广播电视报道自由具有通常的优先地位，相关电视报道不得被允许。换言之，人格的可识别性也是上述优先条件的要素之一。就此而言，由于第二次雷巴赫案出现了新的优先条件，就有理由要求重新进行权衡。

其次，第一次雷巴赫案最终确认的再社会化利益虽然在一定优先条件下具有通常优先地位，但是并不意味着完全的豁免权。

虽然不同的普通法院都援引了联邦宪法法院在第一次雷巴赫案中形成的标准,但是得出了不同的权衡结果。美因茨地方法院与科布伦茨州高等法院实际上给予了一般人格权在此案中过重的分量;而萨尔布吕肯地方法院与州高等法院则认识到第一次雷巴赫案中的权衡结果,并不意味着一般人格权在今后的案件中始终享有完全的豁免权。

综合言之,第二次雷巴赫案尽管没有直接援引第一次雷巴赫案所形成的裁判规则,而是根据新的优先条件进行了重新权衡。这就有力地说明了联邦宪法法院权衡裁判的合理性:处在紧张关系中的两项基本权利、价值或利益从一开始并不具有通常优先地位;在任何具体条件下的优先地位判断,也只具有通常性;而且在出现新的优先条件时,仍然可能发生优先地位的逆转。正是通过前后两次雷巴赫案的比较考察,我们也发现:权衡命令虽然使基本权利规范在具体事实构成条件下得到了具体化,其保护范围也得到了更为精确的确定,然而这并不意味着重新的权衡不再成为必要。可以说,每一项具体的裁判规则,都扩展出了相应的附属基本权利规范,与此同时并未影响到原初基本权利规范自身的初显性。雷巴赫案中涉及的一般人格权与广播电视报道自由——以及其他所有基本权利——都能够被理解为这样一种初显性规范。最终,各项基本权利之间的紧张关系不可避免地要通过权衡以及比例原则得到解决。

基督教社会联盟：欧洲的国家民主党案（竞选案）

刘　刚

【案例名称】基督教社会联盟：欧洲的国家民主党案（竞选案）[CSU：NPD Europas（Wahl-kampf），BVerfGE 61，1，1982 年 6 月 22 日]

【关 键 词】广义的言论自由　言论表达与事实论断的区分　显然的或故意的虚假事实论断　反向限制　政治言论斗争

【　案　情　】

诉愿人是一名社会民主党人，欧盟议会议员。他在竞选下一届欧盟议会议席时，在一次竞选活动中公开宣称，基督教社会联盟（CSU）就是“欧洲的国家民主党”。[①]基督教社会联盟认为，这种言论明显不符合事实，且构成对本党声誉的贬损。由此，双方产生民法意义上的争议。基督教社会联盟向州上诉法院申请临时禁令，要求诉愿人停止此类言论，并辅以罚款的威胁。州上诉法院在其后的判决中维持了禁令的内容。诉愿人上诉到州高等法院，亦败

① 国家民主党（NPD）是一个极“右”的政党，建立于 1964 年，前身是极“右”的德意志帝国党。

诉而终。最终,诉愿人把案件提交到联邦宪法法院。声称州上诉法院和高等法院在作出判决时,未顾及基本权利对民事判决应有的影响,因此侵犯了《基本法》第5条第1款保障的言论自由。

《基本法》第5条第1款规定:

“人人享有以语言、文字和图画自由发表、传播其言论的权利并无阻碍地以通常途径了解信息的权利。保障新闻出版自由和广播、电视、电影的报道自由。对此不得进行内容审查。”

【判决要旨】

“1. 纽伦堡高等法院1979年11月19日的判决——5 U 128/79——侵犯了诉愿人依《基本法》第5条第1款第1句而受保障的基本权利。撤销该判决。案件发回州高等法院。

2. 巴伐利亚州支付诉愿人此间付出的必要费用。

3. 阐明了言论自由的基本权利在评价竞选过程中针对某一政党的侮辱性言论方面具有的重要意义。”

【判决理由与论证】

本案并非像多数基本权利案件那样,由公权力侵扰个人的基本权利而起。本案最初的争议在性质上属于民事案件。因此,联邦宪法法院审查的重点在于,之前程序中的法院对民事法律的解释和适用是否符合宪法的精神。就本案而言,核心问题即在于,之前程序的法院根据民事法律对诉愿人作出的停止不当言论判决,其对相关民事法律的解释和适用是否与《基本法》第5条第1款所保障的言论自由这一基本权利相符?针对这个核心问题,联邦宪法法院的判决围绕以下三个层次展开:(1)抽象地阐述基本权利如何影响民法判决;(2)界定《基本法》第5条第1款的保护范围，并指出之前程序的法院未能正确界定该保护范围；(3) 指明《基本法》第5条第2款对第1款的限制不能影响到第1款所保障的基本权利的核心内容，并指出之前程序的法院未能认识到第1款对第2款的这种反向限制。

联邦宪法法院的判决思路详述如下：

一、基本权利对私法判决的影响

联邦宪法法院开宗明义，指出自己绝不会越俎代庖。民法上的争议由普通法院审理。如何对相关法律进行解释和适用，属于普通法院的职权范围。但是，联邦宪法法院随即指出，普通法院在解释民事法律、作出私法判决时，要考虑基本权利对民法规范的影响。联邦宪法法院的职责在于：

> “判定普通法院在处理民事争议时，是否恰当地考虑了基本权利的效力范围和影响力度。”

这是吕特案[①]确立的原则，联邦宪法法院在该案中亦明确引用了吕特案。该原则主张基本权利对民事关系的辐射影响，确立了基本权利在私法领域的效力。据此，如果普通法院在裁决民事争议时未能给予基本权利以适当考虑，就可能构成对基本权利的侵害。但是，什么时候构成侵害，其中的边界在什么地方？联邦宪法法院亦承认，对此问题无法提供明确的回答，具体边界要根据具体情形中对基本权利的影响程度而定。不过，仍存在一种原则性的指引。据此，“民事法院的判决对基本权利所保障的自由生存和行为所需要的前提条件的不利影响越大，宪法法院对该判决的合宪性的审查力度就必须越强”。

① 张红：“吕特案”，载张翔主编：《德国宪法案例选释》（第1辑），法律出版社2012年版，第20页以下。

对于本案来说,如果州高等法院的判决不仅禁止诉愿人使用特定的言辞,而且还禁止他表达特定的内容,那么就构成对基本权利的严重不利影响。在此情况下,联邦宪法法院就要对该民事判决进行严格的合宪性审查。然而,联邦宪法法院并未马上判定州高等法院的判决是否达到这种假定的情形,而是指出,州高等法院在界定《基本法》第5条第1款的保护范围之时,就出现了错误。这样,就需要首先澄清言论自由条款的保护范围,之后才谈得上去判定州高等法院的判决是否对该保护范围构成严重的侵犯。

二、言论自由条款的保护范围

从字面来看,《基本法》第5条第1款保障的是言论表达的自由。正因如此,州高等法院作出了一个区分,即言论表达与事实论断。该法院认为,诉愿人在竞选中说出的"基督教社会联盟就是欧洲的国家民主党"这句话,并不是言论表达,而是事实论断。事实论断并非《基本法》第5条第1款的保护对象,而受民法或者刑法的规范。进而,既然是事实论断,就有真假之分、合理与不合理之别。对于虚假或者不合理的事实论断,当然不应该受到保护。在本案中,诉愿人的事实论断明显属于虚假的论断,且构成对基督教社会联盟的声誉之贬损,因此应该被禁止。这样,州高等法院通过对言论表达和事实论断的区分,就绕开了《基本法》的言论自由条款。

联邦宪法法院并不否认这种区分本身,但指出,州高等法院把诉愿人的言辞认定为事实论断,乃是错误的,曲解了《基本法》第5条第1款的内容。

1.保护范围

联邦宪法法院对《基本法》第5条第1款的保护范围作出广义解释,从而把事实论断亦包括进言论自由的保护范围中:

"这项基本权利并未明确区分'价值判断'与'事实论断',而是保护每个人自由发表言论的权利:每个人都应该能够自由地表达心中的想法,他无须为自己的判断提供充分理由;同时,言论表达的意义就在于,通过自己的想法去影响外界环境,力求获得认同或者信服。因此,以对他人产生精神影响为目的的价值判断,自始就受到《基本法》第5条第1款第1句所规定的基本权利的保护。基本权利的保护首要的指向乃是言说者的观点。至于他的观点是否有价值、是否正确、是否有充分理由,并非关键的问题。"

联邦宪法法院也明确承认,言论表达不同于事实论断。如果是虚假的事实论断,当然不属于第5条第1款的保护范围。但难题就在于,有时候很难区分开二者。因此,联邦宪法法院强调,在要求事实论断必须满足真实性这个要求时,不能导致言论表达的自由受到不利影响。也就是说,不能因为要求人们说真话,而导致人们不敢说话。为落实这个原则,联邦宪法法院对第5条第1款的保护范围作出广义解释,把表面上不属于言论表达的事实论断也包括在内。法院为此提供的论证理由是,事实论断虽然表面上不属于言论表达,却是言论表达的必备前提。经过这种扩张解释,《基本法》第5条第1款的保护范围就成为如下的面目:

"只要一种言辞包含着观点、主张或意见的因素,它就落入基本权利的保护范围。如果这些因素与事实陈述或论断的因素具有关联或相互混合,或者说无论如何也无法把两种因素分开,那么事实陈述或论断也就应该落入基本权利的保护范围。"

2. 诉愿人的言论落入基本权利的保护范围

基于上述的原则性界定,联邦宪法法院进而认定,在本案的具体情形中,诉愿人在竞选过程中发表的"基督教社会联盟是欧洲的国家民主党"这一言论,落入基本权利的保护范围。

如果仅从字面来看,这个句子的确是一种事实论断,而且,还是一个明显错误的事实论断。因为根本就不存在欧洲的国家民主党,进而,基督教社会联盟当然不可能等同于一个根本就不存在的事物。如果诉愿人的本意就是为了做这种明显错误的事实论断,这显然是非常荒唐的。因此,这肯定不是诉愿人的本意,而且也没有人会这样理解诉愿人的言辞。如果细究诉愿人言辞的意味,就会发现,它已经超出事实论断的范畴,而属于主张、观点、意见交锋的内容。联邦宪法法院之所以作出这种判定,其依据在于,事实论断应该是一种包含实质内容的陈述,言说者意在向他人传递此实质内容。而在本案中,“基督教社会联盟是欧洲的国家民主党”这一表述,并未向他人传达实质内容,因此并不是事实论断。联邦宪法法院进而认为,这毋宁是诉愿人对基督教社会联盟的一种总体的价值判断。价值判断这一定性还可以从诉愿人发表此种言论的目的方面得到佐证。诉愿人对基督教社会联盟作出这种负面的价值判断,目的就是通过自己的意见影响选民,争取让选民把选票投给自己所属的社会民主党。联邦宪法法院认为:

“为实现这种目的,人们使用的典型手段是,把对政治对手的批评推向极致,从而与自己的立场明确区分。为此,那种笼统而空洞的口号是最合适的手段。这是任何选举竞争中都会使用的惯常策略,它原则上属于言论表达的范畴,因而落入第5条第1款第1句的保护范围。”

因此,州高等法院把诉愿人的言辞界定为事实论断的判决是错误的。这样的判决未能体现宪法对于其他法律的优越地位。

三、言论自由保护的核心内容

实际上,州高等法院并不否认基本权利对民事法律的解释和适用具有影响。但是,在本案中,州高等法院认为,即使不把诉愿人的

言辞认做事实论断,而是看作言论表达,它仍然超越了《基本法》第5条第2款为其设定的界限。《基本法》第5条第2款规定:

“一般法律和有关青少年保护及个人名誉权的法律对上述权利予以限制。”

由此,州高等法院认为,此案涉及的“一般法律”是《民法典》第823条和第1004条。

《民法典》第823条规定:

“(1)任何人故意或过失不法侵害他人生命、身体、健康、自由、所有权或其他权利的,对他人因此而产生的损害负赔偿责任。

(2)违反以保护他人为目的的法律者,负相同的责任。如果根据法律的内容并无过失也可能违反此种法律的,仅在有过失的情况下,始负赔偿责任。”

《民法典》第1004条规定:

“(1)所有权人受到除剥夺或者扣留占有以外的其他方式的妨害时,可以要求妨害人排除妨害。所有权有继续受妨害之虞的,可以提起停止妨害之诉。

(2)所有权人负有容忍妨害义务的,不享有上述请求权。”

联邦宪法法院指出,州法院认识到了《基本法》第5条第2款中的“一般法律”对于第5条第1款的言论自由的限制,却没有认识到第5条第1款能够对第5条第2款的限制构成“反向限制”。也就是说,第5条第1款所保障的言论自由的核心内容是不容触犯的。这种反向限制表现在如下两个方面:

1. 言论自由的目的

因其言说的语境不同,言论表达所追求的目的亦有区别。私人之间言谈的目的就是为了向对方传达自己的意图。但是,公共领域的言说有所不同。虽然从客观效果来看,公共领域的言说也会对第三方群体造成影响,但是,其目的却并非直接针对第三方群体,而是旨在建构公共意见。联邦宪法法院认为,对待这两个领域应该遵循的原则是:在私人领域,个人声誉的保护优先;在公共领域,言论自由的权利优先。言论自由乃是开放和自由的政治过程的前提条件,在公共领域中应该被赋予优先的保护。

本案涉及的是选举竞争中的言论。选举乃是政治意见论争最激烈的领域。政党又是议会民主体制下参与人民意志建构的核心角色。政党之间的选举竞争关涉的是公共意见的建构,与私人间的交流不同。因此,在这个领域,言论自由的保护应该享有优先地位。在本案中,诉愿人的言论是一个政党的代表对另一个政党的批评,这种言论乃是公共领域的意见交锋,是两个政党在竞选时的论争,与私人间的交流无关。州高等法院没有认识到这一点,却把诉愿人的言论定性为私人言论,根据一般法律对其加以限制,忽略了言论自由的基本权利应该享有的优先地位。因此,州高等法院的判决违背了宪法的精神。

2. 自陷风险的抉择

选举竞争乃是具有高度政治性的公共领域,其中,言论自由应该享有优先地位。在本案中,基督教社会联盟对选举的性质了然于胸,然而,它仍然决定参与选举,这就意味着:“它通过自己的决定把自身置于竞选交锋的情境当中,同时,也就自愿放弃了一部分应该受到保护的私人领域。”

在这种情况下,它即使受到另一个政党的严厉批评,且认为这种批评构成对声誉的贬损,但是,在民主竞选的体制下,这也是日常政治斗争中常见的极端做法。因此,参与各方必须接受。而且,法律并未禁止它以同样极端的政治方式给对手以回击,因此,它应该做的是按照政治游戏的规则进行回击,而不是主张私法上的声誉保护。

四、结论

综上,联邦宪法法院认为,州高等法院未能恰当认定言论自由之基本权利的效力范围和影响力度,以此为基础的判决自然也就无法成立。因此,联邦宪法法院撤销判决,发回重审。

【涉及的重大理论问题】

一、基本权利作为客观秩序

基本权利除作为主观防御权之外,还形塑了客观的价值秩序,这已经成为德国基本权利一般理论的共识。在塑造基本权利作为客观秩序的地位方面,吕特案具有里程碑的意义。本案的判决承袭了吕特案的思路,并在特定的方面有所发展。

作为客观秩序的基本权利具有三个面向:①第一,从作为客观秩序的基本权利中推演出特定的国家义务。据此,国家要为言论自由的行使创设必要的事实条件。例如,某些群体难以表达出自身诉求时,国家有义务为其创设必要的平台。第二,作为客观秩序的基本权利对法律关系提供全方位的指引。据此,立法、行政、司法行为都要尊重言论自由的内在要求。第三,在与其他法益进行权衡时,作为客观秩序的言论自由权要求获得优先的保护。这一点是本案判决的要旨所在。

不过,此处要求获得优先保护的言论并非私人间交流时发表的言论,而是在公共领域建构公共意见的过程中发表的言论。私人间的言论只对个体的意见表达和人格发展具有意义,而公共领域的言论则超出个体的层面,凸显出对于民主政治的正常运转所

---

① Josef Insensee/Paul Kirchhof (Hg.), Handbuch des Staatsrechts der Bundesrepublik Deutschland, B. VII, Heidelberg 2009, S. 881.

具有的功能。一旦个人的言论属于公共领域的范畴,不但将获得对抗公权力的优先效力,而且在与私人法益的权衡中也将获得优先考虑。

二、言论自由的保护范围

《基本法》第5条第1款第1句的前半句明确规定了以语言、文字和图画自由发表、传播其言论的权利。从字面来看,保护的客体是"言论",其传达的形式是"语言、文字、图画",传达的方式是"发表、传播"。其中有争议的问题有二:第一,言论表达是否包括事实论断;第二,商业广告是否属于本条款的言论所保护的范围。联邦宪法法院在本案的判决中对第一个问题提供了权威的回答。在贝纳通惊悚广告案中,联邦宪法法院回答了第二个问题。

1. 言论表达与事实论断

从字面来看,本条款的"言论"并未包括"事实论断"。那么,"事实论断"是否也落入本条款的保护范围,在学理上存在不同观点。

一种观点认为,言论表达与事实论断是完全不同的两个范畴,因此,事实论断不属于言论自由的保护范围。[①]事实论断有真实与虚假的区分,而言论表达则无法用真假来定性。[②]言论表达传递的更多是一种价值判断,至于这种价值判断指向何物,传递何种内容,并非关键要素。它既可以指向公共的政治主题,也可以指向私人间的话题;既可以是理性的,也可以表达非理性的感受;既可以表达有价值的内容,也可以毫无价值。有鉴于此,有人主张,事实论断不属于言论自由的保护范围。

另一种观点认为,虽然从逻辑上看,言论表达与事实论断乃是两个不同的范畴,但是,二者无法截然分开。事实论断通常明确或

---

① Huster, NJW 1996, S. 487.

② Pieroth/Schlink, Grundrechte, 28 Aufl., C. F. Müller 2012, S. 143.

隐含地表达了论断者的一种价值判断。只要决定了何时、何地、如何作出事实论断,这种抉择当中就包含了价值判断的因素。因此,持这种观点的人认为,言论表达与事实论断在现实中是无法区分开的,进而,事实论断也落入言论自由的保护范围中。[①]

对于这场争论,联邦宪法法院在本案中选择了一条中间道路,通过提出广义的言论自由概念,对争议提供了一种回答。联邦宪法法院承认言论自由与事实论断属于两个范畴,但是,并未直接推出事实论断不属于言论自由保护范围的结论,而是做了进一步的区分。联邦宪法法院认为,如果言论表达与事实论断的因素结合在一起,特别是,当事实论断乃是言论形成的必要前提时,事实论断也就一并落入言论自由的保护范围当中。相反,如果事实论断是独立存在的,应否无条件地享受言论自由的保护,又存在两种不同的回答。不过,这两种回答的最终效果并无差别。联邦宪法法院在本案中给出的回答是,如果独立存在的事实论断是故意作出的不真实的事实论断,那么它就不属于言论自由的保护范围,因为不真实的信息当中并不包含值得保护的法益。需要注意的是,联邦宪法法院在这里强调的重点是,这种不真实的事实论断必须为行为人故意作出。故意作出的不真实事实论断自然也就没有反映行为人的意图,因此不属于言论自由的保护范围也是理所当然。另一种观点则认为,在界定保护范围的阶段,不应该区分真实和虚假的事实论断,即使是虚假的事实论断,也应该落入言论自由的保护范围当中,因为言论自由也包含了说假话的自由。[②]但是,在其后的审查阶段,尤其是法益权衡阶段,这种不真实的事实论断通常要让位于其他法益,从而最终被排除出应受保护的范围。

---

① Herzog, in Maunz/Dürig, Grundgesetzkommentar, Art. 5 Abs. 1.

② Pieroth/Schlink, Grundrechte, 28 Aufl., C. F. Müller 2012, S. 144.

2. 商业广告与言论自由

对言论自由范围的界定,一直是第5条第1款面临的棘手问题。本案涉及的核心是言论自由与事实论断的区分。除此之外,商业广告是否应该落入言论自由的保障范围,也是极具争议的问题。这个问题并未在本案出现,而是由另一个案件引起,此处一并介绍。这个相关的案例是贝纳通惊悚广告案(Benetton Schockwerbung-BVerfGE 102,347,2000年12月12日)。

该案的诉愿人是一家德国杂志 Stern 的主编。她在杂志上刊登贝纳通公司的三则图片广告。第一则图片的内容是完全被石油污染的水面上的一只满身油污的鸭子;第二则是第三世界的大小年龄不等的童工在从事着繁重的劳动;第三则是在只有裸露的臀部上面写着"艾滋病患者"的字样。在每一张图片的边缘部位,都有一行绿色背景的文字,即贝纳通公司的logo图——United Color of Benetton。联邦最高法院认为这些图片有违善良风俗,利用消费者的同情心,满足商业上的目的,构成不正当竞争,因此禁止Stern杂志刊登。诉愿人认为法院的判决侵犯了《基本法》第5条第1款保护的出版自由,因此把案件提交到联邦宪法法院。

限于篇幅,此处不拟介绍联邦宪法法院在该案的全部论证过程,只择取其中对言论自由的保护范围进行界定的内容。在该案中,联邦宪法法院最终认定,商业广告亦属于言论自由的保护范围。此处需要交代一个前提性问题。本案的诉愿人是Stern杂志的主编,她主张的是出版自由的基本权利。贝纳通公司并非本案的当事人,而商业广告的制作方却是贝纳通公司。即使商业广告受言论自由的保护,但表面看起来与诉愿人似乎没有直接关系。但实际上并非如此。联邦宪法法院在开始陈述自己意见时,明确指出:

"出版自由的保护范围涵盖出版机构的全部工作内容,其中也包括刊载的广告。如果受《基本法》第5条第1款第1句所保护的第三人的言论表达内容刊载在杂志上,那么,出版自由的保护范围也就涵括了言论自由:如果言说者可以自己表达、传播其言论,那么,出版机构也应该可以发表他的言论。就此而言,出版机构除主张自己的出版自由外,还可以在法庭前主张其所刊载的言论的作者所享有的言论自由。"

在本案中,诉愿人恰恰同时主张了贝纳通公司的言论自由,由此,联邦宪法法院就有机会去阐发商业广告是否属于言论自由的问题。在这一点上,联邦宪法法院毫不含糊地指出:

"在本案中,出版自由的保护涵盖了《基本法》第5条第1款第1句所保障的言论自由。而且,言论自由的保护范围也包括商业性言论以及纯粹的商业广告,不过,商业广告要想享受言论自由的保障,必须包含评价性的、意在形成言论的内容。如果以某种意图、价值判断或特定观念为内容的言论通过一张图画的形式来传达,那么,这张图画也处于《基本法》第5条第1款第1句的保护范围当中。"

由此,联邦宪法法院在抽象的层面承认了商业广告亦落入言论自由的保护范围。接下来需要确定的问题是,本案中涉及的具体商业广告是否也能享受言论自由之基本权利的保护。对此,联邦宪法法院进一步指出:

"三幅引发争议的广告图片都满足了上述条件。它们以形象的方式展现了普遍的社会负面现象(环境污染、雇佣童工、远离艾滋病患者),因此包含了对社会和政治领域相关问题的一种价值判断。这些图片似乎在向世人倾诉,因此含有形成言论的内容……以此为目的的言论表达唤起人们对于普遍存在的社会不良现象的关注,它们尤其应该得到《基本法》第5条第1款第1句的保护。”

但是,问题的复杂之处在于,言论自由的基本权利保护的是言论。言论的核心内容是传达言说者的某种价值判断。但是,在本案中,贝纳通公司仅仅刊登出几幅图片,未对图片发表任何评论,只通过本公司的logo图表明图片属于贝纳通公司所制作。这样,给人的印象似乎是,贝纳通公司并不想表达自己的意见或者某种价值判断,只是想借此引出其他人围绕这个主题的言论。这样的形式是否能够算作应受《基本法》第5条第1款第1句保护的言论自由呢?对此,联邦宪法法院给出了明确的肯定回答。在公众意识中,人们能够很自然地识别出这些图片由贝纳通公司制作,而且能够感受到贝纳通公司通过这些商业广告图片意欲传达对于社会问题的某种价值判断。因此,这种表达形式属于言论自由的保护范围,这一点毋庸置疑。

【后续影响及借鉴意义】

联邦宪法法院在竞选案中对言论自由的保护范围所作出的广义界定,在其后的判决和学术研究中产生了重要影响。

就司法判决而言,1994年的奥斯维辛谎言案(BVerfGE 90, 241-Auschwitz-Lüge)[①]在区分言论自由与事实论断时,因遵循了竞选案确定的标准。据此,当事实论断成为言论表达的必要前提时,就落入言论自由的保护范围当中。而且,当事实论断与言论表达无法分离时,就倾向于一体保护,否则就容易减损对言论自由的保护强度,这也是竞选案确立的原则,在奥斯维辛谎言案中被再次确认。

① 见本书第169页。

在1995年的"士兵是谋杀犯"案(BVerfGE 93,266-Soldaten-Mörder)中,[①]联邦宪法法院进一步阐述了在竞选案中未加详述的一个原则。这个原则仍然涉及言论自由与事实论断的区分。联邦宪法法院认为,如果事实论断并非以言论表达的前提条件的面目出现,而是独立地作出,且只传达赤裸裸的侮辱或诽谤内容,这时,事实论断就不属于言论自由的保护范围。

在1998年的科学教案(BVerfGE 99,185-Scientology)中,联邦宪法法院对于竞选案确立的对事实论断的保护原则作了进一步细化。在竞选案中,联邦宪法法院指出,如果言说者故意作出错误的事实论断,而且这个事实论断并非言论表达的前提条件,那么这样的事实论断就不属于言论自由的保护范围。在科学教案中,联邦宪法法院进一步指出,竞选案确立的上述原则仅适用于故意作出的错误事实论断。如果某种事实论断事后被证明是错误的,但是,在作出之时,言说者并非故意为之,而且本身并不知道其所作的事实论断是错误的,那么,这样的事实论断仍然要受言论自由的保护。

在2009年的纪念鲁道夫·赫斯集会案(BVerfGE 124,300-Rudolf Heß Gedenkfeier)中,[②]联邦宪法法院在界定言论自由的保护范围时,几乎逐字逐句地重述了竞选案对言论自由的界定:

"《基本法》第5条第1款第1句保障每个人自由发表和传播其言论的权利。言论的核心功能在于,在个体与其言说的内容之间建立一种主观联系。言论的核心要素由观点和主张构成。就此而言,言论自由的基本权利所保护的言论没有真实和虚假的区分。无论这种言论能否站得住脚,是否符合理性,是否具有价值,是否

① 见本书第182页。
② 见本书第241页。

具有危险性,基本权利都对其提供一视同仁的保护。”

也就是说,言论自由的基本权利把保护范围设定得非常宽泛,这是联邦宪法法院在竞选案中确立的标准。至于落入保护范围中的言论最终能否得到保护,要通过法益权衡来确定。

在学术研究中,通过竞选案界定的言论自由的保护范围基本上已经成为学界通说。当前德国大学使用的流行教科书在界定言论自由的保护范围时,明确引述竞选案的判词。据此,“言论表达首先是一种价值判断,其所针对的对象和包含的内容并不是关键问题。它既可以指涉政治或者非政治性的话题,也可以涉及公共或私人性的事项,它既可以是理性的,也可以是非理性的,既可以是有价值的,也可以是无价值的”。①在处理言论表达与事实论断的关系时,教科书也采用了联邦宪法法院所选取的中间道路。②当然,对于联邦宪法法院的立场也存在批评意见。两条主要的批评脉络已于上文有所提示。一条脉络可以被概括为严格的分离立场,据此,事实论断不属于言论自由的保护范围;另一条脉络可以被概括为严格的结合立场,据此,事实论断本身就包含着价值判断,根本就不存在独立于任何价值判断的事实论断,因此,事实论断当然落入言论自由的保护范围当中。

然而,对于商业广告是否属于言论自由的问题,则存在较大争议。不过,二者的争议仍然限于对商业广告的定性,至于现实当中导致的判决结果,不同的观点并不存在根本的分歧。如上文所述,联邦宪法法院在贝纳通惊悚广告案中,明确肯定商业广告属于言论自由的保护范围。但是,这并不意味着商业广告最终能够得到保护。因为德国联邦宪法法院在审查案件时一般遵循三阶段的步

① Pieroth/Schlink, Grundrechte, 28 Aufl., C. F. Müller 2012, S. 142.

② Pieroth/Schlink, Grundrechte, 28 Aufl., C. F. Müller 2012, S. 143.

骤。第一步确定基本权利的保护范围;第二步确定该保护范围是否受到侵犯;第三步在侵犯行为所要保护的法益和基本权利所保护的法益之间进行权衡,最终确定胜出的一方。在贝纳通惊悚广告案中,联邦宪法法院只是在第一阶段把商业广告置于基本权利的保护范围当中。至于在第三阶段的法益权衡中,商业广告能否胜出,则要视具体情况而定。

反对联邦宪法法院的意见集中于对商业广告的定性,这种意见认为,商业广告在性质上根本就不是言论表达,因此,不应该落入言论自由的保护范围。①商业广告之所以不属于言论表达,因为它传递的信息只在于勾起消费者的购买欲望,并无进行精神层面的意见交流的内容。根据这种观点,在界定保护范围的阶段,就应该把商业广告排除在外,根本就不用进一步审查。

因此,在商业广告的问题上,联邦宪法法院和反对意见之间争议的焦点在于保护范围的宽窄。如果坚持宽泛的保护范围,就会有更多的利益诉求落入基本权利的保护范围当中。至于这些利益诉求能否最终得到满足,就要放到法益权衡阶段来解决。相反,如果坚持较窄的保护范围,有些利益诉求在一开始就被排除在基本权利的保护范围之外,自然也就不存在进一步审查的必要。从效果来说,如果从宽泛的起点出发,但在法益权衡阶段让其他法益胜过商业广告,那么这种结果就与从一开始把商业广告排除出保护范围的做法在效果上相同。在现实中,不同观点的人们之间争论的常常并不是判决的结果,而是论理的过程。恰恰通过论理的过程,判决的结果才获得了更完备的理性品质。

在现实生活中,无论是私人领域还是公共领域,因言谈交流而引发的名誉权纠纷不在少数。联邦宪法法院在竞选案中的判决为处理此类纠纷提供了原则性的借鉴。关键之处并不在于直接沿用

---

① Stern/Becker, Grundrechte Kommentar, Carl Heymanns Verlag 2010, S. 542.

该案的判决结论,而在于借鉴在该案中体现出的处理相似问题的分析思路。联邦宪法法院的思路可以简化如下:

1. 涉及的言说是否是独立的事实论断?

(1) 如果是,那么

①如果事实论断是真实正确的,那么给予保护。

②如果是故意作出的虚假事实论断,那么拒绝保护。

(2) 如果不是,则考虑以下情况

2. 事实论断落入言论自由的保护范围,那么,言说的目的是什么?

(1) 如果是私人交流,那么个人名誉在法益权衡时要给予更多考虑。

(2) 如果是公共意志建构,那么言说内容涉及的对象是谁?

①如果是私人,那么言论自由在法益权衡时要给予更多考虑。

②如果是公共人物或公共组织,那么言论自由在法益权衡时要被赋予更加优越的权重。

不合时宜的游行案

张　慰

【案例名称】不合时宜的游行案(Anachronistischer Zug Beschluss, BverfGE 67,213,1984 年 7 月 17 日)

【关 键 词】艺术的不可定义性　艺术的概念特征　基本权利的内在限制　艺术自由与一般人格权的界限

【 案　情 】

在联邦议会(Bundestag)1980 年的选战中,基督教民主联盟(Deutsch lands Christlich-Demokratische Union, CDU)和基督教社会联盟(Christian Social Union, CSU)的总理候选人巴伐利亚州州长弗兰茨·约瑟夫·施特劳斯(Franz Josef Strauß)的竞争对手在许多城市以由车辆和行人所组成的游行的形式上演了政治街头剧。这部名为《拯救祖国、自由和民主的游行》(Ein Zug zur Rettung des Vaterlandes oder Freiheit und Democracy)的街头剧依据贝尔托德·布雷希特(Bertold Brecht)的诗作《不合时宜的游行或者自由和民主》(Der anachronistische Zug oder Freiheit und Democracy)为蓝本来描述现实。作品中的一个形象是以带着施特劳斯的面具和许多不同的纳粹大人物一起在一辆车中来加以呈现的。

在巴伐利亚州州长施特劳斯提起的刑事诉讼中,肯普滕(Kempten)地方法院1981年10月30日以侮辱罪(《刑法典》第185条StGB)对街头剧的举办者和施特劳斯的表演者判处了罚金。初级法院认为在游行的准备安排中即已存在对施特劳斯的侮辱。其理由在于:至少有两次在搭建"祸害之车"(Plagenwage)[①]的过程中,车的顶棚已经向大众打开,没有处于戏剧表演的情境中。没有这个上下文和诗作,对于一个无偏见的观察者而言会得出施特劳斯与第三帝国的领导者之间有很密切联系的印象,因为人们看到他们坐在一条船上。

向巴伐利亚州最高法院提起的上诉仍然没有获得成功。巴伐利亚州高级法院(Bayerische Oberste Landesgericht)1982年4月30日驳回了以侵犯第5条第3款第1句中的艺术自由为理由的上诉。

诉愿人论证了该宪法诉愿的可受理性(Zulässigkeit)以及可证立性(Begruendung)。在向德国联邦宪法法院提出的诉愿中认为,这个判决侵犯了他依据《基本法》所享有的以下权利:第5条第3款第1句的艺术自由,第5条第1款的表达自由,第3条第1款和第3条第3款的平等权,第2条第1款和第1条的一般行为自由、人格权。在宪法诉讼中联邦宪法法院撤销了刑事法院的判决。

本案涉及的法条主要有以下:

1.《基本法》第1条第1款规定:"人的尊严不可侵犯。尊重和保护人的尊严是一切国家权力的义务。"

2.《基本法》第2条第1款规定:"在不侵害他人的权利,不违

① "祸害之车"是这出街头戏剧游行中的最后一辆车,是根据贝尔托德·布雷希特原作仿制,其中安置了六个带着纳粹面具的自动玩偶分别代表原作中的"镇压"、"欺骗"等六大祸害,而戴着施特劳斯面具的扮演者手举"自由和民主"的牌子也位列其中。

背合宪性秩序和道德律的前提下,人人享有自由发展其人格的自由。”

3.《基本法》第5条第3款规定:“艺术和科学以及研究和教学是自由的。教学自由不得脱离对宪法的忠诚。”

【判决要旨】

“在一个针对政治街头剧的刑事判决中的艺术自由(《基本法》第5条第3款第1句)保障的射程。”

【判决理由与论证】

在本案中,联邦宪法法院并未如同地方普通法院一样直接将焦点引入是否存在刑事法律意义上的侮辱(Beleidigung)的判断之中。联邦宪法法院的判决主要分为以下几个层次:(1)侵害艺术自由的刑事判决的宪法审查;(2)艺术自由一般定义及概念特征;(3)艺术自由与人格权的衡量与界限;(4)艺术作品整体观察的要求以及在多种解释可能性下的选择。

依据《基本法》第93条第1款4a项和《联邦宪法法院法》第90条的规定,首先讨论了对刑事判决进行宪法审查的可能性。

(一)对限制艺术自由的刑事判决的宽泛审查

这个宪法诉愿针对的是刑事判决,联邦宪法法院原则上并不审查其中的事实认定和对刑法的解释适用是否正确。但不审查的前提是:刑事法院已经考虑了基本权利的规范和标准。联邦宪法法院是否进行审查,取决于刑事判决造成侵害的可能性的大小,也就是干预基本权利的强度。① 一个判决在结果上对被裁判人的基本权利影响越持久,侵害强度就越大,从而也就越严格地要求

① BVerfGE 66, 116 (131)-Springer/Wallraff-;与艺术自由保障相关的BVerfGE30,1739188,196f.。

对这个侵害给出理由,也意味着联邦宪法法院的审查可能性就越大。[①]

当刑事法院的判决在事实确认或解释方面存在错误,并且这个错误是建立在对基本权利含义的原则性的错误观点,尤其是对保护范围的错误认识基础之上,并对具体案件有实体上不可分割的重要性时,就达到了必须要由联邦宪法法院对违反宪法的行为进行修正的程度。但本案的具体状况下,联邦宪法法院的审查并不仅仅限于被质疑的判决是否是基于对第5条第3款第1句原则性的错误观点,特别是对保护范围的错误认识。[②] 原因在于:首先,作为制裁犯罪的刑事判决,相对于私法上的不作为、撤销或赔偿判决,具有了更大的侵害强度。[③]其次,《基本法》第5条第3款第1句规定的艺术自由属于"无法律保留的"的基本权利,在规范形式上是受到了最高层级的保护的。如果对艺术自由保障上存有疑问的行为处以刑事制裁而不进行宪法审查,那么这种刑事判决的对"无法律保留的"自由(如艺术自由)的负面作用就已超越了具体个案。

《基本法》第5条第3款第1句艺术自由的保护范围中虽然明确排除了刑事法律上侮辱行为(Beleidigung),也就是艺术自由不保障侮辱,因为对具有冲突关系的法益的严重侵害(如人格权利)是不能通过艺术自由而获得正当性的。但这并不意味着,可以孤立地作出是否属于严重侵害的判断,也就是不考虑艺术作品的特点。如果只考虑相互冲突的一个方面,并且冲突的解决方案最终只是由艺术自由来承担所有的负担,这就不可能真正实现相互冲突的法益之间的最佳化目标。

---

① BVerfGE42,143(148f.)-DGB.

② BVerfGE 42,163(169);43,130(136f.);54,129(136);66,116(131).

③ BVerfGE 43,130(136)-politisches Flugblatt.

(二)艺术自由是重要的基本原则规范(Grundsatznorm)和个人的基本权利(Individualgrundrecht)

联邦宪法法院首先确认:依据第5条第3款第1句①的文字和意义,自由保障首先包含了一个调整艺术生活领域与国家间关系的客观的原则规范(Grundsatznorm);同时,这个规范还保障每一个在此领域的行动者有个人的自由权利,即第5条第3款第1句不仅是对于艺术领域(der Lebensbereich Kunst)而言作为价值决定的基本原则规范(Grundsatznorm),还是对于自由的艺术活动(die freie kuenstlerische Betaetigung)而言最为重要的基本权利。

按照德国基本权利教义学的一般审查框架,首先需要面对的就是基本权利保护范围的确定问题。基本权利保护范围的具体范围(Reichweite)主要指对人与对事的影响范围。联邦宪法法院在判决中首先重申了之前在梅菲斯特案中的观点,确认:"它以同样的方式涉及艺术创作的作品领域(Werkbereich)以及艺术作品呈现和传播的作用范围(Wirkbereich),后者形成了通向艺术作品的公共入口。"②这意味着对艺术领域行为的保障不仅包含艺术行为本身(Werkbereich)还包含了对艺术作品的呈现和传播(Wirkbereich)。联邦宪法法院还继续补强了在艺术自由保护范围内做出如此确认的必要性:"基本法中的保障是在充分考虑了艺术家在国家社会主义的极权之下必须隐忍的沉痛历史之后做出的。"

除了通过艺术自由保护范围对全面与动态保障的正面确认之外,联邦宪法法院还特别从限制角度出发,明确了对于第5条第3款第1句的解释同样重要的"限制禁止":"艺术自由的保障不允

① 《基本法》第5条第3款第1句原文如下:艺术、学术、研究和教学是自由的(Kunst und Wissenschaft, Forschung und Lehre sind frei.)。

② *BVerfGE* 30,173(188*f.*).

许通过对艺术概念的价值限缩(wertende Einengung)或者基于其他宪法规范限制规则的扩大解释或类推适用而被限制。”①

(三)艺术自由的保护范围与艺术概念

联邦宪法法院明确了,只有涉及艺术的创作与活动才受到艺术自由的宪法保障,因此问题的焦点就集中到了艺术的概念之上,即只有先确定了艺术的内涵,才能讨论某些行为是否属于艺术的范围,之后才能确定是否落入宪法上艺术自由的保护范围之内。

联邦宪法法院在梅菲斯特案中首次发展出了艺术的实质概念,但不同于梅菲斯特案的判断,联邦宪法法院在本案中,特别强调对艺术无法进行普遍有效且具有宪法约束力的一般定义:“艺术的生活领域是由艺术本质所形塑的、有其独特性的结构要素来加以确定的。宪法艺术自由的保障范围以及其具体含义无法经由一个对所有艺术行为的表达形式和所有艺术种类相同有效的普遍概念而加以说明。”②

“至今为止的艺术理论上的努力(包含艺术实践者通过他们作为的反思)尚无法对艺术获得足够的确信,以至于并不能与法律之外的确定的艺术概念建立联系。艺术理论欠缺具有一致性的客观标准是因为艺术生活的一个特殊特征:先锋性(Avantgarde)。先锋的目的在于扩展艺术的界限。艺术家和艺术理论家对僵化形式和严格惯例(Konvention)的反对才是艺术生活领域的本质,这表明了只有一个开放(weit)的艺术概念才是一个合适的答案。”

联邦宪法法院认识到,艺术的本质决定了艺术生活领域不断发展的特性,作为对艺术生活领域保障的艺术自由只能以开放性的定义才能与之相适应,即无法进行一般的抽象概括。这不同于联邦宪法法院之前一直致力于在艺术概念定义方向上所做的努

① BVerfGE 30,173(191).

② BVerfGE 30,173(183f.).

力。但紧接着联邦宪法法院也一并指出:“对艺术概念进行一般定义的不可能性,并不能免除宪法上保护艺术生活领域中的自由以及在具体的法律适用上去决定是否满足第5条第3款第1句的前提条件的义务。”

无法给出一般定义与宪法基本权利保障涵摄的必须之间存在的矛盾如何解决?联邦宪法法院首先考察了长期的司法实践与学术研究的成果:“学术研究的文献和司法判决对以艺术作为构成要件的法律的实践运用已经发展出了一些公式(Formeln)以及区分标准,但这对于宪法保障的解释来说是不充分的,因为一般法上的解释是依据法律规范的不同目的来进行的。在确定宪法上的艺术概念上出现了大量的尝试,但它们只是对艺术行为的个别领域有效。”①也就是说,联邦宪法法院认为,一般法上所发展出来的区分标准虽然无法在宪法层面被分别地进行“一般化”的推而广之,但“这些努力包含了一个可行的观点,即在具体情况中以上述区分标准的整体使事实是否属于第5条第3款第1句的保护范围的判断成为可能”。因此,相较于联邦宪法法院之前所提出的艺术定义,联邦宪法法院在这里并不是给定一个封闭的模式,而是指出了相当开放的决定要素的整体,这无疑是值得肯定的。

(四)艺术的概念特征(Begriffsmerkmale)

联邦宪法法院把作为法律外在现象的艺术在宪法保障上的规范化努力落实在了艺术概念特征的判断之上,具体包含了实质、形

---

① 可参考大量相关文献,比如,Ropertz, Die Freiheit der Kunst nach dem Grundgesetz, Diss. Heidelberg 1963; Erbel, Inhalt und Auswirkungen der verfassungsrechtlichen Kunstfreiheitsgarantie, 1966; Knies, Schranken der Kunstfreiheit als verfassungsrechtliches Problem, 1967; von Noorden, Die Freiheit der Kunst nach dem Grundgesetz [Art. 5 Abs. 3 Satz1 GG] und die Strafbarkeit der Verbreitung unzuechtiger Darstellungen [§184 Abs. 1 Nr. 1 StGB], Diss. Koeln 1969; Vogt, Die Freiheit der Kunst im verfassungsrecht der Bundesrepublik Deutschland und der Schweiz, Diss. Zuerich 1975。

式和开放性三大要素:

1. 创造性形成

联邦宪法法院首先强调了梅菲斯特案所确认的艺术的实质特征,“艺术行为的本质是对于艺术行为‘自由的创造性形成’(die freie schöpferische Gestaltung),是以一种特定的形式语言作为媒介把在艺术家的印象、经验和经历中的东西转化成直接的观点”。[①]“所有艺术行为都是理智无法分解的有意识与无意识过程的交织。直觉、幻想和艺术理解力共同作用于艺术创作;它不是通知而是表达,也就是艺术家个人人格的直接表达”。[②]在大量学术文献中,以上对艺术与价值相关的实质解释被具体化为了创造性、个人经历的表达、赋予形式等特征。[③]

用此实质标准来进行衡量,“不合时宜的游行”的外在表现已经满足了解释上的要求,因为创造性的因素不仅存在于布雷希特的诗作中,也在对其进行图像化表演的表现之中;其中表达了结合现实政治形势的普遍和个人的历史经验并且成为了直接的见解。因此“不合时宜的游行”的确与这里所界定的“艺术”特征相吻合。

2. 被承认的艺术形式

接着,联邦宪法法院又以一个与艺术行为或结果(如绘画、雕塑、诗等)相联系的形式意义上的艺术概念为基础来进行了审查,即在形式和类型化的观察中,特定作品的类型化要求是否被满足。

“不合时宜的游行”是由以表演为基础的诗作和以戏剧形式

---

① BVerfGE 30,173(188f.).

② BVerfGE30,173(189).

③ Scholz, Maunz/Dürig/Herzog/Scholz, GG, Art. 5 Abs. 3, Rn. 24,29; Scheuner, Die Bundesrepublik als Kulturstaat, in Bitburger Gespraeche, Jahrbuch 1977 – 1978, S. 113(126); Wuertenberger, Vom strafrechtlichen Kunstbegriff, in Festschrift fuer Eduard Dreher, 1977, S. 79(89); Geiger, Zur Diskussion ueber die Freiheit der Kunst, in Festschrift fuer Gerhard Leibholz, 1966, S. 187(191).

(演员、玩具、道具)所进行的扮演组合而成,两者都是艺术表达的典型形式。同时,它还具有街头剧的特征,但这对于是否属于艺术形式的判断并不重要,因为它只是一个有着悠久选题的戏剧形式而已,而且流动的舞台相对于固定的舞台并未被赋予优先权。此外,政治剧的特征也不阻碍其受到《基本法》第 5 条第 3 款第 1 句的保护,涉及现实、高度争议性主题的"有责任的艺术"形式(„engagierten Kunst“)本身也受到保护。因为,活动的清楚的政治意图并不能改变其行为本质,并且国家对艺术创作的形式和思维都应该保持中立,不能在艺术家对现实事件的争论之处搭建起对艺术行为有约束力的规范和评价。①

3. 多样的解释可能性

联邦宪法法院在进一步的深入分析中指出:艺术表达的标志性的特征决定了其思想内容的多样性,因此描述可以在其继续的解释中提炼出深远的含义,以至于表现出一个实践的、源源不断的、多层次的信息传递。

"不合时宜的游行"满足了这个特征。首先,街头剧的特定形式可以唤起与观众的距离,使其明白在面前的是戏剧表演。其次,通过现实化和对当代人物和事件的投射,具多样解释可能性的诗作在方向上更清楚了,但在其内容上还是一如既往地保持了多义性,特别是内容不是直接而是间接由不同要素所组成(如醒目的文字、玩偶、化妆的人、人际网)。

综上,"不合时宜的游行"的举办毫无疑问落入了艺术自由的保护范围(《基本法》第 5 条第 3 款第 1 句),被质疑的判决必须在被解释的范围内进行衡量。

(五)艺术自由的界限

如果确认相关行为落入了艺术自由的保障范围,在基本权利

① BverfGE 30,173(190f.).

教义学框架中第二步需要考察的就是公权力行为是否对该项权利构成了干预或限制(Eingriff),然后再论证这个限制是否具有宪法上的正当性。在不合时宜的游行案的判决中,联邦宪法法院并未在是否存在侵害的问题上浪费任何笔墨,或者说在判决开篇有关"侵害艺术自由的刑事判决的宽泛审查"的分析论述已经使这个疑问成为了不言自明的答案。依据现代的基本权利侵害理论,只要公权力行为使得受基本权利保护的个人行为部分或全部变得困难了,且这是可预见的和并非微不足道的。在不合时宜的游行案的宪法诉愿中所涉及的罚金毫无疑问是对艺术行为的处罚,那么此处也就出现了对基本权利事后的干预与限制。

侵害若要获得正当化证立主要需要找到其在宪法上的依据,这首先表现为对基本权利限制的宪法授权,其次则是这一授权的运用是符合宪法要求的。

1. 艺术自由的限制机制

《基本法》中第5条第3款第1句的艺术自由并没有明确的限制条款。"艺术的自治(Eigenständigkeit)和自身的规律(Eigengesetzlichkeit)受到《基本法》第5条第3款第1句无法律保留限制的保障,即其不能通过一般法(einfaches Gesetz)而被限制。"联邦宪法法院接着主要运用了体系解释的方法继续排除了其他的限制可能,"第2条第1款第1句的限制三支柱(Schrankentrias)以及第5条第2款的法律保留也不能直接适用或类推使用"。[①] 也就是说,按在法条中的先后顺序,依据第5条第2款只能对第5条第1款进行限制,却无法直接适用于第5条第3款中对艺术自由进行法律限制;而对于第2条第1款中的限制而言,德国学者认为其属于是对所有基本权的限制:该条对个体人格自由开展的权利(die freie Entfaltung der Personlichkeit)规定了三

① BVerfGE 30,173(191f.).

重限制：他人的权利（Rechte anderer）、合宪法秩序（verfassungsmaessige Ordnung）和公序良俗（Sittengesetz），并不适合于用来确定艺术的特别边界。

但艺术自由也有界限，如果追溯到联邦宪法法院 Mephisto-Entscheidung 的解释，即艺术自由必须受到其他基本权利的限制。因为“艺术自由可以从受到基本法中的宪法秩序作为重要法益保障的其他宪法规范中直接找到限制，这尤其适用于《基本法》第 2 条第 1 款和第 1 条第 1 款所保障的人格权”。这在基本权利理论上被概括为是对《基本法》中无法律保留基本权利的宪法内在限制（verfassungsimmanente Schranken）。

艺术自由保障与人格权侵害间常易出现紧张关系，Anachronistischer Zug 中的争议即属于这样情况。依据目前学界通说，第 2 条第 1 款保护行为自由（Handlungsfreiheit），此外也保护人格的整体（Integritaet der Persönlichkeit）。联邦宪法法院正是从第 2 条第 1 款和第 1 条第 1 款中推导出了一般人格权（allgemeines Persönlichkeitsrecht），这被视为是法官法意义上对一般行为自由在人格尊严上的具体化。刑事判决的依据《刑法典》第 185 条（StGB）要保护的是尊严（Ehre），而个人尊严恰是一般人格权的重要组成部分，所以这一法益通过基本法对人格权利的保障而获得了宪法位阶。

本案中联邦宪法法院并未直接述及作为刑事判决依据的《刑法典》第 185 条的合宪性。一般而言，这主要包括了形式和实质两方面的合宪性要求，如立法职权的归属、明确性要求（Bestimmtheitsgebot）、指明条款要求（Zitiergebot）、个案立法禁止（Verbot des Einzelfallgesetzes）、本质内容保障（Wesensgehaltsgarantie）、合比例性的要求（Verhaeltnismaessigkeit）等。这意味着除了形式审查之外，主要是实体方面要求在衡量时能符合“目的与手段的比例关系”，对于无法律保留的基本权利涉及相互冲突的两个宪法法益时则是“实践调和”(praktische Konkordanz)的要求。即宪法价值互为界限,必须要实现两种宪法法益的最佳化目标。以此为标准,《刑法典》第185条的规定已具备了充分的衡量解释的开放性,故而《刑法典》第185条的规定具备了合宪性。

联邦宪法法院在判决中没有明确提及对《刑法典》第185条的合宪性审查结果,而是直接进入了对以《刑法典》第185条为基础的罚金判决的合宪性审查,这是针对艺术自由的合宪性限制在运用层面是否符合宪法要求的审查,并且提出了艺术自由与一般人格权关系上的基本原则:“艺术自由划定了与人格权的界限。要弄清楚的关键也就是,什么时候对人格权的侵害已经严重到艺术自由必须让步的程度(冲突法益的衡量)。鉴于艺术的高价值,微小的侵害或者仅仅是一个严重侵害的可能性的理由是不充分的;但在相互竞争的法益之中被确认无疑是对人格权利的严重侵害时,是不能通过艺术自由而获得正当性的。因此,为了在具体个案中确定它,不考虑艺术自由就确认人格权的侵害并且判定侮辱是不行的。”

2. 联邦宪法法院在不合时宜的游行案中的观点

受宪法保障的艺术自由与人格尊严之间实践调和的要求具体体现为:一方面,艺术自由不能受到不合比例的限制;另一方面,个人尊严的保护不能被掏空。联邦宪法法院从对地方法院判决错误的分析入手,明确了从艺术自由与一般人格权利关系原则中所得出的宪法上的要求,具体表现为:

(1)艺术家的表达是可以被解释(interpretationsfähig)以及需要被解释的(interpretationsbedärftig);对解释来说不可缺少的解释要素就是对作品的整体观察(Gesamtschau des Werks)。这就明确禁止了把艺术作品的部分内容从其上下文中割裂开来并分别进行是否违反刑事法律的分析。

"地方法院认为,被指控的过程已经发生在表演之外,所以就此可以得出第5条第3款第1句不能被适用的结论。但联邦宪法法院认为,这在宪法上是有疑问的,因为可见的准备(游行的设置)或者改编并不只具有纯粹的实践必要性。由于互为条件,准备和表演两者被不可分割地联系在了一起;还要特别注意的是,可见的表演准备工作在现代戏剧中已经绝对属于艺术整体理念的一部分。此外,在表演之外通过玩偶和横幅所进行的象征性表达也具有说明的价值。但为了避免这个成为问题,举办人在行程中把车辆都遮盖了起来。车在宗特霍芬(Sonthofen)不能立刻开始表演,并不能改变对此的判断,既不是代表举办者也不是申诉人,这里是以秩序机关的命令(Anordnung)为基础。警察为了固定证据所拍的照片也不能归罪于它。如同在固定剧场中通常那样,记者的记录则进入了广告性质的自我描述领域,属于样片(Probenfoto)。同理,仅仅从'祸害之车'的事实出发而作出侮辱的确认判断,这不符合从第5条第3款第1句所推导出的整体观察的要求,因此在宪法法律上是错误的。"

(2)对艺术作品进行整体考察必然存在多种解释的可能性(mehrere Interpretationsmöglichkeit),接下来的问题就是应该如何从中作出具有规范意义的选择。

联邦宪法法院在判决中重申了,在刑事法律层面要对艺术表达作出普遍的以及对所有艺术形式有效的评价,这几乎是不可能的,所以这里并不要求对于是以什么标准来进行衡量给出一个最终判断。

面对艺术作品整体观察的要求之下的多种解释可能性,联邦宪法法院的论述集中在寻找出法律规范意义上的解释。这里主要结合了对被解释对象(艺术)和解释者(受众)特殊性的考虑。"当问题是有关于对艺术的理解时,一个对艺术表现形式而言完全的外行当然是不能用来确定标准;另一方面,也不能突出受过全面艺术训练者的意见,特别是当本案中是在公共街道上针对偶然聚集的观众进行表达时。正确的方式只能是,以一个已经在此的路人如何考虑整个游行和诗作的表演为标准,他如何看待'祸害之车'的表演。"

"在此基础上,也可能出现这样的理解:附带起诉人(施特劳斯)与纳粹大人物坐在同一辆车中意味着把他们相提并论并且指向其政治目标。但如果特别考虑到诗作的内容,也会形成这是一个抗争纳粹大人物的人的印象,就如同在 Brecht 的诗作中所描述的与纳粹过往保持距离一样,这是如此伪装和骗人的。但另一个观察者也可能得出这样的结论,附带起诉人(施特劳斯)是抵制国家社会主义的代表,即使抵制并无效果。相似的是,观众直接或间接把剧本的意图作为其思考的前提,看到了一个这样的抵抗,当然还带着额外的考虑,附带诉讼人作为有影响力的右派政治家特别有着划清界限的必要,否则旧的国家社会主义理念将再次得到实施。"

故而,联邦宪法法院最后认定:首先,地方法院在其判断中割裂了街头剧的举行,把举行的准备工作(车的设置)等从整个事件中分离出来而分别判断其是否应被当作刑事犯罪,这是不被允许的;其次,地方法院判决中以"谨慎的路人"形象为解释参照物,但这个观察者是短时间的、不成熟的,并且还忽略了这样的事实:在"祸害之车"表演中,分别代表原作中的"镇压"、"欺骗"等六大祸害的、戴着纳粹面具的自动玩偶都会被带着施特劳斯面具的扮演者压制下去,直到表演快结束之前,这六个玩偶才会再站起来面对施特劳斯的扮演者,而此时他正挥舞着"自由和民主"的牌子。在这样的事实描述下,地方法院作出刑事法律上侮辱罪的判定,违反了第 5 条第 3 款第 1 句中艺术自由的保障要求。因为存在上述认识错误,联邦宪法法院可以合理推断:地方法院在重新考虑宪法法律上的要求后有可能会作出不同的决定,因此其撤销了地方法院的判决并发回重审。在新的审理和判决中地方法院必须要注意联邦宪法法院在本案审理中对艺术自由和一般人格权关系上所阐述的那些基本原则。

【涉及的重大理论问题】

联邦宪法法院的这个判决主要是有关于艺术自由的射程范围和界限的问题。从联邦宪法法院在本案中的具体推理可以看出,法院并无意对艺术问题直接给予"正确性"答案,而只是给予了"合宪性"的回应。作为没有法律保留限制的基本权利,《基本法》第 5 条第 3 款的艺术自由存在相当大的解释空间,联邦宪法法院并未回避这一问题,而是从联邦宪法法院的先例中去寻找支持,从而通过案例充实了"艺术自由"的内涵。在这个过程中,艺术概念的特征作为主要工具支撑起了艺术自由的宪法教义学。

一、艺术自由基本权利条款的规范功能

联邦宪法法院的判决虽然对此并未展开详细的分析论述,但在一开始还是非常清楚地表明了第 5 条第 3 款的艺术自由既是个人的基本权利(Individualgrundrecht),又是重要的基本原则规范(Grundsatznorm)。

首先,《基本法》中艺术自由条款的双重功能面向可以被放在基本权利法教义学的发展过程中来进行理解。纯粹的古典的基本权利主要是用来对抗国家的侵害,包括保障个人有一个免于国家侵犯"自由领域"的自由权、请求国家为某种行为的请求权以及参与国家政治生活的权力等。但是还有一类基本权利条款不仅具有上述意义,它还是一种秩序原则(Ordnungssatze)或是原则规范(Grundsatznorm),此种权利不应只被视为指导原则(Leitsatze)或是解释原则(Auslegungsregeln),其具有绝对效力(absolute Wirking),还可以在私人的法律关系上产生法律效力,艺术自由条

款即属于这种情况。

其次,从对艺术自由生活领域的保障功能的具体形成来看。在作为自由权和防御权的功能中,艺术自由的基本权利保障对于艺术家的艺术发展自由和社会中多样的艺术和文化生活而言是其核心以及不可或缺的法律前提。但是以艺术家为中心而把基本权利作为纯粹的个人自由权的理解不再能满足在现代高度差异性社会中复合与多元艺术生活的要求与需要。作为对国家艺术和文化政策有约束力的框架和标准,第5条第3款第1句的艺术自由在很大程度上被理解为宪法政策上有利于社会中艺术的价值决定以及客观法的基本原则规范。这就要求要认真对待社会中自治运行的艺术体系的固有规律和需求并且转化到一个合适的(宪法)法律和文化政策的框架中。

二、规范意涵中的艺术概念

早在1924年德国学者恩斯特·贝林(Ernst Belin)就曾提出“艺术与法学实际是在不同的道路上各自发展”。[①]事实上,如何在法律的范围内去定义艺术一直是一项艰难的工作,但是只有在存在一个可描述且可建构的保护客体时,法律包括宪法才能在规范意义上对其进行保障。艺术生活的一个重要特征就是通过先锋性而一直致力于艺术的界限扩展,艺术在本质上的多变潜能决定了基本法上的艺术自由不是静态的而是动态的,这一任务主要被落实在了艺术自由基本权利保护范围的确定上。

在“艺术”概念定义的发展上,基于艺术自由的宪法保障目的以及艺术自由基本权利主体的自由地位(status libertatis)而导出了国家的评价禁止义务,所以首先产生了所谓的“形式的艺术概念”(Formaler Kunstbegriff),认为:在法律上不能对艺术作实质内

① E. Denninger, Freiheit der Kunst, in: J. Isensee/ P. Kirchhof(Hrsg.), Handbuch des Staatsrechts der Bundrepublik Deutschland, Bd VI, Heidelberg 1989, § 146, S. 848.

容的定义，仅能在技术、形式及种类上加以界定，如诗歌、绘画、舞蹈等形式或种类，逾越此形式的任何法律定义都是不可能且不被允许的，这就是德国学者沃尔夫冈·柯尼斯（Wolfgang Knies）所发展出来的所谓：定义禁止（Definitionsverbot）的“形式——技术理论”（formal-technische Lehre）。[①]但很快人们就意识到形式艺术概念无法适应艺术创作持续不断的创新进步。

联邦宪法法院为了克服艺术类型化观察上的局限性，尤其是在梅菲斯特案中开始转向对艺术概念进行了实质内容上的检验，而产生了所谓“实质的艺术概念”（Materialer Kunstbegriff）。特别强调了艺术活动的本质是一种自由创造的形成（die freie schöpferische Gestaltung），在艺术创作中产生的主要不是信息（Mitteilung），而是表达（Ausdruck），且是艺术家个人人格的直接风格。[②]而学界则还存在对艺术实质概念的不同定义，有些学者认为必须考虑是否有“艺术思想的放射性”（eine Affinitaet zum kuenstlerischen Idee）；[③]也有学者认为“艺术至少是一种心灵思想的产物，其本质要素在于想象与美学，至少要显现创造的特性”。[④]对实质艺术概念的批评，除了其逾越了概念价值中立的界限之外还在于定义中包含了太多的要素以致总会造成对一些现象的排除，其中涵盖了根据艺术家自我理解、根据社会的观点及专家判断必须被视为艺术创作的现象。[⑤]

---

① Wolfgang Knies, Schranken der Kunstfreiheit als verfassungsrechtliches Problem, Muenchen 1967, S. 214ff.

② BverfGe30, 173（188f.）.

③ Th. Maunz/ G. Duerig/ R Herzog/R. Scholz（Hrsg.）, Grundgesetz-Kommentar, Bd. I, Art. 5 Abs. III, Rn. 28.

④ Horst von Hartlieb, Die Freiheit der Kunst und das Sittengesetz, UFITA Bd. 51, S. 24f.

⑤ E. Denninger, Freiheit der Kunst, in: J. Isensee/ P. Kirchhof（Hrsg.）, Handbuch des Staatsrechts der Bundrepublik Deutschland, Bd VI, Heidelberg 1989, § 146, S. 853.

不同以往对艺术概念进行定义的屡次尝试,联邦宪法法院在不合时宜的游行案判决中开宗明义就提出了"对艺术加以一般定义的不可能性"(Unmöglichkeit,Kunst generell zu definieren)。[①]在传统的形式与实质艺术概念的对立之后,联邦宪法法院提出了多样性的开放艺术概念。联邦宪法法院指出"艺术表达内容具有多样性……以至于产生一个实际上取之不尽而多阶段的信息传递"。[②]因此有学者也将此定义称为"沟通理论的艺术概念"(kommunikationstheoretischer Kunstbegriff)。整体而言,"艺术是指以传统艺术类型或类似的新形式(in aehnlicher neuartiger Formgebung)所进行的每一种创造性的形成(jede schöpferische Gestaltung)"。[③]

站在宪法学的角度去审视"艺术",并非要以哲学的观点去探求艺术的本质,而是寻求一个具有宪法规范目的的艺术概念,使我们在宪法解释上可以明确进行构成要件的涵摄。在开放、不可定义的艺术概念下,"艺术概念的特征"成为宪法上艺术自由保护法益的连接点,这既不会因为针对艺术实质内容的判定而涉入价值判断的泥潭,也不会受制于形式定义的"局限性"。相对于迄今为止所提出的艺术定义或描述更值得肯定的地方是:联邦宪法法院在此并未给出一个封闭的模式(keine abschliessende Formel),而是指出了相当开放的宪法决定要素,[④]这不仅实现了无论是艺术的可能内容还是艺术的展现方式都不由宪法来作出明确限定的目标,还同时实现了对具体个案中在宪法法律上艺术自由保障的保

---

① BverfGE67,213(225).

② BverfGE 67,213(226f.).

③ H. Mangoldt/ F. Klein/ Ch. Starck,Das Bonner Grundgesetz,Bd. I,Art. 5 III, Rn. 304.

④ E. Denninger,Freiheit der Kunst,in:J. Isensee/ P. Kirchhof(Hrsg.),Handbuch des Staatsrechts der Bundrepublik Deutschland,Bd VI,Heidelberg 1989, § 146,S. 853.

护范围是否打开的判断,即艺术与非艺术的区分功能。

三、宪法的内在限制(verfassungsimmanente Schranken)

这一限制是由联邦宪法法院在解释不受法律保留限制的基本权利时发展出来的。联邦宪法法院的判决认为:宪法应被作为一个统一的系统,第三者与之冲突的其他权利,以及宪法所保障的其他法律价值和秩序,同样对这些不受法律保留限制的基本权构成限制。[①]宪法的内在限制要求立法者在面对相互冲突的基本权利和宪法价值时必须进行利益衡量,以判断哪种权利或价值在宪法的价值体系中更值得保护。但为了避免立法者在进行法益权衡时忽略宪法规定的明白差异而过度挤压那些无法律保留限制的基本权利,联邦宪法法院还特别强调要遵循"实践调和"(praktische Konkordanz)的原则,即立法者不得偏重某项价值并使其获得最大程度的维护,而是要使所有的法律价值都能得到最妥善的衡平。[②]

在不合时宜的游行案判决中联邦宪法法院首先确认了:在宪法内在限制的情况下,艺术自由划定了与人格权的界限。对街头剧中扮演者的罚金处罚是对宪法诉愿人享有的艺术自由基本权利的干预。虽然艺术自由属于不受法律保留限制的基本权利,但其绝非享有毫无界限的宪法保障,仍须在与原审原告施特劳斯因街头剧而受到的人格权侵害间作出权衡,尤其要探究人格权受侵害的严重程度,是否已到对艺术自由的保障应予退让的程度。而人格权受侵害的严重程度取决于艺术家在多大程度上让观众从他的作品整体内容中连接到真实的人物,以及当观众得以建立此等整体连接时所造成的人格权侵害强度为何。

【后续影响与借鉴意义】

德国宪法上艺术自由的保护范围,取决于宪法上对艺术概念

---

① BVerfGE 28,243(261).

② BVerfGE 93,1(21);97,169(176).

的认定,而这也随着德国联邦宪法法院的判决而出现了改变。联邦宪法法院在不合时宜的游行案判决中并未在已存的几种对艺术的规范性定义中作出选择或确定,而是首次明确了艺术的不可定义性,并以艺术特征的整体方式进行了具体个案的涵摄。虽然联邦宪法法院的判决内容绝不能说是无可指责的,但其对艺术概念的解决之道指向了对艺术采取开放性与发展性保障的方向,并足以为个案中的决定创造出足够的判断空间,这与《基本法》第5条第3款第1句不受法律限制保障的艺术自由的规定在原则上保持了内在精神上的一致性。这已经成为了德国艺术自由基本权利保障上的一个通说。此后,联邦宪法法院在历次有关艺术自由的判决,如著名的艾思拉小说(Roman Esra,BVerfGE 119,1)案中,对于艺术自由所保障的艺术领域、艺术活动以及权利主体都是采用了尽可能广泛意义上的解释。

德国宪法基本权利中艺术概念上的不断发展更进一步表明了基本法中对于艺术自由保障争议的焦点已经出现了转移:重点不再是“艺术是什么”,而是“艺术允许什么”。作为艺术自由保护领域的艺术概念在开放性标准之下使大量争议实际上被推移到了艺术自由界限的范畴中来加以解决。

对受法律保留所限制的基本权利,立法者可于法律中作出初步的法益协调,再由司法者进行个案利益衡量。但对属于无法律保留限制所保障的基本权利如艺术自由权,整体案件将以司法者的逐步推演论理为主导,先进行务实的调和,再进行基本权利间的利益衡量。客观而言,权利(如此案中的艺术自由)的界限呈现了更大的开放性,除表示出特定基本权利不能事先限制外,也对司法赋予了更大的信任。

在现实生活中,艺术自由保障易与人格权侵害间呈现出紧张关系,对此立法者的理性只在于确立一个不偏袒任何宪法利益、可供个案衡量的框架。鉴于艺术的高价值,微小的侵害或者仅仅是一个严重侵害的可能性的理由是不充分的;但在相互竞争的法益之中,被确认无疑是对人格权利的严重侵害时,是不能通过艺术自由而获得正当性的。司法机关进行冲突法益的衡量,要弄清楚的关键就是:什么时候对人格权的侵害已经严重到艺术自由必须让步的程度。

具体而言,联邦宪法法院通过判例确认了一些重要的标准,比如,艺术家的表达是可以被解释以及需要被解释的,对解释来说不可缺少的解释要素就是对作品的整体观察的要求以及对作品多种解释可能之下的选择标准。在不合时宜的游行案判决中,联邦宪法法院于权衡的标准中认为应由艺术美学的观点出发,考虑的是一个普通受众对这些艺术作品在其所使用的素材及素材的结合成为一个有机整体时所形成的观点。当然,对人格权侵害程度的判断并不能在任何情况下都只单纯考虑作品在"非艺术的社会领域"中的影响程度,有时也要根据具体情况考虑到其在艺术领域的独特标准等。除此之外,艺术自由是否侵害到了属于人性尊严核心领域所保障的一般人格权。德国在人格权的保护范围上目前大致区分为三个领域:第一种类型是属于人格自我决定,主要是强调个人自我塑造的权利;第二种类型是个人人格维护,此类型主要在于防止他人任意干扰个人人格,如对名誉的维护;第三种类型则是个人人格展现,此类型侧重自我决定以何种方式出现在他人面前之权利。法院一般要据此确定案件中是人格权上的何种利益有受到侵害的危险。联邦宪法法院在不合时宜的游行案判决中明确了对受到《基本法》第 1 条第 1 款保障的人的尊严核心内容的侵害属于对人格权的严重侵害,因而不能通过艺术自由而获得正当性。当然,艺术表达的规范解释与涉入人格权领域程度间,其在论证的逻辑关系上并不属于先后或阶段式的。故而要决定人格权的侵害程度时,两个相关衡量因素间的关系应为交互作用,并于个别情况下综合所有事实再作出个别判断。

在此教义学结构中，一个合乎时代和定位于社会的基本权利解释使艺术价值和自身规律在法律的视野里得到了充分注意。其后，德国联邦宪法法院正是沿着这一思路对涉及艺术自由与人格权益衡量的宪法争议作出其判决。

布洛克朵夫案

王　锴

【案例名称】 布洛克朵夫案(Brokdorf-Urteil,BVerfGE 69,315,1985年5月14日)

【关 键 词】 集会自由作为集体言论自由的特殊地位　报备义务的可允许性　偶发性集会的报备自由　宪法对禁止与解散集会的要求　和平集会

【案　情】

1981年,许多居民自治组织呼吁在1981年2月28日举行针对在布洛克朵夫修建核电站的大型示威游行。在集会报备之前,主管县长发布了一个普遍的禁令,禁止在核电站建筑工地周围210平方公里的范围内集会,并且要求马上执行。这个命令构成警察执法的理由。由此产生的后果是,大约5万名示威参加者预计将被指控暴力占领和破坏建筑工地以及故意从事暴力活动。在其后举办者的报备中,县长指出已经发布了集会禁令。举办者,即后来提起宪法诉愿的人,对该普遍禁令提出了异议,申请法院暂时中止禁令,该申请被吕内堡高等行政法院驳回。其理由是,示威报备存在延误且可能有不法行为,故经过利益权衡后驳回了诉愿人要求暂时权利保护的申请。诉愿人对该禁令的立即执行和高等行政法院的判决不服,提起宪法诉愿。

【判决要旨】

"1.通过主动行使集会自由来参与政治言论和意志的形成是公民的权利,属于民主社会不可缺少的功能因素。自由权的基本内涵包括立法者来颁布限制基本权利的规定,然后行政机关和法院来解释和适用。

2.《集会法》第14条、第15条规定了露天集会的报备义务和解散、禁止集会的前提条件,但在解释和适用时要注意宪法的要求。

(1)偶发性集会并不适用报备义务,所以,对报备义务的违反也不能概括地解散或者禁止集会。

(2)解散或禁止集会仅仅是为了保护同等重要的法益,并且要严格适用比例原则以及在该法益面临直接而明显的危险时才能被采取。

3.国家机关有义务对和平进行的大型示威(Großdemonstrationen)进行友好的处理,没有充足的理由不得延误。举办者单方构建信任的措施或者对示威友好的合作准备越多,主管机关出于公共安全的危险进行干涉的门槛越高。

4.不需要担心示威采取完全非和平的方式或者举办者与其追随者追求这种方式或者至少赞同这种方式。因为对和平的参与者来说,宪法保护每一位公民的集会自由,即使它伴随着个别人或者少数人的不法行为。在这种情形中,预防措施要求所有的活动接受严格的风险评估以及事先采取所有有利于和平示威,使基本权利有可能实现的手段。

5.行政法院集会禁令的立即执行原则上对基本权利的实现构成了确定的妨碍。"

【判决理由与论证】

从本案的判词来看,联邦宪法法院的论证可以分为四个层次:(1)诉愿人的示威活动是否受《基本法》第8条集会自由的保护?(2)集会自由应否受到限制?(3)限制集会自由的《集会法》是否合宪?(4)限制集会自由是否符合比例原则?

一、《基本法》第8条集会自由的保护范围

《基本法》第8条第1款规定,"所有德国人均享有不携带武器进行和平集会的权利",集会无须经过报备或许可。联邦宪法法院认为,主管机关在处理中所采取的措施以及其所依据的法律规定限制了诉愿人实施有计划的示威的自由,而该项自由受到《基本法》第8条的保护,即集会和列队行进,它们不同于大型的人群聚在一起或者居民的娱乐活动。前者带有协作和意思交流的成分。它所保护的不限于组织,而是包含了各种形式的共同行为,但不包括口头的表达方式。它带有示威的性质,即通过集会达到显著的或者轰动的广而告之的目的。

集会自由意味着公民享有举办集会地点、时间、方式和内容的自我决定权,同时禁止国家对参与公开集会或缺席公开集会进行强制。在此意义上,集会自由对于自由国家的本质具有特殊的地位。不受阻碍、无须许可的集会自由历来都是有自我意识的公民自由、独立和成熟的标志,在它对政治活动的形成中,对自由的保障化身为一个基本的决定,即防止国家侵犯自由人格的发展。

联邦宪法法院还比较了集会自由和言论自由之间的联系和区别:长期以来,言论自由被视为民主社会不可或缺的和基础性的功能组成。它是人格的直接反映,经常作为最崇高的人权之一,对于自由民主国家秩序具有形成性的作用,因为只有经常性的精神交流和言论竞争,此种国家秩序才变得可能。集会自由被理解为一种集体言论的形式,原则上与其他言论并无不同。但是不能否认,示威游行的特殊性,在于示威者通过亲临现场、在完全公开和没有

媒体中介的情况下来表达他的言论,他也以直接的方式显示了他的人格存在。示威是共同的身体力行,参与者一方面在团体中与其他人一起查明其信念;另一方面通过出现、举止、互相交流或者地点的选择,对外展示其立场。

联邦宪法法院特别强调了集会自由对民主社会中意志构建的作用。自由民主秩序意味着,现有的、历史形成的国家和社会关系是可以改善的和应该改善的,由此产生了一个永远不会终止的任务,它必须通过意志决定的不断更新来实现。意志决定构建的过程是一个试错的过程,通过经常性的精神交流、相互的审查和批评,最大程度地保障一个(相对)正确的政治路线,它是作为国家中各种现实发挥作用的政治力量之间的合力与平衡出现的。在民主国家中,意志形成必须是从人民到国家机关而非相反。公民参与政治意志构建的权利不仅仅是通过选举投票,而且也包括在经常性的政治意见形成中发挥作用。基于一个民主的国家性质,这必须被自由地、公开地、不受限制地、根本上免于国家干涉而得到贯彻。

在上述过程中,公民在不同程度上参与。大的社团、企业出资人或者大众传媒能够施加很大的影响,相反,公民则很弱小。在直接通达媒体的路径和通过媒体表达意见的机会很少受限制的社会,个人除了政党和社团外,剩下的机会就只有通过集会示威自由这种大型施加影响的方式。不受阻碍地行使自由权不只是为了抵抗政治无能的意识或者惹恼国家的危险倾向,而且是为了公共福祉利益,因为它能够在政治意志构建的力量角逐中形成一个相对正确的结果,从而使所有的力量都得到健康发展。

因此,集会被视为民主开放社会的本质性因素,它为公开地影响政治过程、促进多元力量的发展以及替代方案或者去批评和抗议提供了可能。它包含了一种原始的、有活力的直接民主,从而防止政治运行陷入僵化。尤其在有议会代表制的和公投参与有限的民主中,集会自由具有基础性和不可或缺的作用。在这里,主要发挥作用的是多数决原则,甚至包括那些有严重后果的、对于每个人具有不可逆结果的决定。此时,对少数人的保护越有效,建立在多数决原则基础上的这些机关作出的决定就越能赢得普遍的正当性。在言论和意志形成中是否充分考虑了少数人的意见将影响对这些决定的承认度。当代议制机关出现了弊端或者畸形发展或者没有及时认识到这些或者没有考虑其他人的利益时,示威抗议就越必要。因此,集会自由对于代议制具有一种稳定化功能。允许民众公开地表达不满、愤怒和批评,这是政治预警系统运行的必要条件,使潜在的干扰、整合中的缺陷变得可见,也使公共政策的调整变得可能。

二、集会自由应当受到限制

尽管集会自由具有崇高地位,但它并非无保留地受到保护。《基本法》第 8 条第 1 款保障的仅仅是和平和不携带武器的集会,而且根据《基本法》第 8 条第 2 款——对于露天集会的权利,可制定法律或根据法律予以限制——露天举办集会的权利受限于法律保留。因为在露天行使集会自由,由于要与外界接触,所以需要一个特别的组织和程序上的规制。一方面要创造行使的现实条件;另一方面要充分保护可能与之发生冲突的其他利益。

《魏玛宪法》第 123 条明确规定,露天集会有义务进行报备,从而防止那些直接威胁公共安全的风险。《基本法》使用了单纯的、表面看来全权性的法律保留。但这并不意味着,基本权利保护的效力有限。与言论自由一样,对集会自由的限制是存在界限的,它的射程不能被议会的法律随意相对化。立法者在制定限制规定时要考虑《基本法》第 8 条中的价值决定。集会自由的行使只有在为了保护其他相同重要的法益并受到比例原则的严格保护的情况下才能被限制。

联邦宪法法院指出,当行政机关和法院解释和适用立法者制定的限制集会自由的法律时,对限制言论自由的规定的解释方式同样适用。限制集会自由的必要性在于,示威者在示威时会损害第三人的法律地位。国家机关在解释限制基本权利的法律时要始终考虑基本权利在自由民主国家的根本性意义。如果官方的措施逾越了限制基本权利的法律,如通过道路障碍来阻碍示威或者通过缓慢的预防性措施使示威变得困难,或者通过过度的监控和登记改变了示威的不受国家干涉性,那么,这些措施便不符合宪法的要求。

三、限制集会自由的《集会法》合宪

《集会法》是立法者根据《基本法》第8条第2款的法律保留制定的。主管机关的处理程序主要是《集会法》第14条第1款规定的报备义务①和《集会法》第15条规定的解散集会和禁止集会的构成要件。②

(1)《集会法》第14条第1款规定的报备义务在《魏玛宪法》中被明确作为可允许的限制集会自由的要件。根据联邦行政法院的观点,它对基本权利的限制是微不足道的。联邦最高法院和通说都认为这种规定是合宪的。对此,联邦宪法法院表示同意,"报备义务并不构成干预,违反报备义务也不必然导致集会的禁止或解散"。

---

① 《集会法》第14条第1款规定,那些旨在组织露天的公开集会或游行的人应该在主管机关宣布前的最晚48小时报备集会或者游行的对象。

② 《集会法》第15条规定,当根据命令发布时的情况,集会或游行的举行将直接威胁公共安全或秩序,主管机关有权禁止或者使之符合特定的条件。当下列情况下,集会或游行将被禁止或者使之符合特定的条件:(1)集会或游行的地点是在历史性的纪念馆,它是为了缅怀那些具有跨地区的意义并且遭遇了纳粹非人道对待的人;(2)根据命令发布时具体的环境,集会或游行将使牺牲者的尊严受到损害。位于柏林的欧洲犹太人屠杀纪念馆是符合(1)的地点,它的范围由法律来确定。其他的符合(1)的地点及其范围由州法来确定。如果没有报备或者偏离了报备的事项或者违反条件或者符合了上述(1)和(2)禁止的条件,集会或游行可被解散。被禁止的活动必须解散。

报备义务仅仅适用于露天集会,因为基于它的外在影响,经常需要特别的准备。通过报备使主管机关获得必要的信息,由此,一方面,最大可能地降低集会过程对交通的干扰和推动采取其他措施;另一方面,第三人利益和公共利益也是不可或缺的并且需要在其中得到协调。所以,基于瞬间的现实原因形成的偶发性示威(Spontandemonstationen)不需要履行事先的报备义务。它受《基本法》第 8 条的保护,但《集会法》的规定对其不适用,因为上述规定无法实现偶发性集会所要达到的目标。《基本法》第 8 条第 1 款原则上保护“不需报备或许可”的集会。尽管第 8 条第 2 款限制的是露天集会,但是第 1 款保护的并非特定类型的、对外产生影响的集会,该项保护的更多是在特定条件下免除报备的义务。

联邦宪法法院对偶发性示威免除报备义务的判断是基于《集会法》的秩序规定在适用时要考虑集会自由的基本权利,必要时必须让位于该项基本权利。基本权利要求《集会法》保障集会和游行的可允许性。与此相一致的是,违反报备义务并不自动导致集会的解散或禁止,因为要看这种报备义务事实上能否被认识和履行,否则这种基于公共利益的义务就是不合比例的。

(2)根据《集会法》第 15 条规定,如果根据命令发布时可见的环境,举行集会或游行对公共安全或秩序有直接的危险,主管机关可以禁止集会或者解散它。

本案中,诉愿人对“危害公共安全或秩序”这个干预的前提条件的不确定性提出了质疑,但是这个概念在警察法中已经有足够明确的内涵。公共安全的概念包含了对核心法益的保护,如生命、健康、自由、名誉、财产、个人能力以及法秩序和国家设施的完整性。在此,对公共安全的危害是指这些法益面临可受刑罚的行为的侵犯。公共秩序是指所有不成文的规则,将服从主流的社会和伦理观点作为一个守秩序的人在一个特定的区域进行共同生活的前提条件。

然而,概念的澄清并不保证法律的合宪适用。对宪法判断有意义的是两个限制,即法律设定的限制和导致下列结果的限制:禁止和解散本质上只能是为了保护基本的法益,仅仅是抽象的公共秩序的危险并不足够。

禁止或者解散只能是最后的手段,只能在更温和的手段被用尽的情况下才能进行。这就需要比例原则。它限制的不仅是手段选择的裁量,而且也限制了主管机关的决定裁量。只有当进行了包含自由权在内的利益衡量后,这对于保护其他同等重要的法益必要时,对集会自由的保护才能让步。因此,任何一个利益不能在没有经过正当化的情况下限制自由权。基本权利行使所带来的不便是不可避免的,对此,第三人必须忍受。德国学者很少从交通技术的角度来论证集会禁止,在很多情况下,示威者利用街道与交通运输是可以同时实现的。

官方干预必须受到限制,禁止和解散只有在公共安全或秩序面临直接的危险的情况下才被允许。通过直接的要求,干预的前提条件必须比一般警察法更严格。在具体情形中进行个案的风险评估是必要的。虽然这包括了一个概率的判断,但是它的基础是可识别的。为此,联邦宪法法院认为,这种评估必须基于社会环境、实际情况和其他的细节。大致的猜测和推测是不够的。在集会自由的基础性作用下,主管机关不能基于不足的风险评估就发布预防性禁止,尤其是在错误地估计了后续解散的可能性的情况下。在个案中如何评估,这首先是普通法院的工作。它很难脱离具体环境而根据宪法来规定,而可能依赖于,如对于大型的游行,举办者为合作而进行了何种程度的准备,以及是否只有第三方或少数人担心受到干扰。

由此,就它的解释和适用本身而言,《集会法》第15条是符合《基本法》第8条的,禁止和解散只有在遵守比例原则的条件下为了保护更重要的社会利益才能进行,并且只能在该法益面临直接的、源自具体环境危险的时候。

四、限制集会自由的合比例性

联邦宪法法院认为,基本权利不仅影响实体法的制定,它同时成为使基本权利保护更有效的组织和程序规定和以符合基本权利的方式适用现有程序规定的标准。

通常程序法上的报备义务是为了警察的危险防御任务或者使灵活的力量部署变得可能。报备义务是从基本权利保障中直接得出的,并且是与其他基本权利协调的结果。更进一步的程序法义务的证立是基于基本权利行使的社会关联性以及大型示威影响的归责原则。这种义务在法律保留的框架和界限内利用议会法律的相关规定得以明确化。如果没有立法者的具体化,举办者和参与者必须最大可能地考虑之前大型示威的良好经验。行政实践和司法判决在宪法上有义务促进相应的准备工作:"举办者单方的形成信任的措施或者对示威友好合作的准备越多,主管机关基于公共安全危险干涉的门槛越高。"

报备义务适用于本案中的大型示威。尽管大型示威的举办者很多,但主管机关为了设定条件以及与举办者协商需要得到报备。同时,尽管在本案中示威的组织者是60个居民自治组织,但联邦宪法法院仍然认为报备是可以实现的。

在大型示威中经常出现的问题是,个人在示威中的不法行为或者禁止少数人示威或者基于《集会法》第15条规定的直接的公共安全和秩序的风险而解散示威是否以及在何种条件下能在法律上被正当化。联邦宪法法院指出,宪法只保障和平和不带武器进行集会的权利。《保罗教堂宪法》和《魏玛宪法》都规定了和平的要求,这也是从集会自由的法律性质中推导出的(集会被视为促进政治意志的形成和精神相互交流的手段)。因此,面对暴力行为,需要在可容忍的影响与非和平的行为之间划定一个精确的界限。参与者从事非和平行为,对人和物进行暴力活动,这是法律秩序要极力避免的。这是保障集会自由作为积极参与政治过程的前提条件,对暴力的防御决定了限制自由措施的采取。

(1)只要风险评估显示有高度的概率,即举办者及其追随者企图从事暴力活动或者至少默许其他人从事这样的行为,就可以禁止示威。《基本法》第8条的保障范围不包括非和平的示威。对它的禁止和解散并不侵犯基本权利。如果举办者及其追随者的行为是和平的,而干扰仅仅来自于外部(反制性示威和干扰群体),那么,官方的措施必须主要防范干扰者,只有出现了警察法上紧急状态的特殊情况下,对集会的完全干预才是必要的。

(2)如果示威完全变成了暴力或骚乱或者举办者及其追随者致力于上述活动或者至少默许上述活动,个别人的非和平行为不仅会导致基本权利保护的停止,也改变了示威的性质,并与其他参与者的意志相冲突而构成违法,就可以解散示威,因为一部分参与者的非和平意图可以被认知。

但是,相对于事先禁止,事后解散要优先考虑,因为不能一开始阻断和平参加者行使基本权利的机会,并且要维护举办者在排除非和平参与者中的优先地位。这是对集会自由的最优保护与程序法上的要求相结合的结果。事先禁止只有在严格的前提条件以及对《集会法》第15条的合宪适用的情况下才被允许。比如,风险评估中的高概率以及所有可用的手段都穷尽。要尽可能让和平示威中的基本权利得到实现(如限制禁令的空间范围)。禁止集会的前提条件是,更温和的手段是不可能的(如通过与和平示威者的合作来防止危险)或者这种合作的基础(如替换示威者)是不可能的。对示威进行普遍的预防性禁止,必须斟酌大型示威中和平参与者所占的比例和预先通知采取特殊和激烈措施的时间,目的是在这个期限内有机会讨论风险和适宜的反制措施。

本案的集会中,双方没有发生挑衅和攻击教唆。举办者用和平行动和排斥暴力来影响参与者,那么,国家权力就要受到审慎的约束和避免过度反应。行政法院颁布的集会禁令的立即执行原则上对基本权利的实现构成了确定的妨碍。

【涉及的重大理论问题】

一、集会自由的保护范围

集会是指两个或者更多的人组成的,为了追求一个共同的目标而相遇并且内在联系的团体。两个人就可以构成集会,①只要他们通过内在交流来追求同一个目标。两个人碰巧地私下会面不是集会的保护范围,同时,一个人的示威不是受《基本法》第 8 条的保护,而是受《基本法》第 5 条言论自由的保护。集会的根本是对共同目标的持续追求(BVerfGE 82,34,38f.),个人基于各自的目标对一个共同事务的关心不属于集会,如在问讯处门前的人群聚集(BVerfGE 56,63,69)、在事故发生地的好奇围观以及人们的娱乐活动等。偶然的聚集但事后补上共同目标的追求也属于集会,如基于罢工的理由临时聚集。纯粹的经营和商业目的的活动,如音乐会、体育赛事,通常不属于集会,因为它们缺乏共同的诉求,演员(音乐家和运动员)和消费者之间缺乏集体意见的形成或者交流行为。

目标的性质再所不问,无论是私人的、社会的、经济的、宗教的、文化的或者政治动机,无论是公开的或者将人群限制在感兴趣者或者是私下邀请,都受到《基本法》第 8 条的保护。《基本法》第 8 条不仅保护集会,还包含了集会的不同方式,如静坐、宿营、守夜、灯光链、人墙、默哀(BVerfGE 87,399,406)。集会也可以变成列队行进,即示威,在移动中产生将其联系起来的目标,如静默游行、集体徘徊、车队等,还可以是针对其他示威的,也许同时发生的

---

① 关于集会的最低人数到底是两人还是三人,学者之间存在争议,Vgl. Volker Epping/Christian Hillgruber (Hrsg.), Grundgesetz Kommentar, 2. Aufl., C. H. Beck, München,2013,S. 323。

反制性示威(Gegendemonstrationen)。集会既可以在室内,也可以在露天举行。一个最低的持续时间是集会所要求的,集会时间的长短取决于目标能否实现。尽管集会可以延续几天或者几周,但是相比结社,集会仍然是暂时的。集会的形成时间或者是否有准备是不重要的,因为偶发性集会和紧急集会都受《基本法》第8条的保护。[①]

集会自由不仅保护集会者参加集会的权利,也要使集会的地点、时间、方式和内容的自我决定变得可能(BVerfGE 104,92,108,111;110,77,90;128,226,250f.)。集会的特殊性首先表现在以集体的方式将信念用身体活动来呈现(BVerfGE 128,226,250),为此在互联网的聊天室里的虚拟聚集并非《基本法》第8条第1款所保护的集会。由于《基本法》第8条要保护集会参加者的身体出场,所以集会所追求的目标和所附随的言论不能或者不能完全经过许可,而是通过批评性的对峙和标语来呈现(BVerfGE 84,203,209;92,191,202f.)。

《基本法》第8条的保护从集会的准备措施开始,如宣布举办以及集会时间、决定时间地点和动机、号召和邀请参加集会。除了保护集会的参加者或者领导者外,还包括推动集会的行为,如举行演讲、标语展示、分发传单、呼喊口号、唱歌、使用扩音器等。同时,集会活动所需的基础设施也属于保障的范围,如街道的特别使用、问讯处、座椅、小吃摊、餐车、流动厕所以及露营点。[②]

本案中,联邦宪法法院对集会自由的基础性作用的阐释具有重要意义:集会自由能够促进社会交流,它是一种集体性的言论方

① 紧急集会虽然不是偶发的,但必须最大可能地快速开始或者为了实现它的目标必须马上对外宣告,为此基于保护第三人法益向警察进行信息通报的要求只能缓和或者完全取消。

② Horst Dreier(Hrsg.),Grundgesetz Kommentar,Band I,3. Aufl.,Mohr Siebeck,Tübingen,2013,S. 1040.

式，通过共同的身体力行而达到信念的巩固。示威为公民提供了在选举之外影响政治意志形成的重要集会。在选举中，大社团、企业出资人或者大众传媒发挥着显著影响，而公民个人则感到弱势。除了参加政党和社团外，集会自由的行使为集体性的影响提供了根本的可能。因此，集会自由的行使是直接民主对代议制民主的补充。

二、集会自由的报备义务

联邦宪法法院对《集会法》第 14 条的合宪性进行了审查，并对其作出了合宪性解释。主要的质疑在于，《集会法》第 14 条能否适用于偶发性集会？虽然布洛克朵夫案并非偶发性集会，但是仍然面临合宪性的问题。偶发性集会（Spontanversammlung）是对现实发生的事件进行的突然的和无事先规划的回应。根据文义解释，《集会法》第 14 条第 1 款适用于所有的集会和行进，没有任何例外。而根据目的解释，人们可以从"那些企图组织……的人"的规定处看到，这是指事先有计划的集会。在基本法的集会自由面前，上述两种情形不可能等同。如果按照文义解释，《集会法》第 14 条将违宪。因为对偶发性集会规定报备义务，将等于事实上禁止它。偶发性集会中决定和实施相隔如此之短，根本没有报备的时间。此外，偶发性集会也缺乏报备所需的主办方，所以根据《集会法》第 14 条规定的秩序利益而普遍禁止这种形式的集会无法得到正当化，将因为欠缺比例性而构成对《基本法》第 8 条集会自由的侵犯。故联邦宪法法院选择了《集会法》第 14 条的目的解释，认为该条不适用于偶发性集会。在后来的紧急集会（Eilversammlungen）判决中，联邦宪法法院确认和补充说，只要报备的可能性存在就必须报备（BverfGE 85，69，75f.）。对于偶发性集会和紧急集会，报备义务并不适用，因为这不合比例地限制了集会自由。

值得注意的是，《基本法》第 8 条第 1 款规定，集会无须经过报备(Anmeldung)或许可(Erlaubnis)。从表面上来看,《基本法》对于报备和许可都是禁止的,但是通说认为,《集会法》规定的报备义务并不违宪。只要它是为了及时通知有关机关提前进行危险防御,而非进行许可保留,特别是实质内容的限制。为此,报备实践是作为一种合作义务的结果。[①] 学者也认为,《基本法》第8条第1款的报备和许可禁止类似于实现审查禁止(Zensurverbot)。《集会法》并没有将报备作为一种义务,不履行报备也不会制裁。报备只是一种职责(Obliegenheit),旨在让警察及时了解集会的计划和保护它顺利地、不妨碍交通地进行,并采取充分的保护公共安全或秩序的措施。不履行该职责,并不会自动导致解散的制裁。只有当集会对公共安全或秩序产生了不可避免的威胁的时候,警察才能强制解散。在此意义上,联邦宪法法院已经澄清,《集会法》第15条第3款将解散集会作为对没有报备的惩罚是不适用的。[②]

三、集会自由的和平义务

根据《基本法》第8条,和平和不带武器是保护集会自由的前提条件。所谓非和平的集会是指其目的或者过程侵犯身体、生命、自由以及第三人或普遍的重大法益,集会的过程存在暴力或者胁迫。关于和平与非和平的界限是有争议的,只能根据个案来判断(BVerfGE 73,206,247,252ff.;76,211,217)。一方面,并非每一个构成犯罪和违反秩序法的集会都是非和平的,否则《基本法》第8条第2款的法律保留就是多余的(BVerfGE 73,206,248)。另一方面,当对人或物出现或者即将出现暴力或者攻击性的不法行为

---

① Horst Dreier(Hrsg.),Grundgesetz Kommentar,Band I,3. Aufl.,Mohr Siebeck,Tübingen,2013,S. 1057.

② Thorsten Kingreen/Ralf Poscher, Grundrechte: Staatsrecht II, 29. Aufl, C. F. Müller,Heidelberg,2013,S. 194.

时,就构成非和平的集会。纯粹的口头上的语言暴力则不属之。持续地干扰、阻碍集会的进行(如有威胁的投掷物)构成对和平义务的违反。根据联邦宪法法院的判决,静坐堵塞通道,也就是用消极抵制的方式阻塞交通,没有积极的暴力行为(BVerfGE 73,206,249;87,399,406),即使将自己拴在门柱上作为物理障碍(BVerfGE 104,92,106),也属于和平的集会。

和平义务还要求不携带武器,根据通说,这里的武器是指客观上会伤害人或物的东西(如铁棍、椅子脚、棒球棒、大啤酒杯)和主观上携带它的目的。头盔、面罩并非武器,但是它们可能以和平的方式来掩盖非和平的性质。①

联邦宪法法院认为,当风险评估显示举办者或者领导者或者大多数参加者有非和平的行为或者针对集会的大规模的暴力行为将要形成,此时集会就丧失了它的和平性质。警察的措施只能针对个别的非和平和使用武器的参加者,只有当不采取干涉不能应对非和平的参加者时,才能例外地针对和平的集会参加者。如果大型示威的参加者并不以集体暴力活动为出发点,集会期间的暴力行为只是个别示威者或团体的,那么警察就要保护和平参加集会的人。基本权利保护的方式首先是解散集会(BVerfGE 104,92,106f.)。

四、禁止集会的条件

只有为了保护其他同等重要的法益,才能预先禁止集会,但为了防止干扰第三人并不在此列(BVerfGE 128,226,261)。禁止集会是最后的手段,只有在为了防御危险而对集会举行附加的条件不足以应对,并且对公共安全造成了直接,高度可能性危害的情况下才被允许使用(BVerfGE 64,55,58)。对于主管机关而言,基于

① Horst Dreier(Hrsg.),Grundgesetz Kommentar,Band I,3. Aufl.,Mohr Siebeck,Tübingen,2013,S. 1045.

与报备者合作的义务,它要在禁止之前审查有无替代手段使禁止是不必要的。

禁止集会分为三个层次:首先,所谓对公共秩序的违反并非针对集会的动机(BVerfGE 111,147,156f.),因为从示威的本性来讲,并非所有的煽动都会扰乱公共秩序,而是在特定的环境下,这种煽动的方式或者有胁迫效果或者强力的氛围产生了准军事的性质,就像纳粹阅兵仪式一样,无疑会对参加者的行为方式产生影响。在这种情况下,禁止携带战鼓、旗帜(联邦和州的旗帜除外)、具有可刑罚内容的标语、违宪组织的标识以及穿着制服和类似的服装作为集体政治态度的表达就是合宪的,但是这不能作为禁止整个集会的理由。其次,与示威的象征作用相联系的集会日期和地点的确定(如在大屠杀纪念日、集中营纪念日)不能作为威胁公共秩序的理由,关键是在这个日期和地点举行集会是否会煽动侵犯人权,更确切地说,会不会对牺牲者的尊严和社会形象产生贬低(BVerfGE 111,147,157)或者间接地支持了大屠杀。此时,完全禁止集会就不如更改时间或地点符合比例原则。最后,违反报备义务不能正当化集会禁止(BVerfGE 128,226,261),此时也不能解散集会,必须是集会对公共安全产生了直接的威胁,并且有极大的可能性导致集会变得不和平时才能禁止。这种情况往往是发生了反制性示威,并且是事后解散没有意义或看起来不可能的时候,此时等于出现了警察法上的紧急状态。并且主管机关对集会风险的预测必须通过事实的、具体的、可作暴力解释的线索,而不能仅仅是推断的证据和抽象的预测。

【后续影响及借鉴意义】

联邦宪法法院的布洛克朵夫判决对行政法院和普通法院的集

会判决产生了重要影响。① 普通法院以联邦宪法法院的判决为导向审查警察针对集会所采取措施的合法性,从而使集会自由的价值通过联邦宪法法院的解释对普通法律的适用产生影响。

布洛克朵夫判决导致了警察针对示威所采取措施的改变。根据联邦宪法法院法院的观点,基本权利的保护要求一个有效的组织和程序规定。作为相对于禁止和解散更温和的手段,警察应当推动示威者与警察之间的合作。法院赋予警察对此进行探索的义务。这项义务导致警察在大型示威中使用降温原则。尽可能使集会中的冲突或者与没有参与集会者的权利之间的冲突在准备阶段就被认识到,并且通过警察措施降到最小。其目的就是防止示威过程中不法行为或暴力行为的出现,因为这需要大量警力的投入,又将产生新的冲突。

警察与示威者之间的合作使协调举办者的计划与警察的必要措施变得可能,尤其是改善了集会的信息基础。就此而言,至少警察干预集会的门槛提高了。然而,合作并不是防止和消除示威者与警察之间的冲突的全部措施。大型示威中,并非所有的冲突都能被合作方预见到,因为每个举办者都有自己的动机。个别参与者非和平的行为也并非总是在示威的准备过程中被集会的领导者和警方考虑到。目前,右翼极端分子和新纳粹的集会成为德国《集会法》以及从普通法院到联邦宪法法院关注的焦点。

该案对我国的借鉴意义在于:首先,我国《集会游行示威法》规定对集会游行示威采取许可制。② 从本案来看,联邦宪法法院反对许可制的理由包括:(1)集会自由作为一项自由权,如果事先

① Jörg Menzel & Ralf Müller-Terpitz (Hrsg.), Verfassungsrechtsprechung: Ausgewählte Entscheidungen des Bundesverfassungsgericht in Retrospektive, Mohr Siebeck, Türbingen, 2011, S. 401.

② 我国《集会游行示威法》第 7 条第 1 款规定,举行集会、游行、示威,必须依照本法规定向主管机关提出申请并获得许可。

需要经过他人的同意或许可,那么该项行为本质上就不应该再被视为是一项自由。同时,自由权的行使可以限制,但不能剥夺。如果自由权行使前须经许可或同意,则大大增加其被剥夺、掏空的可能性。这就违反了《基本法》第19条第2款的基本权利的本质内容不受侵犯的规定。(2)许可制将使偶发性集会的举行在理论上成为不可能。因为偶发性集会在时间上不可能于事前申请,亦无负责人可为申请。然而,偶发性集会是人类最自然且最需保护的集会自由权,此大多是在突发事件中基于义愤或权益受损直接反应所采取的行动。如果采用许可制将使这种人类集会自由权重最原始的部分遭本质上排除或剥夺,使其完全无可能实现,显然已侵及集会自由的本质内容。(3)就比例原则而言,应就众多措施中采取对人民侵害最小者为之。从基本权利限制的角度,报备制的干预程度较轻,既然都可以达到目的,不采对集会自由侵害较小的报备制而采侵害较大的许可制,显然已经逾越比例原则。

其次,根据我国《集会游行示威法》第9条第2款规定,确因突然发生的事件临时要求举行集会、游行、示威的,必须立即报告主管机关;主管机关接到报告后,应当立即审查决定许可或者不许可。也就是说,即使是偶发性集会也要申请许可,这不仅在法理上不通,在事实上也难以实现。诚如前述,偶发性集会的动机多出于眼前突发事件,而由多数人瞬间自动聚集而成。换句话说,偶发性集会在许可的时候已经形成了。偶发性集会没有组织者,是公众自发形成的,由谁去申请许可以及不予许可的决定又向谁送达呢?立法与现实之间存在矛盾。

约瑟芬·穆岑巴赫尔案

赵　宏

【案例名称】 约瑟芬·穆岑巴赫尔案（Josefine Mutzenbacher, BVerfGE 83, 130-1990 年 11 月 27 日）

【关 键 词】 艺术自由　艺术与色情　基本权利的冲突与权衡　法的确定性　事先审查

【案　情】

本案原告自 1987 年 11 月以来以袖珍本的形式出版发行了小说《约瑟芬·穆岑巴赫尔：维也纳妓女自传》。该小说包含此前由哥本哈根 Dehli 出版社以德文发行的两册《维也纳人青春论集》（Oswald Wiener）的内容。《维也纳人青春论集》在两份相关的德国刑事案件判决中均被宣告为"猥亵作品"，之后又于 1968 年由联邦审查局根据《危害青少年书籍传播法》（Gesetz ueber die Verbreitung jugendgefährdender Schriften）第 18 条第 1 款，而被归入"禁书"书目。而由德国 Rogner/Bernhard 出版社发行的内容相同的版本，也于 1970 年被归入"禁书"名单。《危害青少年书籍传播法》于 1985 年 7 月 12 日重新修订颁布，新的《危害青少年书籍传播法》第 1 条第 1 款第 1 句同样规定："凡会在道德上危害青少年的书籍，尤其包含不道德、残忍情节、煽动暴力、犯罪或种族仇恨以及歌颂战争的书籍,应被列入禁书名单。”而书籍一旦被列入“禁书”,则会涉及刑事处罚,该书也只能陈列于青少年无法接触的商店,且不能进行广告宣传。但该法第1条第2款同时指明,“如果此类书籍属于艺术创作,则可以不列入禁书名单”。

为顺利出版发行这一小说,原告请求主管该项事务的联邦审查局(Bundesprüfstelle)将《维也纳人青春论集》从禁书名单中删除,主张该书根据现行观念属于艺术作品。但联邦审查局拒绝将其从名单中删除,而且在组织专门审查人员鉴定后,还将原告出版发行的相同内容的袖珍小说《约瑟芬·穆岑巴赫尔:维也纳妓女自传》也列入禁书名单,其理由是该小说“以令人难以忍受和厌烦的方式描述了女主角的性爱过程,并对儿童卖淫及乱交行为予以正面评价,甚至加以颂扬”。参与鉴定的专业人士甚至认为“该书只是有关女主角性生活的色情写真以及卖淫实录”,对其中涉及的“色情及乱伦问题”,作者并未进行“艺术化处理,而只是为蛊惑他人”,因此,该书并不能被视为“艺术作品”(Kunstwerk)。

在联邦审查局于1982年11月4日作出上述决定后,原告先后向科隆行政法院、北莱茵·威斯特法伦州高等法院以及联邦行政法院提起诉讼,请求撤销联邦审查局的确认决定,但诉讼均以失败告终。原告遂以上述决定和判决侵犯其由《基本法》所规定的“艺术自由”为由,向联邦宪法法院提起宪法诉讼。原告在本案中的诉求主要集中于如下问题:(1)原告出版发行的袖珍小说《约瑟芬·穆岑巴赫尔:维也纳妓女自传》属于艺术作品,联邦审查局按照《危害青少年书籍传播法》将其列入禁书名单,侵犯了其由《基本法》第5条第3款第1句所规定的“艺术自由”;(2)《危害青少年书籍传播法》所规定的联邦审查局选任和组织人员对违禁书目进行鉴定的相关程序,不符合法治国原则下的确定性要求;(3)《危害青少年书籍传播法》违反了《基本法》第19条第1款第2句中规定的,当法律对公民的基本权利进行限制时,“必须指明所涉及的基本权利的条款”的“指明条款”要求；(4)联邦审查局在对原告出版的小说《约瑟芬·穆岑巴赫尔：维也纳妓女自传》进行审查时，亦侵犯了《基本法》第2条第1款规定的“一般行为自由”（allgemeine Handlungsfreiheit），第20条第3项规定的“法治国”原则，第19条第4款第1句规定的“司法保障”（Rechtsgarantie）权利，第103条第1款规定的“司法听审权”（Anspruch auf rechtliches Gehör）；(5)联邦审查局将原告出版的袖珍本书籍列入禁书书目，违反了《基本法》第5条第1款第3句规定的“事先审查的禁止”（Zensursverbot）。

【判决要旨】

1. 色情小说同样属于《基本法》第5条第3款第1句所称的“艺术”；

2. 如认为艺术作品明显会对青少年构成严重道德危险，而将其列为禁书时(根据《危害青少年书籍传播法》第6条第3款)，应以艺术自由的权衡为前提；

3.《危害青少年书籍传播法》并未充分符合宪法要求，因其对于联邦审查处审查人员的选任规定并不完备。

【判决理由与论证】

一、色情作品是否属于艺术自由的保护领域？

本案的争点首先是色情作品是否属于艺术自由的保护领域（Schutzbereich）。原告认为其出版发行的袖珍小说尽管涉及色情内容，但仍属于“艺术自由”的保护领域，而相应地，联邦审查局将其列入禁书书目并让其承担相应的法律后果，就侵犯了其艺术自由。

“艺术自由”的宪法依据在于《基本法》第5条第3款第1句的规定，“艺术、科研、学术和教学是自由的”，但艺术自由的构成要件或是保护领域的确定,却依赖于对"艺术"一词的意涵界定。如上文所述,对原告出版的小说进行鉴定的联邦审查局并不认为色情作品属于艺术。鉴定成员甚至将其评价为"未做任何艺术化处理,仅仅是为蛊惑他人"的"色情写真集"与"卖淫录"。原告则在宪法诉讼中主张,"艺术与色情并不相互排斥"(Kunst und Pornographie schlössen einander nicht aus),他甚至举出"世界文学名著中同样有将性爱过程做成描写对象"的实例。

对于色情作品是否属于艺术,原告在提起宪法诉讼之前历经的高等行政法院和联邦行政法院均未给出确定回答。高等法院在判决中认为,将原告出版的色情小说列入禁书,符合《危害青少年书籍传播法》第1条第2款第2句的规定,这一点"并不依赖于该小说是否属于艺术作品(Kunstwerk)"。"即使这部小说被确定为艺术作品,《基本法》第5条第3款第1句所保障的艺术自由与《危害青少年书籍传播》也并不冲突","因为艺术自由所保护的法益,相对于防止对青少年造成道德损害的法益,应该有所退让(Weichen)"。据此,在高等行政法院看来,既然青少年保护相对于艺术自由在宪法的价值秩序中始终处于优位,那么色情小说是否属于艺术作品,是否享有《基本法》中艺术自由的保护,无关紧要。

与高等法院的模糊态度不同,联邦宪法法院在判决中首先肯定,即使原告出版发行的袖珍小说因包含色情内容而被列入"禁书","该禁书书籍仍旧属于《基本法》第5条第3款第1句所规定的艺术自由的保护领域"(Die indizierte Schriff fällt in den Schutzbereich der Kunstfreiheit)。联邦宪法法院对此解释说,"该作品表现为小说的样式,而且是作者自由艺术构想活动的结果呈现"。为进一步廓清"艺术自由"中"艺术"的意涵,联邦宪法法院引述在"梅菲斯特"案判决中曾对"艺术"所给出的定义,"该作品展现了独特的艺术结构特征,它是作者自由创作活动的结果,且通过小说这种文学形式表达了作者的印象、经验和幻想”(BVerfGE 30,173)。尤其是“该小说的创作形式,对维也纳俚语的使用,以及对相关社会环境的描写,都应该被理解为是艺术创作”。“小说也允许作者为某种艺术意图而进行诠释,从这个意义上说,小说内容也被视为是在发展性小说的讽喻。”就原告出版的袖珍小说而言,“女主角意味着男性性幻想的化身,而小说内容则反映了两性关系的压抑”。

对于“小说可能同时被视为色情作品(Pornographie),就不具有艺术属性(Kunsteigenschaft)”的疑虑,联邦宪法法院给予明确的否定,并在此重申联邦最高法院在 Henry Millers Oprus Pistorum 判决(BGH,NJW 1990,S. 3026)中的主张,认为“艺术与色情并不互相排斥”(Kunst und Pornographie schließen sich nicht aus)。“对于作品艺术属性的判断,应以联邦宪法法院此前的判决[BVerfGE 67,213(226 f.)]所阐明的观点为基准,而不能依赖于国家对艺术作品的风格、水准以及内容的控制,或是艺术作品的客观效果。”联邦宪法法院尤其认为,上述基准和观念,在判定“艺术自由在面对宪法所保护的其他竞争性法益时是否应该退让时”,同样应该获得适用。

二、“艺术自由”与“青少年保护”之间发生法益冲突时如何权衡?

联邦宪法法院在肯定了色情作品同样具有艺术属性,同样属于《基本法》第 5 条第 3 款第 1 句所规定的“艺术自由”的保护领域后,接下来涉及的问题就是联邦审查局以“青少年道德保护”为由,将原告出版的色情作品列入禁书书目的决定是否具有合宪性。换言之,“青少年保护”能否成为对“艺术自由”予以限制的正当理由。

在引出接下来的论证前,首先需要回溯联邦宪法法院对基本权案件的基本审查模式。联邦宪法法院对基本权诉讼奉行独具特色的三段式审查模式(eine dreistufige Pruefungsfolge)。这一模式由以下步骤组成:首先,确认案件可能涉及哪项或哪些基本权的保护领域;其次,如果该案的确涉及某项或某些项基本权的保护领域,联邦宪法法院接下来则需要确认,这项或这些项基本权是否真正受到了侵害;最后,如果国家行为的确构成了对基本权的侵害,联邦宪法法院最后需要判断的是,这些侵害是否具有《基本法》规定的合法正当理由。如果找不到侵害的合法正当性理由,这种侵害就是违法的。上述审查模式的形成又在很大程度上受到德国基本权利规范模式的影响。《基本法》中的基本权利条款的规范构造都主要由两部分构成:首先是基本权利的保护范围(Schutzbereich);其次是干预本项基本权利的合宪性理由(Rechtsfertigung)。前者是公民借由基本权而被保护的某一层面的生活领域,它确定的是基本权的构成要件或是事实内核;而后者则是国家对基本权利予以干预的合宪性依据。与其他国家宪法规定不同的是,《基本法》对基本权利的限制并没有采用一般的概括性条款,而是选择在每项基本权利规范中,详述国家对此项基本权利的限制要件。因其着眼点主要在于"对基本权利限制的限制",因此,这一部分在德国宪法中被称为限制或干预基本权利的合宪性理由,即国家唯有具备这些理由时,对公民基本权利的干预和侵害才是正当的。

1. 无法律保留限制的艺术自由是否享有绝对的优位保障

在《基本法》中,艺术自由属于"无法律保留的基本权利"(ohne Gesetzvorbehalt)。换言之,宪法并未像其他基本权条款中规定的那样,允许这类基本权利"可由法律或基于法律而受到限制"。在《基本法》中属于此类基本权利的还包括《基本法》第4条规定的"信仰自由"。德国基本权利理论一般认为,无法律保留的基本权利天然具有保护少数人的特质,因此不允许立法者通过多数决的方式对其予以限制。但无法律保留限制的基本权利是否因此就享有绝对的宪法保障,其是否也应如其他基本权利一样具有内在限制,一直以来都是德国基本权理论中的关键问题。

在本案中,联邦宪法法院肯定色情作品同属艺术自由的保护领域,并申明“艺术自由”根据《基本法》的规定,“并不受《基本法》第2条第1款第2句中所列举的三项限制条款(Trias)的约束,也不受《基本法》第5条第2款所设界限的约束”。《基本法》第2条第1款第2句是对一般自由权的一般性约束,根据该条规定,任何人在自由开展其人格时,“不得侵犯他人权利,不得损害合宪性秩序,不得违反公序良俗”。尽管《基本法》第2条第1款被作为一般自由权条款,但联邦宪法法院早在之前的判决中就否定了上述三重限制也可被作为对自由权的一般公益限制。认为如此推广的结果,必定会对所有自由权不加区别地都附上概括性限制,而这又会与立宪者希望建立起的基本权分层保护模式相违背。[①] 据此,联邦宪法法院在本案中,同样申明“艺术自由不受《基本法》第2条第1款第2句的三重限制”。相应地,因为联邦宪法法院将原告出版的小说认定为“艺术作品”,属于“艺术自由”的保护领域,因此“《基本法》第5条第2款所规定的对言论自由的限制”,包括一般性法律、青少年保护以及他人名誉权,同样也不构成对艺术自由的限制。

但与此前诸多判决中所持的立场相同,联邦宪法法院并不认为如艺术自由这样的“无法律保留的”基本权利,就因此享有宪法的绝对保障。在本案中,联邦宪法法院认为,“艺术自由的无法律保留保障(die vorbehaltlise Gewaehrleitstung der Kunstfreiheit)原则上并不排除基于青少年保护的原因,而将某些书目列为禁书”。“无法律保留的基本权利同样要受到其他法律主体的基本权利(Grundrechte anderer Rechtstraeger),以及宪法中其他平等法益

① BverfGE 30,282(236);58,358(363).

(Rechtsguetern)的限制,而保护青少年免于道德伤害正是由宪法所保护的此类同等法益。"

2."艺术自由"与"青少年保护"之间的法益冲突时如何权衡

既然联邦宪法法院认为"青少年保护"可以成为对"艺术自由"予以限制的正当理由,那么接下来的问题就是,作为宪法同等保护的法益,当艺术自由与青少年保护之间发生冲突时应该如何权衡?换言之,在本案中,究竟哪种法益享有更优位的保障?

高等法院在此前的判决中认为,即使承认色情作品同样属于艺术,"艺术自由在面对保护青少年道德危害的利益时,也应该有所退让,这属于宪法的基本价值(Grundwerten der Verfassung),国家不能因宪法的其他规定,而不履行根据《危害青少年书籍传播法》中所规定的对青少年道德危害的防护"。原告则在诉讼中认为,高等法院所持的,"对《危害青少年书籍传播法》中所列举的明显且严重危害青少年书籍(offensichtlich schwer jugendgefaehrdender Schriften),艺术自由保护理应后退的主张,并不正确",相反,艺术自由才是更确定、更值得保护的法益。因为"对于本案中艺术自由的竞争法益(青少年保护),相比艺术自由也欠缺必要的宪法位阶。它既非源自《基本法》第1条第1款(人性尊严)以及《基本法》第2条第1款(一般行为自由),也无法从《基本法》第6条第2款第1项(父母的抚养权)中导出"。而且,"对于文章的特定内容是否真的可能危害青少年的道德,在学术上也并不具有充分论据和理由"。

为回应原告的质疑,联邦宪法法院首先肯定"青少年保护(Jugendschutz)作为《基本法》所确认的价值享有重要地位,而且是一项重要的共同体目标"[BVerfGE 30,336 (347 und 348);77,346 (356)]。《基本法》第5条第2款已经明确表达了宪法关于"青少年保护"的目标。而从《基本法》第1条第1款(人的尊严)以及第2条第1款(一般自由权)中,也可推导出青少年保护的宪法位阶。“青少年享有基本权利规范所称的人格自由开展权利，其需要保护和协助，以发展于社会团体中自我负责的人格。”而这也使“国家负有义务，避免青少年在两性看法和人格发展方面，遭受可能的不良影响”。

接下来，联邦宪法法院又认为，根据“法治国原则和民主要求，对于基本权利的实现标准予以具体规定”，既是立法机关的义务，又是其专属职权。一方面，立法者应“依照生活领域与基本权利之间的关联，对有问题的生活领域”，自行决定必要的导向性原则，而当某个生活领域涉及“相互竞合的基本权利，而它们的各自界限又难以确定时”，立法者尤其负有上述义务；另一方面，即使在“学术上尚未澄清某类书籍是否会危害青少年的情况下”，立法者仍旧被允许，“享有评估危险及其后果，并决定是否采取相关措施”的权限。换言之，联邦宪法法院认为，权衡相互冲突和竞合的法益，并决定它们各自的内在界限，属于立法者的职权范围。而在本案中，《危害青少年书籍传播法》的立法者，同样有权且有义务针对“危害青少年书籍的范围，自行规定艺术自由和青少年法益之间的权衡”。而《危害青少年书籍传播法》第 1 条第 2 款第 2 项的规定，正是立法者为上述权衡的体现。但依据对该条的文义解释以及在整部法律中的体系地位可得，该法的立法者认为，艺术保留仅适用于《危害青少年书籍传播法》第 1 条第 1 款第 1 句与第 2 句所规定的，将某类书籍列为禁书的情形，而不适用于依照该法第 6 条所规定的，因并未纳入禁书名单而发生该法第 3 条至第 5 条所述的法律效果的情形。但联邦宪法法院却认为，根据对《基本法》第 5 条第 3 款第 1 句所规定的“艺术自由”的“合宪性解释”（verfassungskonforme Auslegung），艺术保留同样应适用于《危害青少年书籍传播法》第 6 条所规定的情形。申言之，立法者不仅在决定是否将某类书籍列为禁书名单时，需考虑艺术自由和青少年保护的权衡；在决定禁书和未列入禁书名单的书籍的不同法律效果时,同样需权衡这对相互冲突的法益。

此外,联邦宪法法院同样认为,立法者在《危害青少年书籍传播法》第1条第1款中规定,"某类书籍,即使属于艺术作品,原则上仍会危及青少年的道德",这一确认尽管存在学术上的分歧意见,但鉴于立法者的"专有评估权",立法者的上述见解应该被允许,但这种评估权的行使亦有其界限,"考虑到对艺术自由的保护,立法者不能规定,对于某种特定种类,可能存在特定危害的书籍","青少年保护毫无例外地始终享有优先地位(stets und ausnahmslos Vorrang)"。当艺术自由和其他具有宪法位阶的权利发生冲突时,"应以功能最适为目标(Ziel der Optimierung),对二者进行适宜的权衡(angemessenen Ausgleich)"。"在《基本法》第1条第1款(人的尊严)的价值观念影响下,艺术自由同样塑造和刻画着《基本法》的人的图像(Menschenbild)"。但为"建立宪法秩序所需要的和谐均衡(geforderten Konkordanz)",艺术自由在面对与其相冲突的宪法法益时,同样"在行使和作用领域方面有其限制",这些都要求立法者"须时时权衡相互冲突的法益,且禁止其赋予某种法益普遍性的、一般性的优先地位"。

行文至此,对于艺术自由和青少年保护这对相互竞合的法益究竟应该如何权衡,联邦宪法法院终于表明其确定态度:二者均是宪法所保护的价值,为保障宪法秩序的和谐均衡,无论是艺术自由或青少年保护均不享有绝对的、普遍性的优先保障,当二者发生冲突时,应以功能最适为目标,对二者进行适宜的权衡。相应地,立法者在面对相互交涉冲突的权益时,也不得偏重某项价值并使其获得最大程度的保障,而要使所有的法益价值都能在宪法秩序之下获得最妥善的衡平。

正因如此,"即使是艺术自由这种无法律保留的利益,在面对青少年保护这种相互对立的利益时,也需在个案中,相互协调一致"。"无任何法益对于其他法益始终居于优先地位。"这一点尤其适用于《危害青少年书籍传播法》第6条(将书籍列入“禁书书目”)。根据上述的利益权衡原则,立法者只有在对艺术自由及与其相对立的法益进行广泛权衡后,才能允许将某类书列入禁书名单,或使之受到《危害青少年书籍传播法》第3条至第5条规定的限制。这就要求,一方面,《危害青少年书籍传播法》的立法者应在保护青少年免受不良影响时,同样应考虑到艺术自由;另一方面,在对艺术自由和青少年保护利益进行宪法所要求的协调和权衡时,并不能单纯依赖此前在诸多判决中对“艺术著作”所做的解释。换言之,也应考虑到艺术作品对青少年的影响。正如联邦宪法法院所指出的,“艺术作品不仅会在美学上,同样会在现实生活层面发挥效用”。“尽管不是在所有情况下均能确定地衡量艺术作品对青少年的影响,但在现实生活中,艺术作品对青少年产生影响却是常事。这一结论不仅适用于那些个性不稳定、有危险倾向的青少年,同样适用于那些借助天赋和教育能够抵御不良影响的青少年。”但这同样不意味着,应始终给予青少年保护以优先地位,联邦宪法法院所要求的仍旧是对两者的权衡(Gebot der Abwaegung)。

为达到上述权衡目标,联邦宪法法院甚至详尽示范了对青少年保护和艺术自由这对冲突法益各自的权重予以分别衡量时,究竟应参酌哪些要素:从青少年保护方面,联邦审查局和专业法院应在符合程序的范围内尽可能地查明:某种特定的书籍能够对青少年造成的危害。而这又需要进行“专业的评估调查”(sachverständig-gutachterliche Ermittlung)。对于艺术自由而言,“具有危害性的描述在多大程度上是和艺术观念相联系同样至关重要”。“艺术自由同样包含艺术家根据个人倾向选择通过某种可能危及青少年的,尤其是包含暴力或色情的主题进行描述和加工。”“而可能危及青少年的作品越是通过艺术的方式予以处理,越是能够归于艺术的概念中,其就有更多的理由主张艺术自由保护的优先性","但在权衡一部危及青少年的作品是否完全不属于艺术自由的范畴时,仍需要依据对艺术作品的宪法解释"。据此,"即使那些已经在公众中享有盛誉的艺术作品,也有可能根据个案中对艺术自由和青少年保护各自分量的权衡,而被列入禁书书目,但这些艺术作品在公众评价和学术上所享有的盛誉以及相关的价值评估,却能够成为在个案中决定是否应赋予艺术自由优先保护地位的评断依据"。

经由上述论证,联邦宪法法院认为,正因在决定将某类图书列入禁书名单时,联邦审查局仅偏重对青少年的保护,而忽略可能因此受到伤害的艺术自由,"其既未对特定书籍对青少年可能产生的危害,又未对书籍是否属于艺术作品并因此享有艺术自由的关键问题进行判断",因此其在适用《危害青少年书籍传播法》第6条时已违宪。相应地,行政法院在审查联邦审查局的决定时,同样未对《基本法》第5条第3款第1句中规定的艺术自由给予"适宜关照和整体衡量",所以其确认联邦审查局将书目列入禁书合法的判决同样是违宪的。值得注意的是,联邦宪法法院并未在此明确指出,在本案中,青少年保护抑或艺术自由享有更优先的保护,而是在整体上废弃行政法院判决(saemliche Entscheidungen aufzuheben)的同时,仍旧认为"根据上述宪法原则而进行衡量的结果究竟如何","并不确定,且应保留给联邦审查局决定"。

3. 色情书籍是否会对青少年产生不良影响以及立法者对于争议问题的形成自由

《危害青少年书籍传播法》将"包含不道德、残忍情节、煽动暴力、犯罪或种族仇恨以及歌颂战争的书籍",列入禁书名单的原因,在于立法者认为,此类书籍"会在道德上危害青少年"。但原告同样在诉讼中主张,这一结论并无确定的依据,"它并没有相应的科学或经验证明",照此推理,"文学作品同样会对青少年产生思想危害"。但联邦宪法法院却认为,《危害青少年书籍传播法》

的立法者“在不违反宪法的前提下,完全可合乎逻辑地认定,某些书籍具有损害青少年的效果”。这一决定属于立法者由宪法所获得的“评价特权”(Einschätzungspraerogative),而其理由和范围的确定“又依赖于各种不同的因素,特别是所涉及的事务领域的属性、形成一个足够确定的、有经验支持的判决的可能,以及相关法益的意义”。

联邦宪法法院在判决中举例证明,在1973年11月23日颁行的《刑法典》第4修正过程中,当时已就《危害青少年书籍传播法》第6条是否维续和《刑法典》第184条进行过合并讨论。为论证某类书籍是否会对青少年产生危害,立法者曾邀请社会学、性学、精神病学、心理学、教育学、法医学、犯罪学、神学、哲学、法学领域的诸多专家以及刑事警察、社会福利、少年辅助以及教育领域的事务工作者进行过广泛听证。但刑法修订委员会仍旧认为,上述论证并没有毫无疑义地澄清书籍是否危害青少年的问题。“即使有强有力的反对意见,但这些反对意见也无法提供充分的论据”,即便是上述专家和实务工作者的意见,也“欠缺体系性调查和长期观察研究”。

联邦宪法法院认为,“在学术尚未彻底澄清的情况下,立法者有权对危险状况和风险进行评价和决定,并决定是否采取措施”(BVerfGE 49,89)。此外,“与艺术自由相竞争的其他法益,尤其是《基本法》第6条第2款第1句规定的父母抚养权,以及第1条第1款和第2条第2款第1句规定的青少年人格自由开展权,均在宪法中享有很高位阶”,这一点同样对立法者在决定书籍是否有损青少年问题上的形成空间,提供了正当理由。而立法者的上述决定空间(Entscheidungsraum)“只有在科学合理性排除了对青少年的危害可能时”才能舍弃。但刑法修正案的修订过程已经证明,这一可能并未被排除。因此,《危害青少年书籍传播法》的立法者对于“某类书籍可能危害青少年的判断”属于其评价特权的范畴,并未违反宪法。

经由上述论证,联邦宪法法院再次肯定,宪法允许立法者在相关问题尚未出现确定的科学结论时,享有"评价特权"和"决定空间",但其前提是不违反宪法。换言之,是对宪法所保护的相关法益均进行了权衡和考虑。而本案中因涉及相互竞争的基本权利,以及对"无法律保留"的艺术自由的具体化和内在限制的确定,立法者当然享有上述评价特权。而这一特权根据法治国以及民主要求,同时也是立法者的义务,即"对于基本权利实现的标准,应由立法者自身予以规定,而不得将其委托给行政机关"(BVerfGE 33,125;34,52;34,165;45,400;47,46;49,89)。

4. 联邦审查局对禁书鉴定人员的选任程序是否与法治国原则相悖

《危害青少年书籍传播法》第8条第1款规定,"为保障本法的实施,设立联邦审查局"(Bundespruefstellen)。该法第9条第2款又规定,"审查局由联邦少年、家庭、妇女和健康事务部部长任命的主席,各州政府任命的一名陪审人员,以及联邦部长任命的其他陪审人员组成。陪审人员的组成人员应包含以下领域的人士:(1)艺术界;(2)文学界;(3)书商;(4)出版界;(5)青少年协会;(6)青少年福利团体;(7)教师界;(8)教会、犹太教文化团体和其他宗教团体,以及根据上述团体所建议的其他公法团体"。联邦审查局原则只有在该法第11条第2款第1句所规定的行政机关和组织提出申请时,才能作出决定。《危害青少年书籍传播法》规定了三种不同的作出决定的组织形式。首先,对于根据法院的判决而将相关书籍或内容相同的其他书籍归入禁书名单(《危害青少年书籍传播法》第18条第1款),由联邦审查局的主席决定;对于该法第15条规定的将某类书籍暂列为禁书名单,以及根据该法第15a条在"案情明显且显著时采取简易程序",由主席和联邦审查局的另外两名成员所组成的三人小组决定;其他的事项则由所谓的十二人委员会决定,此委员会由联邦审查局的主席、3 名州陪审员,以及 8 名团体代表的陪审员组成。而且,至少有 9 名委员出席会议时,该委员会才具有决议能力。在决定是否将书籍列入禁书名单时,则需要出席人数的 2/3 所述,换言之,应至少有 7 票赞成始能作出。

本案中,最初将原告出版发行的袖珍小说《约瑟芬·穆岑巴赫尔:维也纳妓女自传》中包含的《维也纳人青春论集》列入“禁书名单”的决定是由上文所述的十二人委员会作出的;但之后原告申请将该书从禁书名单重删除时,则是由联邦审查局的主席作出。原告在诉讼提出,《危害青少年书籍传播法》的立法者在规定联邦审查局的组成,尤其是所谓的团体代表的任命时,并不符合宪法的充分要求。而联邦审查局在本案中所作的有关争议决定也因此违反了《基本法》第 2 条第 1 款[①]以及第 20 条第 2 款和第 3 款[②]的规定。《危害青少年书籍传播法》第 9 条第 2 款对于团体陪审员选任的规定,因为不符合明确性要求,因此是无效的。在原告看来,法治国原则要求立法者对于有关基本权行使的重要问题均由自己决定,选任上述团体陪审员的程序既然涉及公民的艺术自由,就应由立法者在法律中进行充分详尽的规定。而《危害青少年书籍传播法》对于团体陪审选的选任规定,却缺乏能够在相互竞争的团体中进行有效选择,以及对陪审员的专业资质和为完成审查决定所需的特定条件予以有效判断的基准。此外,该规定同样允许并不属于公法团体的世界观和宗教组织参与上述决定,这一规定同样违反了国家在宗教事务上应遵循的中立义务(Neutralität-

① 《基本法》第 2 条第 1 款规定,所有人均有权自由开展其人格,只要他未侵犯他人权利,未违反宪法规定以及公序良俗。

② 《基本法》第 20 条第 2 款规定,所有国家权力均来源于人民。它由人民通过选举、表决和参与立法、行政以及司法机关的方式行使。《基本法》第 20 条第 3 款规定,立法应受宪法规范约束,行政和司法应受法律和权利约束。

spflicht)。因为规定的粗疏,《危害青少年书籍传播法》事实上将团体陪审员的选任交由行政机关(联邦部长)来完成,这恰恰违反了"立法者应自己对重要事务(wesentliche Dinge)予以规定的要求","并为实践中的恣意任命打开方便之门"。

对于原告的这一主张,联邦行政法院在此前的审查时予以否认,在其看来,"联邦审查局十二人委员会的组织规定,并不因不确定而无效","因为法治国原则并不禁止使用不确定法律概念(unbestimmter Begriff)以及赋予联邦部长在决定团体陪审员的任命时,在自身的职权范围内行使必要的裁量权限",而法律也无须对上述组织以及人员的任命进行具体的确定,因为"该组织的存立或重要性"均有可能在实践中发生变动。

不同于联邦行政法院,联邦宪法法院对原告的这一诉求,却认为具备正当理由。尽管联邦宪法法院并不认为,联邦审查局十二人委员会如原告所言,因为有"私人参与"而违反了民主原则。相反,"这些委员在行使上述职权时,并非私人,而是由联邦部长任命的职务履行者"。由作为向议会负责的政府组成人员的部长任命,已经使这些陪审人员在行使职务时具备了"民主正当性"。《危害青少年书籍传播法》第110条同时规定,这些陪审人员在行使职务时,"并不受部长指示的约束",这也同样使民主原则未受侵犯。此外,这些陪审人员行使的职务并不涉及主权,而只是"公共任务的有期限行使"。团体陪审人员的参与,避免了由国家行政机关所组成的官僚机构,对确定列入禁书名单的价值标准,进行独断专行的决定,而使艺术自由等多元价值,均有了表达且相互均衡的途径。联邦宪法法院同样未支持原告对宗教和世界观团体被列入陪审员的质疑,认为各个宗教团体均根据其背景,长期担负照顾青少年的任务,因此允许其参与联邦审查局的事务,并无不当之处。

但联邦宪法法院却认为,(《危害青少年书籍传播法》的)立法者对于有关联邦审查局的实质问题,自身不作规定的做法,并不符合《基本法》第 80 条第 1 款第 1 句的“授权明确性诫命”(Anforderung der Bestimmtheit)。根据该条,“法律可授权联邦政府、联邦部长或是州政府制定法规命令,但授权的内容、目的和范围必须在法律中予以明确”。又根据联邦宪法法院在此前的判决中发展出的“重要性理论”(Wesentlichkeittheorie),不仅特定的事项应由立法者自己规定,而且该规定还必须足够明确和具体。正如联邦宪法法院在接下来的论证中所言,“重要性理论不仅指在回答特定的事项是否应由立法者自身规定的问题,对于这些规则应达到各种详尽程度,同样至关重要”(vgl. BVerfGE 34,165;49,89;57,295)。而这也衍生出立法者的如下义务,“对于行政机关在适用法律时,面对相互冲突的基本权利应如何权衡限制,应在内容上予以具体明确”。换言之,在本案中,立法者应向行政机关明示,“《基本法》第 5 条第 3 款第 1 句所规定的艺术自由究竟可在何种程度上经由禁书决定而受到限制”。同时,“对于如何设定能够对相互冲突的法益予以权衡的程序”,“立法者同样应给予实质性的指示”。换言之,“立法者又必要设定能够达成上述权衡任务,同时又对艺术自由的保障相适宜的程序”。而联邦宪法法院在此前的判决中,也确认“通过程序规范来实现基本权利,首先是立法者的任务”(BVerfGE 73,280)。据此,如果“某项行政程序会对基本权利所保护的法益产生直接影响,这一程序就应通过法律的方式予以明确”,而《危害青少年书籍传播法》显然未达到这一要求,尤其是该法关于团体陪审人员的选任程序规定,尤其不充分。“法律所规定的程序,应斟酌和调查所有在书籍被列入禁书书目时应予以考虑的最广泛的利益”,因此,“立法者须详尽规定,《危害青少年书籍传播法》第 9 条第 2 款中所涉及的选派陪审人员的团体,以及这些团体应如何选派各个陪审人员,这些陪审人员至少在倾向上能够代表和涵盖该团体的意见”。但《危害青少年书籍传播法》却并不包含上述规定,也不具备《基本法》第80条所规定的明确授权行使。从这个意义上说,原告对于有关联邦审查局组织规范的法律规定不符合宪法要求的指责,具备合理理由。

但联邦宪法法院又指出,“在新的法规颁布之前(至迟在1994年年底前),《危害青少年书籍传播法》的上述瑕疵应予容忍”。因为如果联邦宪法法院通过判决而宣告该法因与《基本法》不符而无效,就可能产生如下结果:即联邦审查局自此不再能够从事青少年保护的工作。而为保障青少年人格发展免受危害,尽管现行的《危害青少年书籍传播法》存在瑕疵,联邦宪法法院仍旧允许其继续存续且发生效力。

5.《危害青少年书籍传播法》是否违反“指明条款要求”

原告在提起宪法诉讼时主张,《危害青少年书籍传播法》同时违反了《基本法》第19条第1款第2句规定的“指明条款要求”(Zitiergebot)。根据该条规定,“当某项法律对基本权利予以限制时,必须指明所限制的基本权的条款”。这一要求在德国法中,除认为具有对立法者的警示功能(Warn-und Besinnungsfunktion)外,对于法律适用和法律解释也具有“明确化功能”(Klarstellungsfunktion)[①]。但联邦宪法法院认为,原告的上述诉求并不具备合理理由,原因是“指明条款要求”仅适用于《基本法》明确授权立法者可通过法律予以限制的基本权利,而如上文所述,《基本法》第5条第3款第1句中包含的“艺术自由”属于“无法律保留的基本权利”,因此并不属于这一范畴。

6. 联邦审查局是否侵害除艺术自由之外的其他权利

原告在诉讼中同时提出,《基本法》第6条第2款第1句中“抚养和教育孩子是父母的自然权利,也是其义务”的规定,同样表明“父母抚养权(elterliche Erziehungsrecht)也享有宪法位阶”。

① *Hartmurt Maurer*, Staatsrecht, C. H. Beck 1999, S. 286.

换言之,父母有权决定孩子阅读的书籍,因此,《危害青少年书籍传播法》将某类书目直接列为"禁书",是对父母抚养权的削弱。但这一观点并未获得联邦宪法法院的认同,联邦宪法法院反而认为,《危害青少年书籍传播法》的目的与其说是削弱了父母抚养权的范围,"毋宁是为防止父母的抚养权受到破坏"。因为该法将某些书籍列为禁书,"是确保对青少年发育可能有损害的书籍,只有经过父母的同意,青少年才能接触"。因此,原告所主张的,《危害青少年书籍传播法》侵犯父母抚养权的主张并不具备正当理由。

原告在诉讼中还主张,因为《危害青少年书籍传播法》的强行干预,青少年的人格自由开展权利同样受到侵害。联邦宪法法院对此观点同样未予认可。在其看来,《基本法》第1条第1款的"人性尊严"和第2条第1款第1句的"一般行为自由",的确使青少年保护"享有宪法位阶"。根据这些条文,"青少年也享有自由开展其人格的权利"。但这一权利的行使"既需要保护,也需要协助,由此才能发展出社会共同体之下自我负责的独立人格"。"而这同样适用于对性危险的防护,以及与其人格权相关的性教育"。这些都使"国家有权采取相关措施","以避免青少年免受对其两性关系观点以及人格自由发展可能造成损害的不良影响"。因此,原告所主张的《危害青少年书籍传播法》侵犯青少年人格自由开展的观点,同样未获联邦宪法法院认同。

此外,原告在诉讼中同时主张,联邦审查局在对原告出版的小说《约瑟芬·穆岑巴赫尔:维也纳妓女自传》进行审查时,亦侵犯了《基本法》第20条第3项规定的"法治国"原则、第19条第4款第1句规定的"司法保障"(Rechtsgarantie)权利,以及第103条第1款规定的"司法听审权"(Anspruch auf rechtliches Gehoer)。但原告的这一指责同样未获联邦宪法法院支持。相反,联邦宪法法院认为联邦审查局对于在个案衡量中是否应参酌上述法益,享有一定的"判断空间"(Betrteilungsspielraum),而相应的,行政法院也应对联邦审查局的上述判断空间和"评价特权"(Einschätzungsprärogative)予以尊重。

7. 将特定书目列为禁书是否违反"事先审查的禁止"

《基本法》第5条第1款在第1句和第2句详述了公民的言论自由、出版自由以及新闻自由后,在接下来的第3句中,特别强调"禁止事先审查"(Eine Zensur findet nicht statt)。原告据此认为,联邦审查局将特定书目列为禁书违反了"事先审查的禁止"(Zensurverbot)。但联邦宪法法院对这一观点并不认同。在其看来,"宪法仅仅是禁止事先审查"(Vorzensur),而事先审查又应被理解为,"行政机关通过某种预先的程序介入,而不准予作品出版发行"。《危害青少年书籍传播法》显然并未规定此类程序。而且就事实来看,本案中争议的袖珍小说《约瑟芬·穆岑巴赫尔:维也纳妓女自传》也是在出版4年之后才被列入禁书。据此,联邦审查局将特定书目列为"禁书",并未违反宪法的"事先审查禁止"。

【涉及的重大理论问题】

本案涉及的重大理论问题主要有以下三项:

一、无法律保留的基本权利的保障强度和内在限制

《基本法》对基本权利的限制并非如我国宪法文本一样,交由统一的一般性概括条款进行处理,而是进行了差异化处理,即在每项基本权规范中详述对该项基本权予以限制的合宪性理由。立宪者也期望通过这种方式,避免属性不同的基本权利经由毫无差异的统一限制而受到损害。而《基本法》中这些个别、具体的基本权限制,又是借由区分不同类型的法律保留来实现的。

《基本法》中的大部分基本权条款均规定,基本权利可由法律或基于法律而(durch Gesetz oder aufgrund eines Gesetzes)受到限制。这些法律保留规定根据其繁易程度,可区分为一般的法律保

留(einfacher Gesetzvorbehalt)与特别的法律保留(qualifizierter Gesetzvorbehalt)。[①] 所谓一般的法律保留,即基本权条款中仅规定,该项权利"可由法律或基于法律"而予以限制,对于法律保留中的"法律"再未作任何限定。属此保留范畴的,包括第2条第2项第3句规定的生命与身体健康自由、第8条规定的露天的集会自由、第12条第1项第2句规定的职业自由等。与此相对,特别的法律保留则是在基本权条款中,对法律保留中的"法律"又作了进一步的规范和限定,也就是说,特别法律保留不仅要求,对该项基本权的限制应由法律或基于法律而作出,同时要求该项法律应"满足一定的前提要件、追求特定的目的或是使用特定的方式"。[②] 典型的特别法律保留,如《基本法》第11条第2项规定的迁徙自由,根据该项条款,对迁徙自由只能由法律或基于法律而作出限制,同时,法律也只有在满足宪法所规定的要件时才能对迁徙自由进行限制。除了上述两类条款外,《基本法》中还有一些基本权条款,甚至连该项权利可由法律或根据法律而予以限制都未加规定,德国学者将这些基本权称为"无法律保留限制"(ohne Gesetzvorbehalt)的权利。[③] 而《基本法》第5条第3款规定的"艺术与学术自由"显然就属于此类"无法律保留限制"的基本权利。第5条第3款规定,"艺术、科研、学术和教学是自由的",但在该条款之下,《基本法》并未规定,上述权利可由法律或根据法律而予以限制。

---

① *Hartmurt Maurer*, Staatsrecht, C. H. Beck 1999 S. 61. "特别的法律保留"常常也被意译为"加重的法律保留",参见陈新民:《宪法基本权利之基本理论》(上),台北,元照出版公司2002年版,第203页。

② *Bodo Pieroth & Bernhard Schlink*, Grundrechte Ⅱ, C. F. Mueller Ver Lag, 2004, S. 61.

③ *Bodo Pieroth & Bernhard Schlink*, Grundrechte Ⅱ, C. F. Mueller Ver Lag, 2004, S. 61.

"无法律保留"的基本权,排除了立法机关的限制可能,因此相比"一般法律保留"和"特别法律保留"的基本权利都享有更高程度的保障。但这些基本权利是否就不受任何限制,是否就会得到宪法的绝对保障,联邦宪法法院早在其他判决中就予以否定。但对于"无法律保留限制的基本权利"的限制,并非来自于《基本法》第2条第1款。《基本法》第2条第1款一直被视作"自由权的一般性条款",但该条也同时规定,公民在行使一般自由权,即"自由开展其人格"时,"不得侵犯他人的权利、违反合宪性的秩序和公序良俗(Sittengesetz)",由此,"他人权利"、"合宪性秩序"以及"公序良俗"便被作为德国法中对自由权的三重限制(Triabeschränkungen)。既然信仰自由、艺术自由等同属于自由权,许多学者便因此主张,这三重限制同样适用于"无法律保留的基本权利"。但联邦宪法法院在诸多判决中,均否认了这一观点,认为《基本法》第2条第1款中规定的"三重限制"并不能扩张至"无法律保留的基本权利",因为"认为如此推广的结果,必定会对所有自由权不加区别地都附上概括性限制,而这又会与立宪者希望通过差异性的法律保留处理而建立起的基本权分层保护模式相违背"。[1] 联邦宪法法院的这一态度同样在本案中获得重申:作为"无法律保留的基本权利",艺术自由的限制并非来自于《基本法》第2条第1款规定的"他人权利、合宪性秩序以及公序良俗"。

但《基本法》第2条第1款中规定的一般限制无法适用于这些"无法律保留的基本权利",并不意味着,这些基本权利就因此享有"绝对的宪法保障"。任何基本权利都有其内在限制,"无法律保留的基本权利"同样不例外,而这些限制又来自于宪法所保障的其他平等法益(Rechtsguetern)和其他法律主体的基本权利(Grundrechte anderer Rechtstraeger)。例如,在本案中,联邦宪法

---

① BverfGE 30,282(236);58,358(363).

法院就认为,“青少年保护”同样属于“《基本法》所确认的重要价值和共同体的重要目标”,“而保护青少年免受道德伤害正是由宪法所保护的同等法益”,因此,国家基于对青少年保护的利益衡量,完全有权通过将某类书籍列为禁书的方式,对艺术自由予以合理限制。“无法律保留的基本权利”仍会受到“宪法内在限制”(Verfassungsimmanente Grundrechtsschranken)[①]的观点,是联邦宪法从保障“宪法整体性”和“宪法整体价值秩序”出发,通过对宪法的系统解释方法而得出:宪法应作为内在统一的整体,所有条款之间相互联系、相互协调,对每一项条款的解释都应通过系统考量各个条文的相互关系而得出,由此,宪法才能获得统一实施。[②] 因此,“第三者与之冲突的其他权利,以及在宪法统一视角下,宪法所保障的其他法律价值和秩序,都会对那些不受法律保留限制的基本权构成限制”。[③]

二、基本权利的冲突及其权衡

与在其他诸多案件所面临的难题一样,在本案中,联邦宪法法院同样需对“艺术自由”和“青少年保护”这对冲突法益予以权衡。正如联邦宪法法院在此前诸多判决中所澄清的那样,立法者对冲突法益的权衡应本着“实践调和”和“功能最适”的原则。这一原则的核心在于:立法者尽管拥有相当的“形成自由”和“评判特权”,却不能将某种法益置于绝对的优先位置,并使其毫无例外地永远享有绝对的优先保障。相反,立法者在面对相互交涉冲突的权益时,应通过充分权衡对比冲突法益的各自权重,而使所有的法益价值都能在宪法秩序之下获得最妥善的衡平。

本案中,原告主张“艺术自由”作为“无法律保留限制的基本

---

① BVerfGE 28,243,261.

② *Maunz / Zippelius*, Deutsches Staatsrecht, C. H. Beck 1998, S. 44.

③ BVerfGE 28,243,261.

权利”,相比青少年保护,享有更优位的保障;而联邦审查局和行政法院则概括地认为,艺术自由在面对“青少年保护”时,理应有所退让,后者在宪法的整体秩序下享有更高位阶。联邦宪法法院对上述两种观点均予以否认,认为“青少年保护以及艺术自由均同样塑造和刻画着《基本法》的人的图像(Menschenbild)”,作为《基本法》同等保障的价值和法益,两者无分伯仲,当它们之间发生冲突时,必须在个案中予以具体衡量,而不能概观地赋予某种法益绝对的优位,由此才能“建立宪法秩序所需要的和谐均衡(geforderten Konkordanz)”。在具体参酌某种法益的权益时,究竟应考虑何种因素,联邦宪法法院在本案中同样进行了示范。例如,对于青少年保护而言,立法者应考察特定的书籍会在何种程度上对青少年的思想产生危害;而对于艺术作品而言,该作品是否通过“艺术的方式”予以处理,作品从整体而言能够在多大程度上被列入“艺术”的范畴,都是立法者应予以考量的因素。立法者的“形成自由”和“评判特权”也唯有经过上述的妥适权衡,才能予以肯定。相反,如果立法者在面对相互冲突的法益时,完全不考虑某种法益,而赋予另一法益毫无限制、毫无例外的优先保护,其“形成自由”和“评判特权”也会因为违宪而被否定。

三、重要性理论对“法的确定性”要求

本案中双方的争议焦点还集中于对《危害青少年书籍传播法》中有关联邦审查局对禁书鉴定人员的选任程序规定不详,是否违反“确定性要求”。在此前的判决中,联邦宪法法院曾发展出重要性理论(Wesentlichkeitstheorie)作为法律保留的基准。根据重要性理论,只要某事项涉及基本权利的实现,就属于重要性事项,也就应由立法机关自行规范,而不能将其授权给行政机关。重要性理论将法律保留的范围与基本权相关联,被认为是强化了对基本权的保障,同时也彻底廓清了法律保留的范围。此前,法律保留原则在德国法中虽然也历经了相当时间的发展,但在判定法律保留的范围时，学界却难以摆脱将法律保留的范围与行政的具体方式和作用效果紧密相连的认识窠臼，这也导致有关法律保留的范围究竟应局限于“干预行政”，还是应扩张至行政的所有方面，以致“无法律则无行政”，一直以来都在德国法中存在争议，而“重要性理论”的提出，通过将判定某事项是否应由法律保留的标准确定为该事项是否“重要”，进而又将判定该事项是否“重要”的标准确定为该事项“是否影响基本权利”，重新廓清了法律保留的范围。同时，这一理论也通过将攸关公民基本权的事项保留给法律，极大地强化了基本权保障。

除上述功能外，重要性理论在嗣后的发展中，同样成为判定和考量法律是否符合“明确性要求”的重要基准。重要性理论最初仅要求涉及公民基本权实现的事项由立法来规范，但实践中，法律规范却存在详尽与粗疏、确定与模糊之分。试想，如果某事项因涉及公民基本权的实现，而必须由立法来规范，但法律规范却不够明确和具体时，重要性理论尝试通过将涉及基本权的事项保留给立法的方式，来强化基本权保障的目标同样会彻底落空。正因如此，联邦宪法法院在嗣后的诸多判决中均强调，重要性理论不仅强调，涉及基本权实现的事项应由立法自己规定，而不能交由行政处理；同样还要求立法的规范密度应与该事项和基本权的关联程度相匹配，换言之，某事项与基本权的关联越密切，越是持久地涉及或威胁公民的基本权利，相关的法律规范就应当越明确具体。正因如此，重要性理论也逐渐地与法律规范的规范密度紧密相关，并成为判定法律规范是否明确具体的重要基准。

而在本案中，联邦宪法法院在论证《危害青少年书籍传播法》中有关禁书鉴定人员的选任程序规定，是否符合法的明确性要求时，同样援引了重要性理论。在联邦宪法法院看来，“重要性理论不仅指在回答特定的事项是否应由立法者自身规定的问题，对于这些规则应达到各种详尽程度，同样至关重要”，“它不仅要求特定的事项应由立法者自己规定,而且该规定还必须足够明确和具体”。而本案中,有关禁书鉴定人员的选任,并非单纯的程序问题,它关乎公民的艺术自由和青少年保护,关乎行政机关“在适用法律时,如何在相互冲突的基本权利之间进行权衡”,既然这一程序“会对基本权利所保护的法益产生直接影响,它就应通过法律的方式予以明确”。而且,在规范密度上,有关这一程序的规定“应在内容上足够的具体和明确”。《危害青少年书籍传播法》的立法者必须通过选任程序的规定,“向行政机关明示,《基本法》第5条第3款第1句所规定的艺术自由究竟可在何种程度上经由禁书决定而受到限制”。换言之,“立法者又必要设定能够达成上述权衡任务,同时又对艺术自由的保障相适宜的程序”。具体到程序细节上,“立法者须详尽规定,《危害青少年书籍传播法》第9条第2款中所涉及的选派陪审人员的团体,以及这些团体应如何选派各个陪审人员,这些陪审人员至少在倾向上能够代表和涵盖该团体的意见”。而《危害青少年书籍传播法》有关团体陪审人员的选任程序规定,在联邦宪法法院看来,显然未达到这一要求。

重要性理论通过与基本权的关联程度,而将规范事务进行了层级式的区分,从而使德国的法律保留理论日趋精致细腻,并使法律规范的密度也呈现出一种“阶梯式的效果”(Gleitformel)。而本案中,联邦宪法法院对于重要性理论的拓展尽管并不具有开创性意义,却是对这一理论持续进行具体化和类型化进程中的重要一环。

奥斯维辛谎言案

李忠夏

【案例名称】奥斯维辛谎言案(Auschwitzlüge, BVerfGE 90,241,1994 年 4 月 13 日)

【关键词】言论自由　意见表达　事实陈述　集会自由

【案　情】

在今天的欧洲,否认大屠杀被视为是离经叛道的,但德国在第二次世界大战后,否认大屠杀的言论却时有出现,如何在法律上对此加以规制,一直是宪法学所面临的棘手问题。1991 年 5 月 21 日,德国国家民主党(Die Nationaldemokratische Partei Deutschlands,NPD)在其内部公告和德国范围内公开出版的《德意志之声》中公开发出邀请,在慕尼黑举行以"政治压迫阴影中的德国未来"为主题的集会。该邀请的大标题是"大卫·欧文(David Irving)来到慕尼黑!"这意味着,这位著名的"修正主义"历史学家将首次对下述问题表明立场:德国人及其欧洲的邻居们是否能够继续容忍"作为政治压迫工具的当代史"。慕尼黑方面针对此次集会,附加了一个强制性的义务(Auflage),要求主办方"通过适当手段防止在集会中表达任何否认或质疑犹太人在第三帝国中受迫害的言论。主办方应该在集会开始时就警告上述言论的可罚性

(Strafbarkeit)(《刑法典》第130条、第185条、第189条、第194条),禁止可能出现的相关言论,必要时甚至可以使用国家主权(Hausrecht)中断或取消集会”。这一附条件的义务性要求在很大程度上假定,即将到来的集会会导向《刑法典》第130条、第185条、第189条、第194条(所谓的奥斯维辛谎言)所规定之罪行。这一点从邀请函的文本以及演讲者大卫·欧文(David Irving)本人作为修正主义领袖的角色中即可证实。修正主义的极右分子对战后德国的发展极其失望,认为其典型的特征是反德意志的洗脑改造并强行给德国灌输永久的战争罪责意识,从而导致集体性屈辱。右翼极端分子及其代言人(如大卫·欧文)相信,德意志民族需要摆脱希特勒作为第二次世界大战的唯一责任人和集中营中对犹太人施行种族灭绝的指责。对于慕尼黑官方所施加的义务,主办方向巴伐利亚州行政法院提起了继续确认之诉(Fortsetzungsfeststellungskalge),但行政法院驳回了主办方请求慕尼黑官方对此附条件的义务予以修正的诉求,联邦行政法院同样未采纳主办方提起的未许可诉愿(Nichtzulassungsbeschwerde)。最终,主办方向联邦宪法法院提起宪法诉愿。

涉及相关法条:

《基本法》第5条规定:

(1)人人享有以语言、文字和图画自由表达、传播其意见的权利并无障碍地以正常渠道获取信息的权利。保障新闻出版自由和广播电视、电影的播放和报道自由。对此不得进行内容审查。

(2)上述权利可以由一般法律和有关青少年保护及个人名誉权的法律规定予以限制。

(3)艺术和科学、研究和教学均为自由。教学自由不得有违宪法之忠诚。

《集会法》第 5 条规定：

集会的举行只能在下述情形和条件下方可被禁止：

1. 主办方实施了第 1 条第 2 款第 1～4 项所规定之行为，在第 4 项所涉事件中，集会之禁止由负有管辖权的行政机构作出；

2. 主办方或者集会的领导者允许携带有武器和第 2 条第 3 款所列之物品的参与者参加集会；

3. 有证据证实，主办方及其支持者在集会过程中会进行暴力或煽动性活动；

4. 有证据证实，主办方及其支持者会表达或者容忍那些以犯罪行为(Verbrechen)或依职权应被追究的违法行为(Vergehen)为内容的观点和言论。

《刑法典》第 185 条规定：

侮辱罪处最高一年有期徒刑或处罚金，如果侮辱行为伴有殴打行为，则处两年有期徒刑或处罚金。

【判决理由与论证】

诉愿人认为，《集会法》上的“义务”(Auflage)侵犯了《基本法》第 5 条第 1 款的言论自由，侵犯了集会中的意见之形成。《集会法》第 5 条第 4 项的规定所依赖的法律见解是：对德国迫害犹太人这一事实的公开质疑可以入罪(BGH 75，160)，被视为是对犹太人的侮辱(Beleidigung)。借此，通过法律手段形成了对政治上所不乐见的对当代史讨论的禁止，这一法律实践是违宪的，在相关文献中，这一法律实践也被视为是对刑法中侮辱罪构成要件的一种扩张。与《基本法》第 1 条第 1 款相联的《基本法》第 2 条第 1 款所规定的一般人格权应置于《基本法》第 5 条之下，因为联邦法院

(Bundesgerichtshof)在“奥斯维辛谎言”中看到了对犹太人人格权的侵犯,这一判决触犯了《基本法》第5条的规定。

联邦宪法法院面临的问题是,是否将《集会法》第5条第4项适用于有可能否认迫害犹太人的集会上有违《基本法》第5条第1款第1句的规定。联邦宪法法院认为,这一宪法诉愿是否成立,无须判决(Entscheidung),因为这一诉愿明显不能证立(《联邦宪法法院法》第24条)。

在联邦宪法法院看来,受诉愿人挑战的决定并未违反《基本法》第5条第1款第1句的规定。

1.《基本法》第5条第1款第1句规定的是任何人都享有自由表达、传播其意见的权利。

尽管诉愿人所挑战的慕尼黑当局的附加义务涉及的是一场集会,但其对象却是特定的意见表达,而诉愿人作为集会的主办方既不能公开表达该项意见,又不能对此加以容忍。对这一“附加条件”的宪法评估首先依据的是,这一言论是否被允许。一种基于宪法而不得被禁止的言论同样不能成为《集会法》第5条第4款限制集会的理由。对此问题的回答,判断的标准不是来自于《基本法》第8条的集会自由,而是来自于言论自由。

《基本法》第5条第1款第1句的保护对象是“意见”(Meinung)。[①] 与此相关的是表达和传播的自由。“意见”的特征是个体与其所表达之命题(Aussage)内容的主观联系,[②]对意见来

---

① 关于Meinung的译法,有意见、有言论之分,通常来说,人们习惯性将Meinungsfreiheit视为言论自由,但并非所有言论都属于Meinung,只有具有明显观点性的言论才属于Meinung,所以从这个意义来说,言论自由是指意见表达的自由,而并非保护所有的言论(包含一些明显歪曲事实的言论等),但鉴于习惯,本文在翻译之时,在很多场合仍以“言论自由”为主。

② BVerfGE 33,1(14).

说,其标志性的要素是“立场”(Stellungnahme)和“见解”(Dafürhalten)。[①] 就此而言,意见不能被证明为“真”或“不真”,它享有基本权利的保护,不管该言论能被证立还是毫无根据、充满情绪还是富有理性、危险还是无害。[②] 基本权利的保护同样扩展至所发表之见解的形式,一种意见不会因过于尖锐或具有损害性而丧失其基本权利的保护。[③] 在这一脉络下,问题则成为,是否以及多大程度上能够从《基本法》第 5 条第 2 款的标准中得出言论自由的界限。

与此相反,严格意义上的事实陈述(Tatsachenbehauptung)则不属于意见之表达。与意见不同的是,事实陈述反映了表达与现实之间的客观联系。就此而言,可以对事实陈述进行“真相”(Wahrheitsgehalt)的检验。但这并不意味着,事实陈述可以立即从《基本法》第 5 条第 1 款第 1 句的保护范围中逐出。因为通常来说意见都要以事实前提为基础或者就事实关系发表见解,如果事实陈述是《基本法》第 5 条第 1 款在整体上所保障的意见形成的前提,那么相关的事实陈述同样受基本权利保护。[④]

如果相关的事实陈述不再对宪法上所保障的意见形成有所贡献,那么对事实陈述的宪法保护就终于此。在这一视角下,不正确的信息是没有任何保护价值的法益。联邦宪法法院在一系列的判决中都坚持,被证明为不真实的事实陈述不受言论自由的保护。[⑤] 然而,对“真实”的义务性要求不能过度,否则会导致言论自由的功能受到局限以及一些法律上许可的言论基于对制裁的恐惧而无

---

① BVerfGE 7,198 (210);61,1(8).

② BVerfGE 33,1(14f.).

③ BVerfGE 54,129 (136ff.);61,1(7).

④ BVerfGE 61,1(8).

⑤ BVerfGE 54,208(219);61,1(8).

法表达。[①]

意见表达与事实陈述之间的界限难以区分,因为这二者经常缠绕在一起并且经常共同铺陈出某项表达的意义。在这种情况下,一项表达中的事实要素与价值判断要素只有在不影响表达的意义时才能得以分离。如果这无法实现,那么为了基本权利的有效保护,则一项表达在整体上应该被视为是意见表达,并纳入言论自由的保护范围,否则就会导致基本权利保护的实质克减。[②]

然而言论自由并非总是毫无保留地被加以保障。根据《基本法》第5条第2款规定,对言论自由的限制来自于一般法律和有关青少年保护及个人名誉权的法律规定,但是在解释和适用对言论自由加以限制的法律时,言论自由的意义理应被重点考量。这通常需要在相关规范要件的框架范围内、在受到限制的基本权利与限制基本权利的法律所包含的法益之间进行个案的权衡。联邦宪法法院针对此类权衡已经发展出一系列的规则。正如诉愿人所提到的,言论自由并非始终优于人格权而得到保护。更准确地说,涉及侮辱、诽谤的言论表达,人格保护通常要优于言论自由。[③] 对于那些与事实陈述绑定在一起的言论表达,言论的保护价值依赖于以事实陈述为基础的事实性观点中的真实内容,如果这些内容被证明为"非真",则言论自由通常应让位于人格权的保护。[④] 具有决定意义的是,在个案中何种法益应具有优先性。在这里需要注意的是,在根本触及公共领域的问题上应该更偏重于保护自由言论。[⑤]

2. 如果以此来衡量,在本案中并不存在对《基本法》第5条第

---

① BVerfGE 54,208(219f.);61,1(8);85,1(22).

② vgl. BVerfGE 61,1(9);85,1(15 f.).

③ vgl. BVerfGE 66,116(151);82,272(281,283 ff.).

④ vgl. BVerfGE 61,1(8 f.);85,1(17).

⑤ vgl. BVerfGE 7,198(212).

1 款第 1 句的明显违反。对集会主办方所附加的义务(Auflage)其目的在于防止集会中出现否认或质疑第三帝国迫害犹太人的情况,就此而言,该要求与《基本法》是一致的。原因如下:

(1)诉愿人并未质疑由集会事务局(Versammlungsbehörde)所提出的并由行政法院所证实的危险评测(集会过程中会出现上述言论),诉愿人所争辩的是应该允许此类主张的表达。

(2)被禁止的言论(第三帝国并不存在对犹太人的迫害)属于一项事实陈述,而这一事实命题根据数不尽的目击证人的供述和相关档案、法院在无数刑事程序中的确证以及历史学的相关知识已经被证明为非真。包含此项内容的主张当然也不能享有言论自由的保护。否认第三帝国迫害犹太人与否认德国应该对第二次世界大战的爆发承担罪责之间存在截然不同,对此联邦宪法法院在 1994 年 1 月 11 日的判决中已经明确指出。对历史事件罪责的表态涉及复杂的判断,该判断无法简单建立在一个事实陈述之上,然而对于相关历史事件本身的否认而言,却通常具有事实陈述的特征。

(3)但即使人们抛开言论本身,而将之与集会主题联系起来加以观察,并将之视为是形成“对德国的政治压迫”这一观点性言论的前提,同样也不能通过宪法审查推翻之前的法院判决。尽管被禁止之言论从这个角度而言享有《基本法》第 5 条第 1 款第 1 句的保护,但对该言论的限制在宪法上是没有争议的。

①对该言论的限制存在一个合乎宪法的法律基础。

集会事务局和行政法院认为,慕尼黑当局所附加的对言论造成限制的义务性要求来自于《集会法》第 5 条第 4 项的授权。根据该条规定,如果有证据证实,主办方及其支持者会表达或者容忍那些以犯罪行为或依职权应被追究的违法行为为内容的观点和言论,则封闭空间内的集会就应该被禁止。这一规定与《基本法》相符。

首先,这一条款并不违反《基本法》第8条第1款规定。尽管封闭空间内的集会权利应“无保留”[①]地加以保障。但这并不意味着,集会中的意见表达应该跨越《基本法》第5条第1款和第2款的规定而得以保障。如果《基本法》第5条第2款所授权的规范规定某一项言论将面临刑事处罚,这意味着这一言论在集会中也应该被禁止。即使在《基本法》第8条第1款的框架中,原则上也不应质疑,立法者在犯罪行为发生之前就应试图禁止那些在集会中很有可能会发生的犯罪行为。将集会的禁止理由局限于犯罪行为、依法应被追究的违法行为以及比例原则(所有限制集会自由的措施都应接受比例原则审查)上,其目的就在于保障集会自由免受过分的限制。

其次,这一条款亦未违反《基本法》第5条第1款第1句的规定。《集会法》第5条第4项并未包含对言论自由的独立限制,而是与刑法典所规定的限制联系在一起。根据《集会法》第5条第4款,只有在相关言论会受到刑事追究或依职权受追究的情况下,集会才能受到限制。然而,这一规定并非仅适用于法院的事后制裁,而是可以通过相关行政机构进行预防性的禁止。由此产生的对言论自由可能造成的侵害,可以通过如下方式解决:必须对危险的预测提出非常严格的要求,并且就法院判决的情况而言,言论的可罚性必须是无可置疑的。

在本案中,作为附加义务(Auflage)之基础的刑法规定的合宪性是确定无疑的。侮辱罪的构成要件保护的是个人名誉权,这一权利是《基本法》第5条第2款明确规定的可以对言论自由加以限制的法益。《刑法典》第130条(煽动公众罪)涉及的是《基本法》第5条第2款意义上的一般性法律,这一条款的意义在于为保护人性而服务并最终能够在《基本法》第1条第1款当中找到其

① 有法律保留的基本权利限制和无法律保留的基本权利限制。

宪法上的依据。

②受到起诉的法院判决对《集会法》第 5 条第 4 项(与《刑法典》第 185 条相结合)的解释与适用同样与《基本法》第 5 条第 1 款第 1 句相一致。

行政机构与行政法院将其决定建立在由普通法院所给定的刑法规范的解释之上。该决定中指出,在德国生活的犹太人由于在纳粹时期所遭受之命运而容易成为遭受侮辱的人群,对大屠杀和迫害犹太人的否认也因此被认定为施加于犹太人群之上的一种侮辱。联邦法院认为:"历史事实(按照所谓的纽伦堡法案所确定的出身标准,特定的人群被特殊化并且以灭绝为目标而剥夺其人格)本身已经赋予在联邦共和国生活的犹太人与其他国民之间特殊的人际关系;在这一关系中,过去的同样也是现实的。这属于他们的人格内在属性,也就是被视为一种由其命运而凸显的人群,所有其他人都对其负有一种特殊的道德责任,并构成了他们尊严的一部分。对这种人格内在属性的尊重对于他们当中的任何一个人而言都是一种保证,保证在联邦共和国内不会再重现旧日的歧视,也是他们在联邦共和国内生活的基本条件。谁试图否认这一事件,谁就是否认他们当中的任何一个人具有此种他们拥有请求权的人格属性。对于当事人而言,这意味着对他们所属人群的往日歧视的延续。"①

立法者承继这一判决,并在《刑法典》第 194 条第 1 款第 2 句中为此种侮辱增加了一种自诉(Antragserfordernis)的例外(《刑法典》第 194 条第 1 款规定,侮辱罪只能依申请才能被追究)。

联邦法院的观点尽管在刑法著作中存在矛盾的解读,如部分著作将之视为是对侮辱罪构成要件的一种扩展。但联邦宪法法院并不审查,对刑法典的解释是否在部门法层面是正确的,或者是否

① BGHZ 75,160(162f.).

存在其他合理的观点。对于宪法判断而言,具决定性的是,是否这里涉及对基本权利的认识错误,然而本案并不存在这一情况。

可以肯定的是,在这一判决的结构中,受到合宪性质疑的决定认为否认大屠杀这一行为构成了对人格权非常严重的侵犯。由联邦法院所建立的论证脉络(也就是将否认第三帝国存在对犹太人种族灭绝视为是对今天还活着的犹太人所享有的尊重之请求权与人性尊严的侵犯)在宪法层面并不存在争议。同理,在这个意义上,可以将否认对犹太人的屠杀与否认德国的战争罪责这二者区分开来。否认德国的战争罪责尽管存在历史争议,却并未损害第三方的法益。

诉愿人指责附加的义务建立在对《刑法典》第185条的一种理解上,而这一理解是以德国联邦议院并未通过的《第二十一刑法修改法案》中《刑法典》第140条的草案为基础,然而这一点并不构成这一解释违宪的理由。立法者就否认大屠杀是否构成给予更高量刑的构成要件这一问题不表态并不意味着这一行为在《刑法》第185条的规范之下不具有可罚性,尤其在出现将否认大屠杀视为是一种侮辱行为的判决之后。

即使在名誉侵害与言论自由限制之间加以权衡,这里也并不存在宪法上的重大认知错误。对于此种权衡而言,相应干预(Eingriff)的程度具有决定性的意义。在一个包含事实陈述且对名誉造成侵害的言论表达中,重要的是,这一事实陈述是否正确。被证实为非正确的事实陈述并不具备可保护的价值。如果将之视为是言论不可分的一部分,该言论虽然享有《基本法》第5条第1款第1句的保护,但该言论受到的干预肯定要比未经证实为不正确的事实陈述所遭受的干预程度更低。即使人们将禁止诉愿人会在集会中所发表的言论与集会主题关联在一起并将之视为是《基本法》第5条的"意见性表达"的范畴,但这并不能改变该言论中的事实性部分所具有的已经证实的不正确性。由此对该言论所造成的干预并不具有特别的严重性。鉴于名誉侵犯的严重程度，在本案中，人格利益当然要优先于言论自由得到保护。

如果人们充分考虑到，德国对于纳粹的相关态度以及该集会所涉及的政治后果是一个本质上触及公共性的问题，那么也不会发生任何改变。即使在涉及公共性问题上人们会倾向于支持自由言论，但这里并不包括会造成侮辱、诽谤的言论，也不包括那些经证实为非真实的、病态的事实表达。

同样，在这里也不必担心：在涉及表达的核心事实时，这一案件的权衡结果会导致对“真实”义务的一种不合比例（与《基本法》第5条第1款第1句不相称）的过度要求。联邦宪法法院出于保护自由沟通以及媒体的批判和监督功能而导出的谨慎义务（Sorgfaltspflicht）之界限，涉及的是那些其正确性在言论表达之时仍悬而未决并且在短期内也不会显现的事实陈述。对于本案所涉及的其内容的非真实性已经确定的情形，这一原则并不适用。

由于从《刑法典》第185条（结合《刑法典》第194条第1款第2句）角度考虑，被起诉的禁令并无争议，则不再考虑，是否该言论具有《刑法》第130条（煽动罪）、第189条（诽谤死者名誉）所规定的可罚性。

【涉及的重大理论问题】

本案涉及的理论问题为《基本法》第5条第1款言论自由“保护范围”的界定。众所周知，德国联邦宪法法院在基本权利案件审查中形成了三阶段的审查步骤，其中第一步就是界定基本权利的“保护范围”。现代社会，言论趋于多元，尤其是网络和自媒体的兴起，各种各样的言论都不断浮现。联邦宪法法院通过奥斯维辛谎言案确立了宪法言论自由保护的价值和目的，即不在于保护那种已经被历史证明的“事实性言论”，而在于主要保护价值性言论。尽管事实性言论和价值性言论有时难以界分，但很明显的是，言论自由不在于保护那些不负责任、明显有违事实的言论，而是为了保护现代社会中的多元价值能够借由言论得以表达,这也是言论自由所具有的民主社会基石的功能,使所有人都能通过言论表达而参与到整个国家民主意志的形成,从而在思想和言论的市场竞争中达致“真理”。

另外,通过本案,联邦宪法法院也对《基本法》第5条言论自由和第8条集会自由的“保护范围”进行了界定,认为在集会中出现的意见表达应纳入言论自由、而非集会自由的保护范围。

【后续影响及借鉴意义】

奥斯维辛谎言案在德国言论自由保护的历史上具有重要意义,其意义在于:

1. 联邦宪法法院区分了两种不同的言论:事实陈述与意见表达,《基本法》第5条第1款对于这二者的保护程度是不同的,在某种程度上,事实性言论并不在言论自由的保护范围(Schutzbereich)内,但联邦宪法法院同样不认为事实陈述和意见表达可以截然分开,因为在某种场合下,事实陈述可以成为意见表达的前提,左右人们的价值判断。联邦宪法法院同样反对,人们因为担心言论不真所可能导致的惩罚,从而导致言论无法自由表达,因而对于一些并未明显确证的“事实”,联邦宪法法院并没有那么吹毛求疵,在真实性上要求并不严格。但对于一些确证的事实,并且否定此事实会对第三方名誉和人格带来伤害的言论,联邦宪法法院则要求极为严格,在这里,不真实的言论不在言论自由的保护范围之内,必须被禁止。就这一点而言,联邦宪法法院的判决构成了德国言论自由保护的“本土模式”,并将之与美国言论自由的保护区别开来,德国对言论自由施加了相对来说更为严格的真实性要求和对人格权加以尊重的义务,在言论与人格、名誉、隐私之间,德国不像美国更倾向于保护言论,而是更重视人格的价值,尤其在涉及纳粹、犹太人和大屠杀的问题上。

2. 即使将这种事实性的言论视为是一种政治观点的事实前

提,从而纳入言论自由的保护范围,但根据《基本法》第5条第2款规定,“一般法律和有关青少年保护及个人名誉权的法律规定”都可对言论自由加以限制,《刑法典》作为一般性法律,第185条等规定都对言论自由进行了限制,并且如果将言论自由与人格之间进行衡量,以明显不真实的事实为基础的言论其重要性显然要低于人格的保护。

3. 这一判决对中国同样具有启示意义。我国目前正处于言论肆意的阶段,尤其是网络中的暴力、不雅言论更是肆无忌惮,在这种情况下,就需要辨别不同性质的言论,何种言论值得保护,何种言论需要限制。从言论自由的属性来看,其功能具有二重性:批评、监督公权力之运行以及在思想言论市场中的真理之形成,这二者都对政治意志的塑成和民主过程的运转至为关键。为实现上述功能,对言论的宽容就至关重要,即使一些不令人愉快的言论都应受到保护,但并不意味着任何言论都能纳入言论自由的保护范围,尤其当言论自由涉及与人格、名誉、隐私等私人之间的基本权利发生冲突时,对言论自由就应适当加以限制,而其限制的程度依不同国家的历史传统、文化价值和政治现实也应有所不同。

"士兵是谋杀犯"案

王　锴

【案例名称】"士兵是谋杀犯"案("Soldaten-Mörder"-Urteil,BVerfGE 93,266,1995 年 10 月 10 日)

【关 键 词】言论自由的保护范围　对有争议言论的解释原则　对集体进行侮辱的可允许性与界限

【案　情】

本案共涉及四项宪法诉愿。

诉愿人甲是一名大学生。1988 年 9 月,北约在 Mittelfranken 地区举行秋季军事演习。诉愿人甲在一条床单上写下红色字句:士兵是谋杀犯,将该大幅标语固定于其停留城市边缘之十字路口,并摘下该标语。该军官对诉愿人甲提起诉讼。区法院以侮辱罪对诉愿人甲判处罚金。诉愿人甲提起上诉;检察官提起上诉,要求提高刑罚,判决诉愿人甲煽动人民罪。这两项上诉均被地方法院驳回。巴伐利亚州高等法院驳回诉愿人甲和检察官提出的法律审上诉。

诉愿人乙是一位著名的反对服兵役人士,他于 1989 年 11 月在一场在他的居住地举行的由联邦国防军主办的有关联邦国防军的漫画展上散发带有如下文字的传单:士兵是潜在的谋杀犯吗?可以肯定的是,士兵将被训练成谋杀犯。从"你不应该杀人"变成"你必须杀人"。这是世界性的,联邦国防军也干过,种族屠杀、谋杀、毁灭、野蛮对待、刑讯、冷酷、恐怖、威胁、不人道、报复、复仇等在和平中重演,在战争中被完美实施。这就是士兵的技艺。这是世界性的,联邦国防军也干过。当士兵履行义务、接受命令和服从命令的时候,就关系到平民的生命。军国主义的杀害即使在没有武器和没有战争的情况下也存在。对此,只有一个答案:为了和平、裁军和人道,拒绝服兵役!抵制军国主义!一位士兵和联邦国防部对此提起刑事诉讼。区法院以诉愿人乙侮辱该士兵和联邦国防部,判处罚金。地方法院驳回诉愿人乙的上诉并依照检察官的上诉,提高了刑罚。巴伐利亚州高等法院以显然无理由驳回诉愿人乙的法律审上诉。

诉愿人丙出于在法兰克福士兵诉讼中为医生A博士进行无罪辩护的目的写了一封读者来信,1989年11月被刊登在美因茨出版的报纸上。这封读者来信一开始就引用了Tucholsky于1931年在《世界舞台》上所发表的《士兵是谋杀犯》的观点。此后,诉愿人丙在为一名把战备执勤称为不过是"国家的大屠杀"的陆军士兵进行辩护时,他用为医生A博士所做的声援作为结尾,并认为,所有的士兵都是潜在的谋杀犯!法院和地方法院受理了联邦国防军成员对其提起的刑事诉讼,诉由是侮辱每一位联邦国防军成员,并最终对其处以罚金。地方法院以无理由驳回诉愿人丙提起的事实审上诉,高等法院以显然无理由驳回诉愿人丙的法律审上诉。

诉愿人丁于1989年11月参加慕尼黑的奥林匹克厅举办的摩托车展览,在展览会现场,联邦国防军设有一个提供信息的展览室,其内展示了军事用具和一辆旧的摩托车并有放映录像带,介绍关于车辆和用具的练习,四名军人在展览室服务。大约下午3时40分,诉愿人丁和其他几个人在展览室前分发传单,诉愿人丁和另外一人高举一幅大标语,上面写着:士兵是潜在的谋杀犯。在展览室服务的四名军人中的三人对诉愿人丁和与其一起高举标语的示威者提出侮辱罪的诉讼。区法院对诉愿人丁判处罚金,地方法院驳回诉愿人丁的事实审上诉,巴伐利亚州高等法院以显然无理由驳回诉愿人丁的法律审上诉。

【判决要旨】

1."士兵是谋杀犯"或"士兵是潜在的谋杀犯"的言论并不涉及特定的士兵,它更多是一种对士兵和士兵职业的评价,因为后者总是伴随着人的死亡。所以,刑罚的对象是对既存事物的价值判断而非事实陈述。

2.言论自由并非无保留的基本权利,对它的限制更多是通过一般性法律(allgemeinen Gesetze)的规定、保护青少年和个人名誉的法律规定。本案中刑事判决所依据的法条——《刑法典》第185条,犯侮辱罪的,处1年以下自由刑或罚金刑;以行为实施进行侮辱的,处2年以下自由刑或罚金刑——属于一般性法律。

3.基于《基本法》第5条第1款第1句解释相关法律的犯罪构成要件时,需要在言论自由和其他法益间进行权衡。因此,不能把《刑法典》第185条中的侮辱(Beleidigung)扩张到逾越名誉保护和机构保护的必要性或者限缩言论自由空间的地步。同样地,《基本法》第5条第1款第1句禁止将《刑法典》第185条解释为对基本权利的行使产生阻吓作用,从而导致人民因为害怕刑罚而不敢批评。《基本法》第5条第1款第1句要求在个案中适用《刑法典》第185条时,要衡量个人名誉的损失和言论自由的损失,并且要放在当时的大环境之中考虑。权衡的结果不能是抽象和普遍的,因为,在不同的判决中考虑因素的次序会发生变化。

4.合法表达的前提是,它的意义能被正确地理解。《基本法》第5条第1款第1句不仅对解释和适用限制基本权利的法律提出了要求,而且也对解释有争议的言论提出了要求。那些错误理解了有争议言论内涵的判决将构成对言论自由的侵犯。同样,法院面对多义的言论,在没有尽可能地排除其他可能的解释的情况下去定罪,也构成对言论自由的侵犯。

5.普通法院采纳的含义将刑法上的谋杀犯和口语中的谋杀犯

等同视之，以此表达出军人愿意且有能力对其他人做出特别卑鄙的行为。对此的替代解释有两种：(1)诉愿人的言论从字面含义来看并不针对单个士兵或者特指联邦国防军的士兵。所以，“谋杀犯”这个词并不必然是在谴责严重的犯罪行为或包含了个别士兵。说话人更多是在用一种挑衅的方式让人关注战争中的死亡并非个别事件，而是人力所导致的。从一开始就不能排除，说话人是在唤起服兵役和士兵职业应当为整体的行为负责的意识以及推动自愿拒绝服兵役。(2)士兵是谋杀犯或潜在的谋杀犯，它主要是指士兵和平民的死亡，因为这是容忍维持常备军的结果。为此，它并非是针对个人可谴责行为或士兵缺点的批评。所以无法从中推出说话人是在将士兵和《刑法典》第211条规定的主观谋杀意义上的谋杀犯相提并论。

6. 普通法院在没有指名道姓、无法辨识出特定人、针对某一集体的贬低性言论中，得出了侵犯成员个人名誉的结论。但是，贬低性言论涉及的集体越大，成员个人的名誉受干扰的程度越小。对个人的侮辱必须指名道姓或者建立在可辨识的基础上。如果贬低性言论的目的是完全针对人性或者批评社会组织或者现象，那么，这并不对个人的名誉构成损害。

7. 谩骂的特征是人格侮辱挤占了事物描述。而本案的诉愿人涉及的问题是，战争、服兵役以及与此相联系的人的死亡能否在道德上证立。这从诉愿人乙、丙、丁被指控的言论背景中可以看出。对于诉愿人甲，这可以从他使用的是“谋杀犯”而非“谋杀犯们”以及语境可以看出。它处理的是战争与和平的争议，一个本质上具有公共性的问题，对其应当采取有利于言论自由的推定。

8. 普通法院对诉愿人有关“士兵是谋杀犯”的言论进行刑事制裁的判决是违宪的。

【判决理由与论证】

从本案的判词来看，联邦宪法法院的分析可以分为四个层次：(1)诉愿人有关“士兵属于谋杀犯”的言论是否受言论自由的保护?(2)言论自由应否受到限制?(3)限制言论自由的《刑法典》第185条是否合宪?(4)普通法院对《刑法典》第185条的解释和适用是否合宪?

一、诉愿人的言论受言论自由的保护

联邦宪法法院首先指出,对"士兵是谋杀犯"的言论进行惩罚侵犯了言论自由的保护范围。因为"每个人基于宪法规范都享有通过语言、文字、图画来对外传播其言论(Meinung)的权利。言论基于其表达的主观性而不同于事实。它包含了对事实上的行为、观点或人员的评判。个人发表看法受基本权利的保护,无论该看法是否理性或者情绪化、有理由或者无理由以及它对于其他人是有益的还是有害的、有价值的还是无价值的"。本案中,诉愿人认为"士兵是谋杀犯"或"士兵是潜在的谋杀犯"的言论并不涉及特定的士兵,它更多是一种对士兵和士兵职业的评价,因为后者总是伴随着人的死亡。所以,刑罚的对象是对既存事物的价值判断而非事实陈述。

二、言论自由应当受到限制

根据《基本法》第5条第2款,言论自由并非无保留的基本权利,对它的限制更多是通过一般性法律(allgemeinen Gesetze)的规定、①

① 一般性法律中的"法律"是指所有形式和实质意义上的国家的法,包括议会的法律、法规命令、公法人章程以及法院所发展的法规范(法官法),但是不包括只在内部适用的行政规定。关于"一般"的理解则存在理论争议。一种观点认为,这里的一般是指反对针对言论自由的特别法。比如,《公务员法》中的节制要求是针对公务员的所有政治言论,而非某种政治倾向的言论。另一种观点认为,这里的一般是指保护一种比言论自由更高价值的社会利益。根据联邦宪法法院在吕特判决中的调和观点,一般性法律不能针对特定的言论表达,或者它所保护的法益是与《基本法》第5条第2款的青少年保护和个人名誉同等重要的或者与社会关切同类的。目前的判决几乎无例外地将限制言论自由的法律都视为是一般性法律,这不仅对很多公法(包括刑法)规范适用,也对私法规范(包括合同法)适用,还包括艺术创作法、反不正当竞争法、法律顾问法,以及针对劳动关系或者企业的基本规则。Vgl. Horst Dreier(Hrsg.), Grundgesetz Kommentar, Band I, 3. Aufl., Mohr Siebeck, Tübingen, 2013, S. 679-682.

保护青少年和个人名誉的法律规定。本案中刑事判决所依据的法条——《刑法典》第 185 条,犯侮辱罪的,处 1 年以下自由刑或罚金刑;以行为实施进行侮辱的,处 2 年以下自由刑或罚金刑——就属于这些情况之一。那么,该条是否合宪?如果合宪,该条如何正确地解释与适用?就成为联邦宪法法院接下来要回答的问题。

三、《刑法典》第 185 条合宪

1.《刑法典》第 185 条符合《基本法》第 5 条第 1 款第 1 句①

联邦宪法法院指出,《刑法典》第 185 条首先保护的是个人的名誉,它属于《基本法》第 2 条第 1 款一般人格权的保护范围。它可以被言论表达所侵害。因此《基本法》第 5 条第 2 款很明显是作为限制言论自由的正当化理由。但是,立法者不可以为了个人名誉的利益而任意限制言论自由。它更多是要求立法者在行使《基本法》第 5 条第 2 款的授权时,要维护被限制的基本权利,避免对言论自由进行过度的限制。

那么,这是否意味着《刑法典》第 185 条是依照《基本法》第 5 条第 2 款中的“个人名誉”来限制言论自由的吗?联邦宪法法院的答案是否定的。因为从《刑法典》第 194 条第 3 款第 2 句可以推出,②第 185 条保护的不仅是个人,还包括机关和其他承担公共行政职责的组织。就此而言,该规定并不限于对个人名誉的正当化,因为国家机构并非个人和一般人格权的享有者。所以,《刑法典》第 185 条限制言论自由的理由不是基于“个人名誉”,而是在于它属于《基本法》第 5 条第 2 款的一般性法律。作为一般性法律,《刑法典》第 185 条要保护的是国家机构的社会认可度。因为如

① 《基本法》第 5 条第 1 款第 1 句规定,每个人都有权用语言、文字、图画的方式来对外发表和传播他的言论。

② 《刑法典》第 194 条第 3 款第 2 句规定,直接对当局或履行公共管理任务的机关进行侮辱的,该当局之领导或其监督机关的领导告诉的,始可进行追诉。

果没有得到社会的最低认可,国家机构是无法履行职责的。所以要防止对国家机构进行言语上的冒犯,否则将会削弱对国家机构的认可度。当然,刑法的保护并非禁止对国家机构进行公开批评,后者是受到言论自由的特殊保护的。

2.《刑法典》第185条不违反《基本法》第103条第2款

《基本法》第103条第2款规定,某项行为实施之前法律已经规定其可罚性时,对该行为方可处以刑罚。这一规定既是法不溯及既往的要求,也体现了刑罚的可预期性和明确性要求。联邦宪法法院指出,“虽然《刑法典》第185条的刑罚构成要件仅以侮辱的概念称之,而没有作进一步的定义。但无论如何,侮辱的概念经过100多年来且总体上一致的法院裁判,已经获得足够清楚的内容,其可以帮助法院在适用时有充分足够的预先指示,并使法律的相对人清楚明白,可以预期何时其应因侮辱受到刑罚。如果其对于集体侮辱尚有未澄清的争议问题,但该项规定的明确性并不因此而受到影响”。

四、普通法院对限制言论自由的法律解释与适用

既然《刑法典》第185条合宪,那么接下来的问题就是,普通法院在刑事判决中是否正确地解释和适用了该条。联邦宪法法院认为,对刑法的解释和适用虽然属于普通法院的管辖权,但它在适用限制言论自由的法律时要注意联邦宪法法院有关基本权利限制的判决,从而使那些宪法预设的价值在法律适用中得到维护。这表现在:

1.基于《基本法》第5条第1款第1句解释相关法律的犯罪构成要件时,需要在言论自由和其他法益间进行权衡。因此,不能把《刑法典》第185条中的侮辱(Beleidigung)扩张到逾越名誉保护和机构保护的必要性或者限缩言论自由空间的地步。同样地,《基本法》第5条第1款第1句禁止将《刑法典》第185条解释为对基本权利的行使产生阻吓作用,从而导致人民因为害怕刑罚而不敢批评。

普通法院在解释《刑法典》第193条时,[①]要注意言论自由对于自由民主秩序的构成意义。一方面,要赋予利害关系人发表言论的机会或者某人为抵抗对个人的攻击而进行自卫的机会;另一方面,也包括他对社会或政治相关问题进行公开争辩的机会。《刑法典》第185条的名誉保护规定不仅针对个人而且也针对国家机构,它不仅有利于个人的名誉保护,而且也寻求对公众认可进行保护,这对于国家机构履行职能是必要的。一旦该保护目的与言论自由发生了冲突,法院就需要进行评估,因为基本法要求对批评公权力进行特殊的保护,并且它的重要性是不可改变的。

2.《基本法》第5条第1款第1句要求在个案中适用《刑法典》第185条时,要衡量个人名誉的损失和言论自由的损失,并且要放在当时的大环境之中考虑。权衡的结果不能是抽象和普遍的,因为,在不同的判决中考虑因素的次序会发生变化。

所以,当表达触及人的尊严时,言论自由必须退让。因为人的尊严是所有基本权利的基础,其他单个的基本权利都不可能与之权衡。所有的基本权利都是人的尊严的具体化。所以,当基本权利的行使触及神圣不可侵犯的人的尊严时,需要仔细地论证。

如果言论涉及正式的侮辱或者谩骂,那么言论自由要让位于名誉保护。为此,联邦宪法法院限缩了普通法院提出的谩骂式批评(Schmähkritik)的概念,具有批评形式的表达或者完全粗鲁的批评并非谩骂,谩骂必须是,表达不再是对事情的阐述,而是对人身的攻击。谩骂式批评只有在公共问题上才例外地存在。联邦宪法

① 《刑法典》第193条规定,有关科学、艺术、职业上的成就所进行的批评,或与此类似的为履行或保护权益,或维护其正当权益所发表的言论,以及上级对下属的训诫或责备,官员职务上的告发或判断,以及诸如此类的情况,只在根据其陈述方式或侮辱发生的当时情况,认为已构成侮辱罪的,始受处罚。

法院指出,如果法院错误地认定了正式侮辱或者谩骂,没有进行具体的权衡,这将导致合宪性上的瑕疵,判决将面临被撤销的后果。

如果表达既非对人尊严的侵犯也非正式的侮辱或谩骂,则权衡所涉法益的损失重大与否。但是,不同于事实陈述,是否有权批评或者价值判断是否正确是不予考虑的。普通法院要考虑的是,言论自由是为了追求私益还是为了公共性的问题而行使。一个有争议的表达对于公共意见的形成仍然有贡献,所以联邦宪法法院作出了有利于言论自由的推定。

3. 合法表达的前提是,它的意义能被正确地理解。如果在对言论犯罪定罪时缺少上述要件,这将压制一个可允许的言论。如果基于绝对不可能的或者站不住脚的解释对表达的意愿进行惩罚,这将不利于言论自由的行使。因为在这种情况下,解释将预先决定了言论的可允许性或不可允许性。《基本法》第5条第1款第1句不仅对解释和适用限制基本权利的法律提出了要求,而且也对解释有争议的言论提出了要求。

解释的目标是查明言论的客观含义。具有决定性的既非言论的主观意图也非对其的主观理解,而是根据一个无偏见的、理性的公众对其的理解:应当以言论的字面含义为出发点,并且不能封闭地确定其含义;应该更多考虑有争议的言论的言说背景,并且是听众能够辨别出来的。联邦宪法法院认为,孤立地考虑争议言论的一部分是无法获得可靠含义的。

那些错误理解了有争议言论内涵的判决将构成对言论自由的侵犯。同样,法院面对多义的言论,在没有尽可能地排除其他可能的解释的情况下去定罪,也构成对言论自由的侵犯。由此,法院不能接受那些偏离字义或环境的解释方案,也不能发展完全抽象的、在具体环境中完全不可能的解释可能性。如果表述或环境允许一个不损害名誉的解释,那么对其进行刑罚就违反了《基本法》第5条第1款第1句。同时必须考虑,一些词语或者概念在不同的语境中有不同的含义。如果案件中的概念在法学专业术语和口语中有不同的含义,那么对专门含义的定罪而不考虑其在口语中的含义,将导致巨大的合宪性瑕疵。

如果刑事判决构成了对基本权利的严重侵犯,那么根据《基本法》第 5 条第 1 款第 1 句对查明言论内涵的要求,联邦宪法法院就需要启动审查。联邦宪法法院强调,它有权审查普通法院是否偏离了过去长期以来的判例。所以,在对言论犯罪行为的制裁中,联邦宪法法院仅仅审查普通法院是否错误理解了基本权利的内涵和范围。普通法院的管辖权在于,判断有争议的言论是否构成言论犯罪、它的文义是什么、它的说话人是谁以及它是在哪一种背景下说出的,这只有根据言辞审理时的总体印象来确定。

五、普通法院的系争裁判违宪

根据上述三个解释有争议言论的原则,联邦宪法法院指出,在本案中,下列因素没有得到充分考虑:

1. 普通法院将"士兵是谋杀犯"视为对名誉的重大侵犯

普通法院的理由是:即使上述言论不带有谴责的意思,士兵事实上从事了谋杀,但是与谋杀犯进行价值上的等同仍然构成了深深的伤害。尤其是受到《刑法典》第 211 条主观谋杀的影响,该条规定,谋杀者是指出于杀人嗜好、性欲的满足、贪财或其他卑劣动机,以阴险、残暴或危害公共安全的方法,或意图实现或掩盖其他犯罪行为而杀人的人。当谋杀犯在口头上使用的时候,它是指一个人使用或者准备使用不道德的方式去毁灭人的生命。即使当指责不是针对某个行为,而是针对整个职业的时候,当事人也将从他周遭的环境中感到被蔑视。

但是,普通法院并没有充分确定,被制裁的言论的确具有上述含义。普通法院必须寻找其他的可能含义使刑罚缓和,否则就会面临被制裁的言论并无假设的危害的风险。寻找替代含义时法院不能只考虑被制裁的言论部分,它更多要考虑说话人可感知的背景和文本之外的环境,这对于考察言论的上下文是有帮助的。

在本案中,普通法院采纳的含义将刑法上的谋杀犯和口语中的谋杀犯等同视之,以此表达出军人愿意且有能力对其他人做出特别卑鄙的行为。对此的替代解释有两种:(1)诉愿人的言论从字面含义来看并不针对单个士兵或者特指联邦国防军的士兵。即使当联邦国防军被零星提及时,也仅仅是为了强调对所有士兵的看法对联邦国防军的士兵也有效。这种情形必须考虑,该言论是否单纯地针对值得谴责的尚武精神和战争本领,因为它们总是伴随着其他人的死亡,并且以残酷的方式涉及无辜平民。诉愿人主要不是讲谋杀的普遍性,而是讲谋杀者的个别性,并不能适用于所有人。所以,"谋杀犯"这个词并不必然是在谴责严重的犯罪行为或包含了个别士兵。说话人更多是在用一种挑衅的方式让人关注战争中的死亡并非个别事件,而是人力所导致的。从一开始就不能排除,说话人是在唤起服兵役和士兵职业应当为整体的行为负责的意识以及推动自愿拒绝服兵役。(2)士兵是谋杀犯或潜在的谋杀犯,它主要是指士兵和平民的死亡,因为这是容忍维持常备军的结果,由此与自愿地发动战争相联系,无论该战争的目的是侵略还是防卫。为此,它并非是针对个人可谴责行为或士兵缺点的批评。所以无法从中推出说话人是在将士兵和《刑法典》第211条规定的主观谋杀意义上的谋杀犯相提并论。

2. 普通法院在没有指名道姓、无法辨识出特定人、针对某一集体的贬低性言论中,得出了侵犯成员个人名誉的结论

普通法院的理由是:个人名誉受《刑法典》第185条的保护,它不能纯粹个别地且孤立于所在集体被考虑。个人要考虑许多超越个人的联系,这些联系部分是他自由选择的,部分是无助地必须承认的,这构成了他要服从的角色期待和行为期待的基础。从他所处的环境中,他与集体发生联系并且履行他的社会角色。他在社会中的声誉不仅取决于他的个人品质和行为方式,而且取决于

他所在集体的特征和活动。由此,对集体的贬低性言论也将导致它的成员名誉的降低。

联邦宪法法院认为,虽然针对集体的贬低性言论存在侵犯《基本法》第2条第1款连同第1条第1款所保护的个人名誉的可能性,但是要给批评社会现象、国家机构或者社会组织或者社会角色和角色期待留下空间。对上述言论的惩罚始终带有过度限制言论自由的危险。与外国的法律制度,也就是英美法系相比,对集体的侮辱只有在强调或可辨识其中的个人的情况下才能成立。同时,在适用《刑法典》第185条关于针对集体的贬低性言论时,必须审查,该言论是否主要侵犯了团体成员的个人名誉。并且主要考虑,这不能对批评政治和社会现象、组织的言论产生抑制作用,因为这受到言论自由的特殊保护。

联邦宪法法院法院引用联邦最高法院的判决指出,帝国法院对于集体侮辱的可罚性所设定的要求,即它必须是一个可划清界限、可一目了然的团体标准,并不能满足法治国下的犯罪构成要求,还需要附加一个条件,即该贬低性言论要与一个该集体所有成员都具备的特征相联系。如果一个特征虽然是统一、明显的但并不适用于所有成员,那么言论并不构成对成员的个人名誉的贬低。因为这种言论的每个受众都明白,该言论并不针对所有人也不针对特定人,所以没有人会因该言论而受辱。

在这里,联邦宪法法院提出了一个"越……越……"的公式:贬低性言论涉及的集体越大,成员个人的名誉受干扰的程度越小。因为对大集体的谴责并非针对成员个人的犯罪行为或特征,而是反映了说话人对集体以及它的社会功能和它对成员的行为要求的价值判断。对个人的侮辱必须指名道姓或者建立在可辨识的基础上。如果贬低性言论的目的是完全针对人性或者批评社会组织或者现象,那么,这并不对个人的名誉构成损害。

上述标准也适用于本案中针对士兵的贬低性言论。普通法院认为,联邦国防军是一个足够一目了然的团体,所以,一项涉及联邦国防军的言论也可能伤害到联邦国防军中的个别成员,只要它是明显的或者典型地契合集体中所有成员的一项特征。但是,联邦宪法法院指出,将以所有士兵为对象的贬低性言论认为是特别针对联邦国防军的士兵,显然是矛盾的。因为后者只是所有士兵的一部分。因为每一个大集体都会分解成小的子类,通过援引到子类中的每一个人,一个完全不特定、无罪的言论就变成了针对个人、应受刑罚的侮辱。如果是这样,那么前述联邦最高法院基于法治国理由对侮辱罪的犯罪构成要件的界定就是无效的了。

从宪法上来看,言论自由仅仅在保护个人名誉的标准下才受限制。以刑罚惩处针对非一目了然的大集体的贬低性言论属于对《基本法》第5条第1款的不当限制。将任何人对普遍士兵的贬低性言论视为对联邦国防军士兵的侮辱并进行制裁的理由是不充分的。它必须针对联邦国防军。对话语和客观意义进行这样的分解并非完全不可能,普通法院必须指明说话的背景,并且从文义不能产生明显不同的理解。但本案缺乏这一点,所以违反了《基本法》第5条第1款第1句。

3. 法院在权衡言论自由和名誉保护时,如果有争议的言论不是针对事物本身的说明,而重在侮辱个人,那么,名誉保护就处于优先地位

但是,谩骂的特征是人格侮辱挤占了事物描述。而本案的诉愿人涉及的问题是,战争、服兵役以及与此相联系的人的死亡能否在道德上证立。这从诉愿人乙、丙、丁被指控的言论背景中可以看出。对于诉愿人甲,这可以从他使用的是“谋杀犯”而非“谋杀犯们”以及语境可以看出。它处理的是战争与和平的争议,一个本质上具有公共性的问题,对其应当采取有利于言论自由的推定。

普通法院没能说明,在本案的具体言论中,个人侮辱挤占了事物描述。因为根据言论的字面含义并不涉及特定人,而是无差别

地包含了所有士兵。尽管以针对大集体的贬低性言论侮辱其所属成员的可能并不能排除,尤其是那些针对种族、民族、身体或者智力特征的言论可能推导出整个群体都是劣等的,同时每一个成员也是这样。但如果是针对行使某种社会功能的人的集合,则更容易推定,该言论不是在侮辱个人,而是与某种职业活动相联系。该言论尽管有损名誉,但它不再是谩骂。

联邦宪法法院还强调,不能因为本案涉及针对士兵的言论就要求进行不同的判断。尤其是将士兵履行服兵役义务所产生的服从和训练作为他的名誉不同于其他民众进行保护的理由。特定的服从义务要通过更高的名誉保护给予补偿这个宪法原则并不存在。任何人被侮辱都享有要求国家保护其名誉的请求权。这是宪法上人格权保护的结果,所有人都要以相同的方式被保护。这种保护要求当事人能够证明有争议的言论侵犯了名誉或构成侮辱,这不是可有可无的,而是前提条件,但是本案中,这个前提条件是有疑问的。

综上所述,联邦宪法法院认为对诉愿人有关"士兵是谋杀犯"的言论进行刑事制裁的判决是违宪的。

【涉及的重大理论问题】

一、言论自由的保护范围

《基本法》第 5 条第 1 款第 1 句规定,每个人都有权用语言、文字、图画的方式来对外发表和传播他的言论。这里的言论是一种态度、认为和评价(BVerfGE 61,1,8)。即使他的判断缺乏可供检验的基础,他也可以自由地表达(BVerfGE 42,163,170f)。只要是他的个人的见解,就落入了言论的保护范围,无论这种表达有价值还是无价值、正确或者错误、情绪化或者理性(BVerfGE 61,1,7)。言论包含了政治和非政治性的,如商业的以及纯粹的广告(BVerfGE 71,162,175)。

德国宪法保护言论自由的特点在于区分言论和事实。这种区别是基于表达和现实之间的关系(BVerfGE 90,241,247)。事实有真假之分,但是言论的关键不在于真假,而在于诚实与否、考虑周全或者欠考虑(BVerfGE 33,1,14)。从《基本法》第5条第1款第1句的文义来看,对事实的表达不受基本权利的保护。但是,联邦宪法法院并没有走这条路,因为事实通常构成了言论形成的前提(BVerfGE 85,1,15)。与言论相关的、对言论形成有贡献的事实仍然受言论自由的保护,只有当事实缺乏言论相关性,如统计数据,才不受《基本法》第5条第1款第1句的保护(BVerfGE 65,1,4)。但是,不真实的表达没有保护的价值(BVerfGE 54,208,219)。所谓的"不真实"是指故意说谎或者在表达的当时被证实了的不实(BVerfGE 99,185,197)。对于其他的事实陈述而言,就算它是凭空或者完全没有根据,也受《基本法》第5条第1款第1句的保护(BVerfGE 99,185,197)。[①]

所以,本案中,联邦宪法法院首先肯定了"士兵是谋杀犯"并非事实陈述,而是一种对士兵和士兵职业的评价,这种评价是基于后者总是伴随着人的死亡的事实。那么,无论这种评价是否理性、有理由、有益、有价值,它都受言论自由的保护。

二、对有争议言论的解释原则

根据联邦宪法法院与普通法院之间的分工,联邦宪法法院主要审查普通法院的判决是否满足了有效保护基本权利的要求。而保护言论自由的前提是,正确地把握了言论的内涵。如果从言论中推导出来的含义并不存在或者法院没有排除其他可能、具有充分理由的含义就作出有罪判决,必然违反《基本法》第5条第1款第1句。具体来说,对言论内涵的解释到底是按照一般用法还是专业用法要站在普通人的角度并考虑背景和上下文。从有效保护

① Vgl. Volker Epping/Christian Hillgruber(Hrsg.),Grundgesetz Kommentar,2. Aufl.,C. H. Beck,München,2013,S. 177.

言论自由的角度，对于多义性的言论，根据个案的情形，如果有其他解释的可能，就不能选择可受指责的侮辱性的含义。

所以，联邦宪法法院首先确定，“士兵是谋杀犯”并不必然按照《刑法典》第211条的专业技术含义来理解，而更多是在非特定意义上的对谋杀犯的口语使用。它是一种对士兵和平民死亡的质疑，反映一种和平主义的态度。同时，“士兵是谋杀犯”并不是说联邦国防军的成员从事了谋杀的行为，因为普通人都知道，联邦国防军自成立之日起就没有作武装力量的解释，因此也没有人将联邦国防军士兵的死亡解释为好战的结果。①

三、对集体进行侮辱是否损害集体成员的个人名誉

联邦宪法法院引用了1932年柏林高等法院在“第二次世界舞台”案中的代表性观点，②即“士兵是谋杀犯”的言论是针对世界上所有士兵，而非针对某个特定的群体。因此，对集体侮辱的定罪界限在于，它必须专门针对联邦国防军士兵，即使该言论的对象包含了联邦国防军士兵也不符合标准。在此反映出了集体侮辱的特殊

① 有学者认为，通过法院的解释，谋杀犯的含义是否被减轻了，是有疑问的。可以确定的是，在普通人的眼中，谁是谋杀犯，仅仅是一个法律概念。另外，很清楚的是，在口语中，谋杀犯是指罪犯，被归入令人讨厌的人的行列。由此值得思考的是，当谋杀犯作为最尖锐的概念的时候，它很难有替代的含义。另外，法院的理由也在近来的科索沃行动中被逆转。因为在行动的开始几天，塞尔维亚准军事武装就被联邦国防军士兵所杀，法院的论断不再得到事实的支持。所以，认为谋杀犯的口语使用不会造成伤害恐怕是站不住脚的，联邦宪法法院实际上更多是在处理公众批评在何种情况下才产生损害的问题，联邦宪法法院要求对可能存在的替代含义进行广泛的审查，同时对不法的言论进行严格的解释。Vgl. Jörg Menzel & Ralf Müller-Terpitz (Hrsg.), Verfassungsrechtsprechung: Ausgewählte Entscheidungen des Bundesverfassungsgericht in Retrospektive, Mohr Siebeck, Türbingen, 2011, S. 597－598.

② 首次将士兵与谋杀犯联系在一起是1932年《世界舞台》杂志的编辑Carl von Ossietzky在第二次世界舞台案中为该杂志刊登的Kurt Tucholsky所写的“士兵是谋杀犯”一文辩护。当时，柏林高等法院没有依据《刑法典》第185条进行定罪，因为“士兵是谋杀犯”贬低的是所有士兵，一个如此庞大和没有界限的人群不可能被冒犯。

困难。一方面,针对非一目了然的团体的侮辱很难予以定罪;另一方面,要确保形式上的一般化不会成为借口,从而逃避刑罚。由此,联邦宪法法院发展出了“越……越……”的标准,即言论涉及的集体越大,成员个人的名誉受干扰的程度越小,对大集体的谴责并非针对成员个人的犯罪行为或特征,而是反映了说话人对集体以及它的社会功能和它对成员的行为要求的价值判断。基于假设的标准,对个人的侮辱必须指名道姓或者建立在可辨识的基础上。如果贬低性言论的目标完全针对人性或者批评社会组织或者现象,那么并不对个人的名誉构成损害。

【后续影响及借鉴意义】

本案产生的影响已经超出了它原本的出发点,即对“士兵是谋杀犯”言论的刑罚,尤其是集体侮辱涉及言论表达与名誉保护的冲突一直延续到当代。在联邦宪法法院的 Babycaust 判决中,一名堕胎医生被反对堕胎者散发的传单指名道姓地称作“胎儿死亡专家”,传单后面写着“阻止谋杀儿童”。更有甚者将纳粹大屠杀与今天的堕胎等同视之。对此,法院认为,言论自由不能正当化对具体医生的名誉侵犯。具有决定意义的是,批评不是针对一般人,而是针对特定的医生,即个人成为口头攻击的目标。[①]

本案对我国的借鉴意义在于,我国已经出现了类似事例。比如,2014 年 5 月 13 日,济宁市兖州区公安局官方微博“@兖州公安”发了一条微博,称山东人曹某某因违法停车被贴罚单,后为泄愤上网匿名发帖称“兖州交警真孬种”,被网警识别并抓获,行政拘留了 5 日。该微博发布之后,舆论的反应几乎一边倒地将指责扔向兖州公安。迫于舆论的指责,兖州公安删除了微博,并回应

---

① Jörg Menzel & Ralf Müller-Terpitz (Hrsg.), Verfassungsrechtsprechung: Ausgewählte Entscheidungen des Bundesverfassungsgericht in Retrospektive, Mohr Siebeck, Türbingen, 2011, S. 601.

曹某某辱骂不只"孬种",还有很多不便披露。5 月 14 日,其官微发布了一条道歉微博:经复查,认为对当事人行政拘留处罚不当,决定:撤销该行政处罚决定,向当事人赔礼道歉,并对有关责任人进行问责。①

从该事例中当事人的"兖州交警真孬种"的言论来看,与"士兵是谋杀犯"言论一样,也属于所谓的集体侮辱言论。虽然公安机关最终撤销了对当事人的行政处罚,但缺少对撤销理由的详细阐述。其实,这种集体侮辱言论免受制裁的原因不仅在于难以判断损害了集体中某个人的名誉,关键还在于这里的"集体"是公权力机关,如果动辄对当事人的言论课以制裁,那么容易产生一种"寒蝉效应",从而危及当事人对公权力监督权的行使。就像德国联邦宪法法院所指出的,谩骂式批评只有在涉及公共问题的表达上例外地存在,尤其是选举前的政治言论斗争或者对国家带有敌意的批评。批评公权力属于民主体制下言论自由的核心领域,而且对公权力行使者通常是高要求的,只要这种批评没有逾越刑法的界限,并且这种界限也要根据宪法所保护的言论自由进行严格解释。②

---

① "'网骂警察孬种'被拘留,你怎么看?",资料来源 http://epaper.jn001.com/jnwb/html/2014-05/18/content_58741.htm,访问时间 2015 年 10 月 29 日。

② Horst Dreier(Hrsg.),Grundgesetz Kommentar,Band I,3. Aufl.,Mohr Siebeck,Tübingen,2013,S. 695.

第二次摩纳哥卡洛琳公主案

陈　征

【案例名称】第二次摩纳哥卡洛琳公主案(Caroline von Monaco II, BVerfGE 101, 361, 1999 年 12 月 15 日)

【关 键 词】出版自由　一般人格权　肖像权　私人领域　对家庭和儿童的保护

【　案　情　】

一、宪法诉讼所涉及的出版内容

摩纳哥卡洛琳公主针对联邦最高法院于 1995 年 12 月 19 日的判决、汉萨汉堡州高级法院于 1994 年 12 月 8 日的判决和汉堡州法院于 1994 年 2 月 4 日的判决提出宪法诉讼。最初诉讼程序中的被告布尔达(Burda)有限责任公司是《休闲时光杂志》(Freizeit Revue)和《彩色周刊》(Bunte)的出版商。这两本杂志公开了原告摩纳哥卡洛琳公主的照片,原告因此提起不作为之诉。

诉讼首先涉及原告与演员文森特·林顿(Vincent Lindon)在法国圣雷米(Saint-Rémy)的一家花园酒馆的 5 张照片,标题为"与文森特的风流韵事之最深情照片",照片展示了文森特·林顿亲吻原告的手。由于原告关于停止继续公开这些照片的请求被联邦最高法院认可,因此其不再是宪法诉讼的对象。

宪法诉讼首先涉及的出版内容是被告在《彩色周刊》第 32 期发表的题为《卡洛琳：我不认为自己是男人的理想妻子》的文章。这篇文章多以间接引述的方式重复曾在西班牙出版的关于原告的一本书中的内容。文章还插入了若干照片，第 88 页展示了原告在牧场骑马的照片，照片中并无其他人出现。文章的副标题是《卡洛琳与忧伤——作家罗伊格（Roig）称其人生为伴随着无数不幸的小说》；第 89 页刊登了原告与孩子皮埃尔（Pierre）和安德烈（Andrea）的照片，副标题为"卡洛琳与皮埃尔和安德烈——她的孩子"。

此外，宪法诉讼还涉及其他出版内容。1993 年 8 月 19 日出版的《彩色周刊》第 34 期的第 44 页至第 52 页刊登了题为《简单的幸福》的文章，并附上多幅照片，文章首页就附有原告与女儿一起在一条小船上的特写镜头，图片说明则指明拍摄地点就是原告居住的村庄附近的一条小河。还有一幅照片则展现了原告进入集市购物的照片，附有"家庭妇女卡洛琳·卡西拉吉（Caroline Casiraghi）喜欢亲自购物"的文字说明。

诉讼所涉及的另一张照片展现了原告与演员文森特·林顿并肩一起坐在某餐馆的照片，周围还围坐着其他顾客，并附文字说明："每周六晚上此处入口右侧的三号桌均为卡洛琳预订"。

宪法诉讼涉及的被杂志公开的照片还包括：原告独自一人在乡间小路上骑自行车的照片、原告与林顿以及她的儿子皮埃尔和另一个孩子的特写镜头、原告与一位女随行人员在集市中的照片。

二、民事法庭的判决

民事法庭在判决时主要依据 1907 年的《艺术创作法》（Kunsturhebergesetz-KUG）第 22 条和第 23 条的规定：

"第 22 条：

肖像仅在当事人许可的情况下方可传播或展示。在不确定的情况下,若当事人因拍照获得报酬,则视为许可。在当事人死亡后的10年内,传播或展示肖像须经其家属许可。

第23条:

1. 未经依据第22条必要的许可即可传播或展示:

(1)源于当代史领域的图片,

(2)人物仅作为风景的或其他地方的附属内容而出现的图片,

(3)关于参加集会、游行或类似事件人物的图片,

(4)若因更为重要的艺术利益而传播或展示的非定制肖像。

2. 但传播和展示行为不得侵害当事人的正当利益,在其死亡后不得侵害其家属的正当利益。”

关于在法国经营的《休闲时光杂志》所公开的照片的诉讼,州法院判决原告胜诉,涉及其他照片的诉讼,则判决原告败诉,理由之一是与法国的法律不同,在德国并不存在不作为请求权。此外,依据《艺术创作法》第23条第1款第1项,若报道以当代史为目的且因此而附插图,则无须当事人允许即可公开图片。原告作为摩纳哥国王的长女属于当代史上的绝对人物,报道其生活属于当代史领域的节选,报道的细节内容是否乏味无聊并不影响上述结论。在《艺术创作法》第23条第2款的问题上,公众获取信息的利益止于私人领域,即止于“家门口”。然而,所涉及的全部照片展示的均为原告在公共领域的活动,虽然原告认为人格权被纯商业目的所利用,但所损失的利益须让位于公众获取信息的利益,即使报道趣味低级。此后,州高级法院驳回原告的上诉。

联邦最高法院部分撤销了州高级法院的判决,并对州法院判决进行了部分更正,认为应禁止被告继续在《休闲时光杂志》上刊登原告的照片。依据《艺术创作法》第22条,个人照片原则上仅在经本人同意后方可传播,这属于一般人格权的重要保护内容,原则上只有权利主体有权决定是否以及以何种方式将照片内容公之

于众。而本案中,公开照片未经原告同意。虽然依据《艺术创作法》第23条第1款第1项,在未经当事人许可的情况下可以传播或展示当代史领域的照片,但该行为并非毫无限制,依据第23条第2款,若公开行为与当事人的正当利益存在冲突,则不被允许。在个案中是否属于第23条第2款的情况,需要通过法益权衡来确定,权衡时须考虑宪法出版自由所保护的公众信息利益是否应优先于人格权予以考虑。在权衡双方的法益时,对私人领域的保护具有特殊的价值,私人领域属于一般人格权的保护范围,该项基本权利赋予每一个体自主规划人生的独立空间,使其可以在排除他人干预的情况下施展人格。这一权利可由任何人主张,当代史人物也不例外,仅当存在可使对私人领域的干涉正当化的重大公共利益时,公开照片才具备正当性。上诉法院虽然以上述原则为出发点,但将私人领域局限于个人住宅这一公众无法进入的封闭空间并不合理。这一限制并不被《艺术创作法》的立法动机和条文表述所涵盖,值得保护的私人领域完全可能在住宅以外,如若当事人特意躲至偏僻地点,客观上明显可以察觉到其希望享受个人空间,且正是基于这一私密性,当事人会作出在大庭广众之下不会作出的行为。若在这类私人住宅以外的私密地点偷拍或突拍的照片被公开,则属不正当地干涉了一般人格权的保护范围,即使被拍照人是当代史人物也不例外。这一私密空间可能是任何人都可以进入的区域,但在具体时间点上必须在公众看来是偏远的地点且第三人客观上可以明显认清这一事实,如偏远的餐馆或旅店、体育设施、电话亭,在可能的情况下甚至露天地点都可能成为私人领域,前提是当事人不再作为公众的一分子出现。而最初诉讼程序的被告在《休闲时光杂志》上公开原告与他人在某花园酒馆共同就餐照片的行为不正当地干涉了原告的私人领域。虽然花园酒馆仍然具有一定的开放性,其他顾客可能看到他们的行为,但地点的偏僻性和相处方式的私密性清楚表明原告希望以独处的方式进行私人谈话。仅在偶然的情况下被他人关注和以传播照片为目的的偷拍不可同日而语,后者一方面可使当事人无法采取预防和阻止措施;另一方面可捕捉到最隐私的行为活动。因此,新闻记者不应干涉这一私人领域。

与此不同,联邦最高法院认为针对其他照片的上诉应被驳回,因为这些照片的拍摄地点并非原告的私人领域,而是任何人均可以进入的公共区域,原告进入公共领域并成为公众的一员,其行动并无任何私密特征,仅凭偷拍这一行为特征并无法使不作为请求权成立。虽然原告被偷拍时并非从事公务,但依据《艺术创作法》第23条第1款第1项,公众获取信息的利益包括获知当事人作为普通人在公共事务之外活动,当代史人物必须容忍公众的这一正当利益。

三、原告提出宪法诉讼

原告认为,只要未禁止未来继续传播照片,民事法庭的全部判决均会侵害其受到《基本法》第2条第1款及第1条第1款[①]所保护的基本权利,特别是肖像权及受到保护的私人领域。这些判决在适用普通法律时并未认清基本权利的意义和范围,更未充分作出权衡进而判定《艺术创作法》第23条第2款所要求考虑的正当利益。原告认定,照片中的情景均属于私人领域,明显体现出其不希望进入公共领域的意愿。私人生活的独立空间包括排除他人的干涉和窥视,原则上任何人均可以自主决定他人是否以及在何种程度上公开其全部或部分生活。

---

① 《基本法》第1条规定:(1)人的尊严不可触犯。尊重和保护人的尊严是一切国家权力的义务。(2)为此,德国人民信奉不可侵犯和不可转让的人权是所有人类社会以及世界和平与正义的基础。(3)下列基本权利作为直接适用的权利约束立法、行政和司法。

《基本法》第2条规定:(1)在不侵害他人权利,不违背宪法秩序和道德规范的前提下,人人享有自由施展其人格的自由。(2)人人享有生命和身体不受侵犯的权利。人身自由不可侵犯。只有依据法律才能介入此类权利。

原告提出,制造和传播照片侵害了其尊严,因为偷拍意味着对其不知情与无戒备状态的利用,完全忽视其个人意愿,将人视为扩大销量和盈利的手段。此外,公开照片还侵害了其一般人格权,因为,个体原则上可以自主决定如何在第三人和公众面前展现自己。依据间接第三人效力理论,这一限制同样适用于私人。

原告指出,《艺术创作法》第 22 条和第 23 条属于《基本法》第 5 条[①]意义上的一般性法律,该规定并不违宪,且在解释和适用该条款时所须考虑的基本权利并不存在位阶差别,但公开照片并不存在重大公共利益,公开照片给人格带来的损害与公开的意义不成比例,而法院却未考虑这些因素,尤其忽视了尊严与自主决定权。联邦最高法院认定住宅以外的区域同样可能属于私人领域,这意味着该法院考虑到了《基本法》第 2 条第 1 款及第 1 条第 1 款的辐射效力,但在将其归为“当代史上的绝对人物”以及探寻界定公共领域中的私人空间的标准时,并未充分考虑基本权利的意义。首先,将私人领域局限于偏僻的地点,并设定当事人客观上明显希望独处并基于地点隐蔽性作出在公众场合不会作出的行为这一附加条件,意味着限缩了私人领域的保护范围,因为这将导致当事人有义务作出具有“典型私人特征”的行为。此外,联邦最高法院认定获知当代史上的绝对人物的各项生活细节属于普遍的公共利益,仅在《艺术创作法》第 23 条第 2 款的例外情况下才受到限制。即使当代史人物应在一定程度上容忍公众获取信息的权利,也应在利益权衡时考虑拍照和出版内容是否与当代史意义存在关联,而州高级法院和联邦最高法院在适用《艺术创作法》第 23 条第 1

① 《基本法》第 5 条规定:(1)人人享有以语言、文字和图画自由发表和传播见解以及不受阻挠的从普遍公开的来源中获取信息的权利。出版自由以及广播和电影的报道自由受到保障。对此不得进行审查。(2)一般法律的规定、有关青少年保护的法律规定以及个人名誉权构成上述权利的界限。(3)艺术和科学以及研究和教学是自由的。教学自由不得脱离对宪法的忠诚。

款第1项时,只考虑到其作为国王长女这一出身,而忽视照片与当代史的关联性。宪法出版自由的意义是形成公共舆论,而拍照行为无法促进公共舆论的形成,好奇心、窥视欲和娱乐利益不属于受到保护的宪法价值。

最后,原告提出,杂志还公开了其1999年出生的女儿的照片,而其一直采取措施保护自己和孩子不被危言耸听的报道所侵害。

【判决要旨】

"1. 由《基本法》第2条第1款及第1条第1款导出的一般人格权所保护的私人领域并不局限于家庭范围。即使在其他明显偏僻的地方,个人原则上也须享有行为不受新闻摄影打扰的可能。

2. 一般人格权并非基于本人的商业化利益而受到保障。若本人表示同意将通常被视为私密的特定事务予以公开,则私人领域免遭拍照的保护应退居次位。

3. 若公开的图片专门以亲子活动(父母照顾子女)为题材,对父母或父母一方一般人格权的保护则借助《基本法》第6条第1款和第2款得以增强。

4.《基本法》第5条第1款第2句所包含的对出版自由的保护还包括娱乐性出版物和文章及其插图。这原则上也适用于公开那些展示公众人物日常或私人生活的图片。"

【判决理由与论证】

一、一般人格权的保护范围

上述判决涉及了原告受到《基本法》第2条第1款及第1条第1款所保护的一般人格权。联邦宪法法院认为:"这项基本权利的任务是保障那些并不属于《基本法》特别自由权的保护对象,但对于人格而言在基础性意义上并不处于次要地位的人格成分[BVerfGE 54,148(153);99,185(193)]。针对开展人格的新方式的威胁通常伴随着科技进步产生，而这一弥补漏洞性质的保障对于这类威胁尤其具有必要性［BVerfGE 54,148（153）;65,1（41）］。”至于具体法律保护请求应分别归入人格权的哪一角度，必须首先根据对人格权的威胁来划分，而这又取决于个案。“公开个人私人生活或日常生活照片的权限取决于对个人肖像权和对私人领域的保障，二者是一般人格权的具体化。”

联邦宪法法院指出：“与原告的观点相反，《基本法》第2条第1款及第1条第1款不包含普遍而全面的对自我表现（Selbstdarstellung）的支配权。若原告希望从联邦宪法法院曾经的判决中得出这类权利［BVerfGE 35,202（220）;54,148（155 f.）;63,131（142）］，则意味着对基于个案而表达保护内容的基本权利进行了不合理的泛化。正如联邦宪法法院已多次强调的，一般人格权并不赋予个人要求他人仅展现本人真实面貌或期待面貌的请求权［BVerfGE 82,236（269）;97,125（149）;97,391（403）;99,185（194）］。该项基本权利的保护目标是防止威胁到个人人格的开展，而过于宽泛的保护不仅超出了这一目标，而且还在很大程度上介入了第三人的自由空间。”

（一）对肖像权的保护

在肖像权保护的问题上，联邦宪法法院明确指出：“若涉及他人制作和使用个人照片或录像，肖像权［BVerfGE 34,238（246）;35,202（220）;87,334（340）;97,228（268 f.）］保障个人对此施加影响和做出决定的可能。至于这些照片和录像到底涉及个人的私人生活还是公共生活，原则上并不重要。”由于媒体可以通过改变照片的上下文关联无意甚至故意改变照片的内涵，因此肖像权首要防御对肖像进行人为操作或通过改变上下文内容歪曲事实。但在本案中，原告承认存在争议的照片及文字说明真实再现了其部分生活情况，她只是不希望这一情况被拍照并公之于众，因为这属于其私人生活范围。可见，本案仅涉及制作和公开照片的问题，但这同样是肖像权的保护角度之一。

(二)对私人领域的保护

在私人领域保护的问题上,联邦宪法法院认为,对私人领域的保护虽然同样蕴含于一般人格权当中,但与对肖像权的保护不同,其并非特别针对拍照行为,而是取决于主题和空间。在主题方面,私人领域包括那些基于信息内容应被视为典型的具有私密性的事务,这类事务并不适合公开讨论或展示,否则会导致当事人处于尴尬境地或对环境产生消极反应。如果不防范他人获知这类信息,当事人受到基本权利保护的行为方式将会受到限制。在空间方面,每一个体均可以在特定空间范围内放松随意的活动。由于此时个人不被公众关注且不必自我约束,因此其行为必然与在公开场合不同。若不存在这样的私人领域,个人的心理将不堪重负,将会始终审查自己言行的正确性及对他人的影响,个人生活将缺少独处和调整的阶段,而该阶段对于人格开展非常必要。对于那些基于级别或声望、官职或影响力、能力或行为而受到公众特别关注的人,无论是自愿型还是非自愿型公众人物,对私人领域的保护同样具有必要性。即使那些通过民主程序当选的官员,也仅在职务范围内对公众负有报告义务,并不会因此丧失对私人领域的保护请求权。

家庭范围毫无疑问属于受到保护的私人领域,但由于该项基本权利关系人格的开展,因此私人领域不得仅局限于家庭范围,否则一般人格权的实现将受到严重影响。若公众人物在某一偏僻地点度假或疗养,原则上同样享有不受媒体打扰的私人空间。在此,特别是那些可以不受空间私密性阻碍且不被当事人察觉的现代拍摄技术必须受到限制。至于如何划定家庭以外的私人领域界线,联邦宪法法院认为无法找出抽象的普遍适用的标准,而只能通过当事人所选择具体地点的特征来确定。在此,空间是否具有封闭性并不起决定性作用,因为封闭空间未必总属于私人领域,而个人是否寻找到或创造出一种明显可以被第三人视为有意逃避公众目光的情形对于是否属于私人领域的判断却至关重要。此外,同一地点在不同时间的情况也可能不尽相同。但当个人处于多人之中时,不可能具备《基本法》第 2 条第 1 款及第 1 条第 1 款意义上的对私人领域保护的前提条件。即使个人在这类地点作出典型的不应公开的行为,也不会改变上述事实,因此是否属于私人领域并不取决于个人行为,而取决于地点在特定时间内的客观情况。

联邦宪法法院指出:“若当事人表示同意将通常被视为私密的特定事务公开,则同样不必对不被公众获知的私人领域进行保护”,其中最典型的例子就是通过缔结独家报道协议授权某家媒体就某一部分私人生活进行报道。“一般人格权并非基于本人的商业化利益而受到保障。”虽然任何人都不会被阻止实施商业化行为,但不得在实施商业化行为的同时援引《基本法》对私人领域的保护。

至于私人领域的保护对父母和子女之间的家庭交流具有何种意义,联邦宪法法院尚未作出阐释。但联邦宪法法院曾明确儿童需要特别的保护,因为他们必须要发展成为独立负责的人[BVerfGE 24,119 (144);57,361 (383)]。媒体或许会为了自身利益给未成年人拍照,但这会严重影响未成年人人格的发展,这一行为给未成年人带来的消极影响远远大于成年人。因此,对未成年人私人领域的保护要比对成年人的保护更为全面,他们必须不会感觉到被公众关注和监督,进而可以自由地成长并发展人格。

对于未成年人人格的发展,首先负有责任的是父母。联邦宪法法院认为:“若家庭教育取决于父母与子女之间不被干扰的关系,对于子女基本权利的特别保护不仅对父亲和母亲产生反射式的有利影响[auch BVerfGE 76,1 (44 ff.);80,81 (91 f.)],而且父母对子女的专门照顾原则上也属于《基本法》第 2 条第 1 款及第 1 条第 1 款的保护范围。对一般人格权的保护通过《基本法》

第6条第1款和第2款得以增强。”[①]“该条款使国家负有保障子女健康成长的必要生活条件的义务,这些生活条件尤其包括父母的关照[BVerfGE 56,363(384);57,361(382 f.);80,81(90 ff.)]。”具体到《基本法》第6条如何增强对人格的保护,并无法普遍和抽象的确定。但可以肯定的是,即使拍照的地点不具备偏僻性特征,只要涉及父母和子女的特殊关系,原则上也涉及一般人格权。仅当父母与子女有意共同步入公众场合,如一同参加公共活动甚至有意将自己置于活动的焦点时,通常才不存在保护的必要性。

二、对《艺术创作法》第22条和第23条的适用

(一)对《艺术创作法》第22条和第23条的合宪性质疑

依据《基本法》第2条第1款,仅在符合宪法秩序的情况下,一般人格权才受到保障。联邦宪法法院明确认为,《艺术创作法》第22条和第23条是民事法庭的判决依据,这两个条款符合《基本法》。该规定可以追溯至俾斯麦在临终病床上被拍照事件以及随后所引发的法律政治讨论(Verhandlungen des 27. DJT,1904,4. Band,S. 27 ff.),进而尝试在尊重人格与维护公众获取信息利益之间建立合理的平衡关系。依据《艺术创作法》第22条第1句,仅在征得当事人同意的情况下方可传播或公开其照片,但第23条第1款第1项又将当代史领域的照片排除在外,除非当事人的正当利益受到侵害(《艺术创作法》第23条第2款)。这一分级保护方案不仅全面顾及被拍照者的利益,而且充分考虑了公众获取信

---

① 《基本法》第6条规定:(1)婚姻和家庭受国家秩序的特别保护。(2)抚养和教育子女是父母的天然权利,也是其首先须承担的义务。国家机构对这类行为予以监督。(3)在违背教育权利人意愿的情况下,仅当教育权利人不能履行义务或子女出于其他原因面临无人照顾的危险时,才可依据法律将子女与家庭分离。(4)所有母亲均有请求社会保护和照顾的权利。(5)立法为非婚生子女创造与婚生子女同等的身心成长条件和社会地位。

息的愿望以及满足公众这一愿望的媒体的利益。这一点已经在联邦宪法法院曾经的判决中得到确认[BVerfGE 35,202 (224 f.)]。虽然在第一层级和第三层级(《艺术创作法》第22条第1句和第23条第2款)首先考虑了对被拍照者的保护,但在第二层级(《艺术创作法》第23条第1款)充分顾及了出版自由所蕴含的法益以及其背后所蕴含的意见形成之自由。通过开放式表述,上述规定给合宪性解释和适用提供了充足的余地。

(二)对《艺术创作法》第22条和第23条的解释和适用

1. 基本权利对解释和适用《艺术创作法》第22条和第23条的影响

联邦宪法法院认定,虽然本案涉及私法上的争议,但基于吕特判决以来的第三人效力理论,原告有权要求法院考虑其提出的保护请求权[BVerfGE 7,198 (207)]。而民事法庭在解释和适用《艺术创作法》第22条和第23条时,并未始终满足基本权利的要求。"对合宪的民法规定的解释和适用是民事法庭的事务,但其必须注意判决所涉及基本权利的意义和范围,进而在法律适用层面也要考虑到基本权利所具有的确立价值的意义[BVerfGE 7,198 (205 ff.);stRspr]。在此需要在冲突的基本权利所保护的法益之间进行权衡,权衡需在有解释力的民法规定要件特征的范围内进行且必须考虑个案的特殊情况[BVerfGE 99,185 (196);stRspr]。但若不考虑基本权利的影响,法律争议仍属于私法争议,且解决方案局限于(受到基本权利导向而被解释的)私法中,因此联邦宪法法院必须做出有限的审查,仅审查民事法庭是否充分考虑了基本权利的影响[BVerfGE 18,85 (92 f.)],而不得指出民事法庭须如何判决这一争议[BVerfGE 94,1 (9 f.)]。仅当在解释和适用私法的合宪性规定过程中忽视了基本权利的影响时,即在未能正确或全面的确定需要考虑的基本权利的保护范围,或未能正确预计基本权利的重要性,进而影响了在私法规定范围内对双方法律地位的权衡[BVerfGE 95,28 (37);97,391 (401)],且正是基于这一错误而做出判决的情况下,才可以判定违反了基本权利条款进而导致判决被撤销。"

在本案中,对《艺术创作法》第22条和第23条的解释和适用不仅需要考虑一般人格权,还要考虑《基本法》第5条第1款第2句所保障的出版自由,因为上述规定同样涉及了出版自由这项基本权利。

2. 出版自由的保护目的和保护范围

出版自由的目的是保障个人和公众意见的自由形成[BVerfGE 57,295 (319)],而这仅在能够自由报道的前提下才可能得以实现。因此,这项基本权利保障的核心是自由决定出版方式、出版内容和出版组织的形式[BVerfGE 20,162 (174 ff.);52,283 (296);66,116 (133);80,124 (133 f.);95,28 (35)]。与本案相关的问题主要是出版方式和内容。在出版方式上,既不能命令也不能禁止针对某一特定对象采取某种表达方式作出报道。在出版内容上,虽然政治领域的报道对于民主制度的运作具有特殊意义,但政治意见的形成被包含在紧密关联的其他领域的交流过程中,这一交流过程既不能以人格开展的视角也不能以民主政治的视角被划分为重要领域和非重要领域[BVerfGE 97,228 (257)],因此意见的形成并不局限于政治领域。此外,出版自由具有意见形成功能并不意味着将娱乐内容排除出保护范围,意见形成与娱乐新闻并不对立,娱乐新闻同样可以促进意见的形成,甚至在某些情况下可以比纯专业性信息更为持久地促进或影响意见的形成,它们可能使公众了解事实,提供谈资并随后引发关于人生观、价值观和行为方式的讨论,这同样履行了重要的社会职能[BVerfGE 97,228 (257), ferner Pürer/Raabe, Medien in Deutschland, Band 1, 2. Aufl. 1996, S. 309 f.]。在当前的新闻界,无论从出版物整体还是从具体文章角度来看,信息和娱乐的分野逐渐消失,信息逐渐以娱乐的形式传播或与娱乐新闻融合在一起,这显然已成为一种趋势。照此,依据出版自由的保护目的,娱乐新闻并非毫无价值,恰恰相反,它们同样受到出版自由这项基本权利的保护[BVerfGE 35,202 (222)]。出版机构可以依据出版标准决定哪些内容对于公共利益具有价值,哪些没有意义,这当然也包括是否以及如何给出版物配插图的决定,这一保护并不取决于具体出版物或报道的特征和水准[BVerfGE 34,269 (283);50,234 (240)]。

上述原则同样适用于针对公众人物的报道,报道公众人物的新闻是引起民众注意的重要手段,公众人物坚守的特定价值观和生活方式往往对民众具有导向作用,因此对于这类人物各种生活琐事的报道同样具有公共利益,出版自由的保护范围并不局限于对公众人物所承担的特定公共职能领域的报道。仅当与冲突的人格权进行权衡时,才需要考虑新闻报道所涉及的内容属于对公众具有重要意义的严肃性专业报道还是仅以满足公众好奇心为目的的私生活报道[BVerfGE 34,269 (283)],二者受到保护的强度不同。

3. 关于联邦最高法院的判决

联邦宪法法院认为,联邦最高法院的判决结果大体上可以通过宪法审查。联邦最高法院依据公众获取信息利益的标准确定了《艺术创作法》第 23 条第 1 款第 1 项的要件构成条件,并以此认为应允许在原告所承担的社会职能以外的领域公开其照片,这在宪法上并无疑问。《艺术创作法》第 23 条第 1 款第 1 项规定可以不经当事人同意而公开当代史领域的照片。根据立法者的意图以及规定的目的和意义,该条款考虑到了公众的信息利益以及出版自由,因此公众的利益恰需要在对要件特征进行解释时予以具体考虑。

联邦宪法法院指出,《艺术创作法》第 23 条第 1 款第 1 项中的

“当代史”概念并非由法官来确定,而应从公众的信息利益出发。照此,出版主体在法律范围内具有充分的活动空间,可以根据自身的出版标准确定公共利益的要求,并在意见形成过程中寻找那些具有公共利益的事件,这属于出版自由和意见形成自由的核心内涵。对于原告这类公众人物,联邦最高法院将其被公开的肖像归入《艺术创作法》第23条第1款第1项中的“当代史领域”不存在任何疑问。图片报道的意义在当前甚至比在《艺术创作法》制定时期更为重要。对于履行社会职能的具有当代史意义的人物,公共利益甚至要求公开他们的一般活动,包括公共职能以外的活动。民众有权获知这些通常被视为偶像和榜样的人的公共行为与私人行为是否一致。若将照片公开的范围局限于个人在具有当代史意义的职能范围内的活动,则未充分考虑公共利益,容易导致对个人生活的选择性描述,剥夺了公众判断的可能,而这一判断对于具有榜样作用和影响力的社会和政治人物而言不可或缺。由于《艺术创作法》第23条第2款为法院提供了足够的使《基本法》第2条第1款及第1条第1款发挥效力[BVerfGE 35,202(225)]的可能,因此并不会导致出版物无限制地干涉当代史人物的肖像权。

联邦最高法院在判决中认为,虽然当代史上的绝对人物同样享有受宪法保护的私人领域,但值得保护的私人领域存在的前提是当事人隐藏于偏僻的地点,客观上明显表现出希望独处的意愿,且基于对地点偏僻性的信任而作出不会当众作出的行为。仅当在这一情形中当事人遭到秘密或突袭性质的拍摄且所拍照片被公之于众时,才违反《艺术创作法》第22条和第23条。对此,联邦宪法法院指出:一方面,联邦最高法院确立地点偏僻性的标准考虑到了一般人格权的意义,从而保障了个人在家庭之外区域的隐私和休闲放松的空间;另一方面,该标准未使出版自由受到不成比例的限制,因为并未完全剥夺出版自由主体针对当代史人物的日常生活和私人生活进行图片报道的机会,至少新闻媒体可以在公众场合拍照。当存在重大公共利益时,甚至允许优先考虑出版自由[BGH,JZ 1965,S. 411(413);OLG Hamburg,UFITA 1977,S. 252(257);OLG München,UFITA 1964,S. 322(324)]。但联邦最高法院的判决并未考虑到《基本法》第6条应发挥增强保护强度的作用,当原告与子女进行家庭交流时,对其人格权的保护通过《基本法》第6条得到增强。因此,从对家庭和儿童的保护角度来看,前述判决未能达到宪法的要求。

三、结论

综上所述,针对不同照片得出如下结论:

第一,在宪法上不存在疑问的是联邦最高法院针对原告进入集市的照片、与女保镖一起在集市中的照片以及在他人陪同下在酒馆中的照片所作出的判决,因为前两张照片的拍摄地点明显属于非封闭的公共场所,第三张照片的地点虽然是封闭空间,但原告处于现场公众的视野中。

第二,关于原告骑马和骑自行车的照片所作的判决同样不存在宪法上的疑问。联邦最高法院将照片所涉及的地区归为公众场所而非偏僻地点,这一观点具有合理性,因为根据上述标准,偏僻性并不取决于当事人是否具有独处的愿望和想法。

第三,关于原告与三个孩子在一起的三张照片,则需要从上述宪法角度重新审查判决是否侵害了原告受到《基本法》第2条第1款及第1条第1款所保护的基本权利。在此,针对联邦最高法院的判决,联邦宪法法院要求驳回重审。

对于宪法诉讼所针对的州法院和州高级法院的判决,仅因其将《基本法》第2条第1款及第1条第1款所保护的私人领域局限于家庭范围,即可判定其违反了基本权利条款。但由于违反宪法的这一部分内容已被联邦最高法院纠正,而另一部分内容被驳回重审,因此无须撤销这些判决。

【涉及的重大理论问题】

一、一般人格权的保护范围和强度

一般人格权既包括对肖像权的保护,又包括对私人领域的保护。不适合公开讨论或展示的典型具有私密性质的内容和私密的或偏僻的特定空间均属于私人领域,后者并不局限于家庭范围,而应通过当事人所选择具体地点的特征来确定。与原告不同,其子女并不属于当代史上的绝对人物,对于涉及子女的照片应当不同对待。由于父母对子女进行家庭教育和双方之间的交流不应被打扰,因此宪法对一般人格权的保护通过《基本法》第6条第1款和第2款得以增强。

二、出版自由的保护范围和强度

出版自由的保护范围及于纯娱乐新闻。联邦宪法法院认为,虽然出版自由的目的是促进意见的形成,但意见形成与娱乐新闻并不对立,后者同样可以促进前者的形成,新闻信息与娱乐报道的界限日渐模糊。此外笔者认为,与广告的作用类似,一些娱乐新闻同样可以起到创收的作用,而对于出版企业而言,经济独立性是政治独立性的前提。[①]在保护强度方面,依据《明镜周刊》判决所涉及的理论,同时具备客观功能的出版内容受到宪法保护的强度会增加。

三、基本权利对解释和适用普通法律的影响

在解释和适用普通法律条款时,如果法院未考虑到所涉及基本权利的价值和影响或并未对所涉及的法益进行正确权衡,则违反宪法的基本权利条款。但宪法审查并非不受限制,审查仅涉及是否充分考虑了基本权利的影响,而不得要求法院应如何判决。仅当在解释和适用普通法律过程中未能正确或全面地确定所涉及基本权利的保护范围,未能正确判断基本权利的重要性或未能正

---

① 陈征:“论宪法出版自由的保护范围”,载《当代法学》2014年第4期。

确权衡冲突的法益进而影响判决结果时,判决才违反宪法基本权利条款。

【后续影响及借鉴意义】

第二次摩纳哥卡洛琳公主案被后来的第二次法庭电视拍摄案(BVerfGE 103,44)、第三次摩纳哥卡洛琳公主案(BverfGE 120,180)、在线搜查案(BVerfGE 120,274)、法兰克福机场案(BVerfGE 128,226)等判决所引用。

在判决生效后,卡洛琳公主向欧洲人权法院起诉。欧洲人权法院最终判决原告胜诉,认定其被《欧洲人权公约》第 8 条保障的尊重私人生活权遭受侵害。

虽然第二次卡洛琳公主案的判决被欧洲人权法院的判决大范围否定,但该判决仍然具有重要的指导意义。欧洲人权法院的判决不仅被大量新闻媒体抨击,而且还遭到法学界的强烈批判。媒体的抨击主要集中于担心出版自由在未来会受到不应有的限制,特别是那些娱乐新闻报道会遭受沉重打击,读者更多看到的将是严肃的讨论和枯燥的新闻。法学界的批判主要有两点:第一,欧洲人权法院在判决时仅顾及相关的规范内涵,忽视了从传播学实践认知的角度对娱乐新闻进行分析,而后者对于权衡结果具有重要意义;第二,该判决导致法官享有更多主观判断新闻报道信息价值的权力,而在受到宪法保障的意见自由和新闻自由领域,国家有义务保持中立。①

① Thomas Haug, Wegweisende Urteile des EGMR zum Presserecht-Finale Niederlage für Prinzessin Caroline, Kommunikation und Recht, Editorial 3/2012.

第二次法庭电视录制案

赵 真

【案例名称】 第二次法庭电视录制案(Fernsehaufnahmen im Gerichtssaal II, BVerfGE 103,44,2001 年 1 月 24 日)

【关 键 词】 广播自由　信息自由　对基本权利的干涉　法院公开　人格保护　诉讼程序

【 案 情 】

这个案件涉及庭审和裁判公布时是否允许电视录制的问题。《法院组织法》第 169 条规定:"庭审以及判决和裁定的公布是公开的。不允许录音和广播电视录制以及为公开放映或出版之目的而进行录音和电影拍摄。"第 169 条第 2 句是立法者在 1964 年 12 月 19 日的修改中增加的。《法院组织法》第 176 条规定:"维持庭审期间的秩序是审判长的职责。"根据第 176 条的规定,第 169 条第 2 句中之禁止由审判长实施。行政诉讼中的司法公开和法庭纪律由《行政法院法》第 55 条规定。《财政法院法》、《社会法院法》以及《劳动法院法》也有类似的规定。它们均规定:"《法院组织法》第 169 条、第 171a 条至第 198 条中关于公开、法庭警察、法庭语言、合议和表决的规定应予适用。"

诉愿人是在全德播送电视新闻节目的 n-tv 电视台。在政治局案（Politbüro-Prozess）的庭审准备阶段，柏林地方法院第二十七刑事审判庭审判长于1995年10月19日发布了一项法庭警察方面的命令，其中的第三点规定："照相、摄像、录音设备不得进入法庭。如有必要，这些设备将被保管。"诉愿人于1995年11月16日向审判长提出申请，请求准许其摄影小组在庭审期间进入法庭，对庭审进行电视录制。电视台保证，其摄影小组架设的工作台不会影响法庭各个方向的视野；电视录制不会产生噪声，且无须另外装设灯源；在支付适当的费用的情况下，它可以直接提供给其他任何合法的电视节目主办者使用。诉愿人还提出了备选方案：至少准许他录制庭审的几个环节。审判长在"重新权衡了冲突的利益，尤其是源自《基本法》第5条第1款的广播自由之后"，于次日发布了进一步的命令："1. 在庭审期间，原则上不允许录音和广播电视录制以及为公开放映或出版之目的进行录音和电影拍摄。2. 在1995年10月19日的审判长命令划定的界限内，庭审开始（传唤案件）前允许照相和录影。"诉愿人对此提起宪法诉愿，并申请了一个临时命令。联邦宪法法院于1996年1月11日驳回了该申请。

1999年4月，诉愿人向联邦行政法院第六庭审判长提出申请，请求准许其录影小组于1999年4月21日在复核十字架案（Kruzifix-Verfahren）中的言词审理阶段进入法庭并对言词审理进行电视录制。诉愿人愿意让其他广播企业分享其录影，并保证诉讼参与不会因为录制噪声、灯光设施或光线阻挡而受妨碍。此外，如果法院有要求，它可以不进行现场直播，而采取延时转播。诉愿人还提出了备选方案：至少允许其录制小组拍摄庭审的几个环节。1999年4月12日，审判长拒绝了诉愿人的请求，其理由为：《法院组织法》第169条第2句非常明确，没有为法官留下裁量的余地；《行政法院法》第55条的准用规定也是如此。《基本法》第5条第1款第2句没有被侵犯。庭审开始前、结束后以及休息期间，电视录制在通常的范围内是允许的。诉愿人对此提起宪法诉愿,并申请了一个临时命令。联邦宪法法院于1999年4月16日驳回了申请。

诉愿人认为,审判长的命令侵犯了其根据《基本法》第5条第1款所享有的基本权利,从而向联邦宪法法院提起宪法诉愿。

本案涉及的法条如下:

《基本法》第5条第1款、第2款规定:

“人人享有以语言、文字和图画自由发表和传播见解以及不受阻挠的从普遍公开的来源中获取信息的权利。出版自由以及广播和电影的报道自由受到保障。对此不得进行审查。

一般性法律、有关青少年保护的法律规定以及个人名誉权构成上述权利的界限。”

《法院组织法》第169条规定:

“庭审以及判决和裁定的公布是公开的。不允许录音和广播电视录制以及为公开放映或出版之目的而进行录音和电影拍摄。”

《法院组织法》第176条规定:

“维持庭审期间的秩序是审判长的职责。”

《行政法院法》第5条规定:

“《法院组织法》第169条、第171a条到第198条中关于公开、法庭警察、法庭语言、合议和表决的规定应予使用。”

【判决要旨】

“1. 由《基本法》第 5 条第 1 款第 1 句的信息自由和第 5 条第 1 款第 2 句的广播自由无法得出开放信息来源的权利。信息来源的使用和使用模式由具有相应决定权的主体决定。在普遍使用开放后,才有可能因基本权利的干涉而涉及信息自由的保护范围。

2. 如果一个属于国家负责的信息来源根据法律的预先规定应该公开使用,但被国家拒绝时,那么,《基本法》第 5 条第 1 款第 1 句的基本权利包括请求国家开放使用的权利。

3. 法院开庭审理属于信息来源。立法者在安排诉讼程序的权限范围内决定其公开使用。

4. 通过《法院组织法》第 169 条第 2 句禁止法院审理中的录音和电视广播录制是合乎宪法的。”

【判决理由与论证】

联邦宪法法院认为,诉愿人的主张没有根据。因为,第一,《法院组织法》第 169 条第 2 句以及准用该条款的《行政法院法》第 55 条与《基本法》第 5 条第 1 款第 1 句和第 2 句的信息自由和广播自由并无冲突;第二,柏林地方法院第二十七刑事审判庭和联邦行政法院第六庭审判长的命令在合宪性方面也无疑虑。

在阐述联邦宪法法院的论证之前,我们需要了解一下《基本法》第 5 条第 1 款的规范结构。第 5 条第 1 款表达的是一个“权利集合”,即所谓“广义的言论自由”。第 5 条第 1 款由三句话组成,共包括五项基本权利:第 1 句的前半句是狭义的言论自由,后半句是信息自由;第 2 句第 1 项是新闻出版自由,第 2 项是广播自由,第 3 项是电影自由。除了这五项基本权利之外,第 3 句还明示不得进行审查。本案的核心问题是庭审和裁判公布是否允许广播电

视录制,这涉及第5条第1款第1句中的信息自由和第5条第1款第2句中的广播自由。联邦宪法法院的论证过程如下:

一、广播自由和信息自由的保护范围

《基本法》第5条第1款第2句保护的是通过广播进行报道的自由。与新闻出版自由相同的是,广播自由对报道的保护也从信息的获取延伸到了消息、意见的传播。这里,联邦宪法法院并没有说明广播自由和新闻出版自由的区别:广播在技术上借助的是无线或有线传播的电磁波,即电信设施;新闻出版则是通过印刷品传播。[1] 联邦宪法法院曾经多次强调新闻出版、广播等媒体对于自由民主所具有的特殊意义。在大众民主的条件下,媒体自由是言论自由的高位阶的补充。要想使媒体发挥其功能,必须保证它在原则上可以不受阻碍地使用信息。因此,基本权利保障的广播报道是非常广泛的,无论视觉还是听觉的、全部还是部分的、实时还是延时的。尤其是使用录制和转播设备属于广播自由的保护范围。

《基本法》第5条第1款第1句的后半句保障不受阻碍地从普遍开放的来源获取信息的权利。在这一点上,媒体与普通的公民并无不同。如果媒体可以使用向任何人开放的信息来源,那么,这种使用受第5条第1款第1句信息自由保护。但是,“为了传播信息之目的而使用广播特有的录制和转播设备则包含在第5条第1款第2句的广播自由中”。请求开放信息来源的权利既不属于广播自由的保护范围,也不属于信息自由的保护范围。在这一点上,广播自由的保护范围并不比信息自由广泛。信息自由作为防御权,只保证可以普遍使用的信息来源的使用不受国家限制。

根据联邦宪法法院的观点,信息自由的保障是有前提条件的:

① Helmuth Schulze-Fielitz, Art. 5 Ⅰ, Ⅱ, in Horst Dreier (Hrsg.), Kommentar zum Grundgesetz, Bd. 1, 1996, S. 600.

只有在普遍使用建立以后，而且只在其范围内，才涉及第5条第1款第1句基本权利的保护范围。高权对于这种使用的妨害才是对基本权利的干涉。对于普遍适用，联邦宪法法院是这样界定的：信息来源“适合于且被规定为使一般公众也就是不特定的人群可以获得信息”。适合作为信息来源的是信息的所有载体，包括事件和过程。因此，受保护的不仅是对信息来源的报告，而且还包括对信息来源的录制。但是，信息自由所保障的只是不受阻碍地报道已被规定为普遍使用的来源的权利。如果缺少这种规定，信息的获取不受信息自由保护。但是，联邦宪法法院也指出，“如果处于国家负责领域的信息来源依据法律的预先规定应为公开使用，但国家拒绝提供，那么，信息自由也包括向国家请求开放使用的权利”。这意味着，联邦宪法法院在前面阐明的请求权的否定变得相对化了。请求权的成立须满足三个条件：(1)信息来源处于国家负责的领域；(2)信息来源被法律预先规定为公开使用；(3)国家拒绝提供信息。

二、对广播自由和信息自由的干涉

在说明了广播自由和信息自由的保护范围之后，联邦宪法法院进入“对基本权利的干涉”这个审查步骤。① 联邦宪法法院认为，信息来源的可公开性和开放使用的方式由根据法秩序具有相应规定权的主体来决定。这种规定权取决于一般的规定，具体而言，对于私人，依据民法规定；对于国家，依据公法规定。但是，联邦宪法法院指出，“对第三人而言，规定权的行使并不是第5条第2款意义上的限制”。有权规定者可以不同的方式行使规定权，并确定使用的模式，例如，对于音乐会，收取入场费或经同意才能拍

① 按照德国基本权利教义学总结的分析框架，基本权利案件通常采取三阶段审查模式，分别是“保护范围”、“限制”以及“对限制的合宪性论证”。参见张翔：“艾尔弗斯案”，载张翔主编：《德国宪法案例选释》(第1辑)，法律出版社2012年版，第3页。

照。当然,如果有权规定者是国家,那么,它可以在其任务和权限范围内规定使用的方式和范围。

联邦宪法法院认为,如果立法者确定了国家事件的使用方式,因此也确定了开放这种信息来源的程度范围,那么,在此范围内涉及信息自由的保护范围。但是,如果媒体可以使用信息来源,但被以合法的方式禁止录制和传播录音和广播电视录制,那么,这种限制不是对信息自由的干涉。“如果信息来源的开放附带有限制(如特别针对广播的使用),限制规范的合宪性取决于这种限制是否属于规定权的范围,而无须再以第5条第2款进行衡量。”联邦宪法法院同时指出,“如果由宪法得出的结论认为这种使用的范围应该更宽或全无限制,信息自由的享有者可以主张之,当广播特有的录制和传播技术被禁止时,广播自由的享有者可以主张之”。

在阐明了“干涉”的原理之后,联邦宪法法院以此审查《法院组织法》第169条第2句和援引该条款的《行政法院法》第55条。在本案中,法院的审理,包括裁判的公布属于信息来源。它的公开使用由立法者在规定诉讼程序的权限范围内以及在遵守宪法规定(尤其是法治国原则、民主原则和人格保护)的情况下规定。《法院组织法》第169条针对普通司法权规定了法院公开原则。《行政法院法》第55条在行政诉讼程序方面准用《法院组织法》第169条的规定。根据这些规定,法院的审理对所有人都是公开的,除非预先规定为禁止,如《法院组织法》第170条以下多个条款以及《青少年法院法》第48条。公开的对象当然包括媒体代表,他可以观看、可以旁听,有权借助报刊、广播或其他电子媒体传播记录信息。但是,联邦宪法法院认为,在法律上,法院公开=法庭公开≠媒体公开。《法院组织法》第169条第2句包含的录音、广播电视录制以及为放映和出版之目的进行录音和电影摄制之禁止已经排除了间接的、借助录制和传播技术才有可能的媒体公开。上述公式也反映了联邦立法者行使规定权的方式:“普遍使用只对那些想在为庭审预先规定的空间内了解庭审的人开放。”从这个意义上来说，第 169 条第 2 句从一开始规定的就是有限的开放。它不是第 5 条第 2 款意义上的限制法律。

在开放使用的问题上，庭审期间的法律状况不同于庭审开始前、结束后和休息期间的法律状况。《法院组织法》第 169 条只规定了庭审这个阶段，而没有规定在此之前或之后的阶段。对于这些其他的时间，专门法院认为基本可以向媒体开放，使用广播录制和转播技术也是可能的。因此，这些技术的使用落入广播自由的保护范围。《法院组织法》第 176 条的法庭警察措施可能会限制这种信息使用。在这一点上，第 176 条是《基本法》第 5 条第 2 款意义上的一般性法律，在对它进行解释和适用时要注意广播自由。

三、审判长禁令和《法院组织法》第 169 条第 2 句的合宪性

在本案中，柏林地方法院第二十七刑事审判庭和联邦行政法院第六庭的审判长颁布禁令是基于《法院组织法》第 169 条第 2 句的规定和《行政诉讼法》第 55 条的规定。前者与《法院组织法》第 176 条有关，后者与《法院组织法》第 169 条第 2 句、第 176 条有关。联邦宪法法院的结论包括两点：审判长的禁令是合宪的，《法院组织法》第 169 条第 2 句也是合宪的。它的论证也明确地分为两个部分：

（一）审判长的禁令

在庭审期间，为了保证有序的诉讼，即对诉讼至关重要的法律规定的遵守，审判长有权行使《法院组织法》第 176 条中的庭审警察权。联邦宪法法院认为，如果审判长实施第 169 条第 2 句规定的庭审期间的录音和广播电视录制禁令，并由此保障《法院组织法》的遵行，这并没有侵入广播自由的保护范围。即使审判长没有预先规定禁止之例外，也不构成这种干涉。第 169 条第 2 句的适用是无例外的。

(二)《法院组织法》第169条第2句

1. 法院公开作为宪法原则

联邦宪法法院首先指出,《法院组织法》中的言词审理公开原则既是法治国原则的一部分,又是民主原则的要求。接着,联邦宪法法院话锋一转:"公开的宪法原则并非无例外地适用。"公开原则的例外可能来源于公共福祉的要求:"在根据宪法要求公共福祉的地方,出于公共福祉的强制理由,可以全部或部分禁止公开。"尤其是,公开原则没有说明公开的模式。联邦宪法法院在这里追溯了公开原则的悠久传统,并认为它在德国的发展尤其受到了安塞尔姆·冯·费尔巴哈的(Anselm von Feuerbach)的影响:第一,法院公开是通过程序保障服务于诉讼参与人(尤其是刑事诉讼的被告)的权利,防止逃避公开监督的秘密司法;第二,人民为了自己的权利,有责任出现于法庭上。

2. 立法对于法院公开的具体化

法院公开是一项宪法原则,它需要由立法进一步形塑,尤其是在法院公开的条件和模式方面。联邦宪法法院指出,在立法形成的过程中,立法者"必须关注其功能以及不同的利益"。第一,公开的功能在于保证诉讼正义。公开不是诉讼的目的,相反,公开要服务于保证诉讼正义的目的。第二,公开的规定要考虑不同的利益,如诉讼当事人的人格权、当事人对程序公正的要求、司法的高效(尤其是不受干扰的事实和法律查明)等。

(1)法院公开的功能

联邦宪法法院通过回顾《法院组织法》第169条的形成史指出,"公开原则只是被预先规定为在庭审空间中公开"。该条款在1874年的草案中表述为:公众中的任何人都可以进入法院适用法律的法庭。该立场一直延续到了今天。电视的兴起使立法者在60年代引入了第169条第2句。这一补充明确将公开性限定为所谓的"法庭公开"。立法者将公开性限定在审理空间的范围内,这并非宪法上的义务，而是其权限范围内的事情。这种受限的公开性既能满足公开监督法院诉讼的法治国利益，又能满足民主原则开放对个人和公共意见形成具有重要意义的信息的要求。对于前者，联邦宪法法院指出："法院公开的法治国部分旨在保障对形式法和实质法的遵守以及为了这个目标从而使公众可能知悉法秩序的运行方式。尤其是，不要让行为人有'都是自己人'的感觉从而不遵守程序保障，不要为了加速进行程序而忽略法律和事实上的要点。它必须在非诉讼当事人在场时满足公正的要求。诉讼当事人的行为是否适当，尤其是，法官在诉讼中用什么样的词汇或音量、耐心或严厉、宽容或形式严格是正当的，最好由在场的人评判。"对于后者，尤其是公共意见形成的需要，联邦宪法法院解释道："法庭向媒体开放，广播记者可以参加庭审并予以报道。因此，法律充分考虑到今天的信息主要是由媒体传达给公众的。媒体通常只报道那些公众高度关注的事件。法庭审理通常不属于此类事件。就像国外媒体公开的经验所表明的，对于那些引起公众强烈反响的诉讼，媒体对于这类诉讼的全部或大部分只有有限的兴趣。法院的诉讼过程不是按照媒体的兴趣进行的。庭审过程有固定的形式。彻底性、重复以及权衡和逐步重建事实不符合媒体编剧的特殊要求。媒体的兴趣是短篇报道，它是为了引起公众注意的目的进行编排。"

(2)媒体公开的禁止

联邦宪法法院指出："《法院组织法》第 169 条第 2 句禁止利用广播特有的录制、摄制、转播技术制作、使用和传播原始图像和声音，尤其禁止使用来自庭审的动态图像实现报道的可视化。"这首先指的是电视。仅仅是图画和照片(静态图像)，如果没有被法庭警察措施禁止，根据专门法院和学界的观点，则是允许的。联邦宪法法院认为，这种禁止不会导致有效的电视报道被遏制的结果。因为，广播记者可以参加庭审并予以报道，而且在庭审开始前、结束后以及休息期间还可以录音和录制动态图像。

联邦宪法法院承认,如此一来,通过广播传达庭审本身的真实性和亲历性被取消了。尤其是,不允许将电视作为一种表现手段,而这种手段却是大部分民众对电视保持较高信任度的重要基础。以声音和图像报道庭审,以及通过这种方式如纠正一些与现实不符的介绍,这些可能性被《法院组织法》第169条第2句一并排除了。

但是,在联邦宪法法院看来,即使允许电视报道,也不能保证它尽可能忠于事实地反映法庭审理。因为,媒体会根据自己的利益和行业规律制作节目,它的工作通常具有选择性和歪曲的风险。尤其是,经济竞争的压力和对关注度的追求经常导致歪曲现实的描述,如总是偏爱那些耸人听闻的事件,或者仅选取那些特殊的事情作为报道的对象,正常的事情大多不能激发媒体的兴趣。

(3)与法院公开相冲突的利益

联邦宪法法院认为,在法律上禁止录音和广播电视录制,从而使法院公开受到了限制,其实基于不同利益的考虑:

①人格保护的利益

联邦宪法法院指出:"在诉讼中,人格保护具有超越一般在法秩序中所承认的保护必要的意义。不仅如此,在刑事诉讼中,被告和证人需要特殊强度的保护。"这些人必须出现在法庭上,出现在公众面前,即使并非自愿。在法庭上,他们的心理经常处于紧张状态。而且,借助国家法院强制收集信息,并将这些信息以声音和图像保存下来,会使被告和证人的形象不再只是存在于法庭上在场者的短暂感觉。如果更进一步,将这些影像全部或部分地在电视上播出,这些行为对人格权的干涉就会更严重。该录制的传播可能在诉讼之外造成更严重的后果。例如,由于公开描述其行为的耻辱或很大一部分民众对诉讼的持续记忆,会使将来的再社会化变得困难。

另外,如果录制被剪辑或以其他方式被加工,与其他录制组合或以后被再次用于其他内容上的联系中,陈述内容就会存在很大被修改的风险。普遍地禁止录制和传播有利于防止信息自决权所面临的这种风险。

②事实发现、法律发现和程序公正的要求

联邦宪法法院从内在的和外在的两方面阐明了媒体公开可能对诉讼公正和效率造成的消极影响：

首先，从内在的方面看，“很多人在媒体在场的情况下会改变自己的行为。一些人会因为媒体录制而被鼓舞，还有一些人则会被抑制。尤其是在刑事诉讼中，如果被告或证人因为媒体录制的原因不敢陈述对于发现真实具有重要意义的事情，如隐私、难堪或可耻的情况，那么，对于被告或证人而言，程序公正会受到威胁。如果诉讼的参与人试图如媒体所愿那样行为，那么发现真实的过程也会受影响”。

其次，从外在的方面来看，“摄影小组成员在场或活动，尤其是录制设备的架设和使用会影响外在的诉讼过程。通过适当的预防措施，对诉讼过程和内容的消极影响可以降低，如在所谓‘联合使用方案’中，只允许一个摄制小组，限制摄制小组的人数，预先指定摄影机的位置以及禁止特写镜头或禁止拍摄被告或证人；但即使这样，也不能保证一定没有妨害”。

3. 立法者是否有规定例外之义务？

(1)模式 a：某类诉讼和个别诉讼环节之例外

联邦宪法法院承认，人格保护和诉讼进行所面临的风险在不同的诉讼类型、在不同的诉讼阶段或针对不同的对象可能是不同的。例如，影响诉讼进行的风险在限制录制庭审或宣判时与审问被告或证人时是不同的。人格权和程序公正所面临的威胁在刑事诉讼中与在争议国家机关的权限和义务的行政诉讼中是不同的。另外，在诉讼程序中，法官和检察官由于被授予之公职而处于公众的关注下，他们与刑事诉讼中的被告和证人在人格保护的要求上是不同的，与参与行政诉讼的私人在人格保护的要求上也是不同的。

即使存在这样一些区别,有一点是可以确定的:"在所有的诉讼种类中,对于所有的诉讼环节而言,风险都是存在的。"当诉讼开始时,公众的和个别诉讼参与人的行为就会产生干扰,有媒体在场时,对这种干扰的反应是不同的。在任何诉讼环节,如果必须考虑与诉讼无关的媒体利益,审理的引导都是困难的。当判决公布时也有问题。录制言词说明理由会影响其性质。

但是,对于具体的、个别的影响,立法者是很难预料的,也很难通过适当的、适合每个诉讼的措施防止风险的发生。联邦宪法法院认为,这些困难会使立法者在诉讼程序中全面、尽可能地消除录音和电视广播录制的消极影响。《联邦宪法法院法》第17a条规定:"与法院组织法第169条第2句的规定不同,为公开转播或公开发表其内容之目的所为的录音、电视与电台的摄录与录影,仅限于下述情况始得为之:1. 言词辩论程序,至法院确认当事人到场时为止;2. 公开宣示其裁判。为保障当事人或第三人值得保护的利益,或程序的正常进行,联邦宪法法院得全部或部分禁止第一项的摄录或转播或要求其遵守一定的负担。"对于《联邦宪法法院法》第17a条对录音和录像的许可,联邦宪法法院认为,"立法者没有宪法义务将该条款中为联邦宪法法院的诉讼程序选取的方式开放给其他审判权"。立法者之所以制定第17a条这个特殊规则,是考虑到宪法法院的宪法机关地位以及宪法诉讼与其他诉讼的区别。因此,立法者在向媒体公开的问题上,允许有限地公开联邦宪法法院的诉讼。

总之,联邦宪法法院认为,立法者不必在考虑人格保护和诉讼进行的风险不同的情况下,准许对某类诉讼和诉讼的个别环节进行录音和广播电视录制。

(2)模式b:个案之例外

诉讼程序的进行对法院,尤其对审判长提出了很高的要求。如果《法院组织法》第169条第2句的禁止可以有例外,那么,对于该项例外,就需要作成特别决定,这在诉讼进行中意味着一种负担。这个决定的做成,首先需要听取当事人的意见,其次还要对影响和妨害进行评估。然而,这种评估是很困难的,事后难免就此产生诉讼争议。而且,媒体在它特别感兴趣的诉讼中会向法院施加公共压力。鉴于这些情况的存在,联邦宪法法院认为,"立法者可以从尽可能不受干扰的事实发现和法律发现的利益出发,通过绝对的禁止使法院摆脱额外的负担"。

如果在当事人同意的情况下,是否可以允许录音和广播电视录制的例外存在?显然,如果当事人同意,人格保护的需要就不再那么显著和重要。然而,联邦宪法法院从两个方面否定了这种意见:第一,即使当事人同意,还必须照顾到前面提到的司法利益。立法者必须判断:录音和电视广播录制是否与这些司法利益相冲突。在这一点上,立法者的出发点可以是:司法利益通常更重要。放弃对例外的具体审查促进了诉讼的顺利进行,避免了争论和个案决定。个案决定通常不如明确的法律规定那样令人满意。第二,就当事人同意而言,存在这样的风险,即同意并非真实地出于自愿表示。因此,联邦宪法法院认为,立法者没有义务在制定录音和广播电视录制的禁止规则时考虑个案之例外。

【涉及的重大理论问题】

一、干涉的确定

审判长禁止在庭审中使用录音和广播电视录制技术以及该禁令的法律依据《法院组织法》第 169 条第 2 句是否构成对《基本法》第 5 条第 1 款基本权利的干涉?这涉及"干涉"的确定问题,它是联邦宪法法院处理基本权利案件的三个审查步骤之一。在奥修案(Osho-Beschluß)中,联邦宪法法院指出,传统的干涉概念包括四个特征:(1)具有法形式(rechtsförmig),而不仅仅是事实上的影响;(2)具有直接性(unmittelbar),而不仅仅是间接的影响;(3)具有目的性(gezielt /final),而不仅仅是追求其他目标无意的结果;

(4)具有强制性(imperativ),必要时以命令或禁止实施。[1]

在本案中,联邦宪法法院认为,庭审警察权(《法院组织法》第 176 条)的行使是为了“保证有序的诉讼,即对诉讼至关重要的法律规定的遵守”,审判长通过实施禁令(《法院组织法》第 169 条第 2 句)“保证《法院组织法》被遵守”。因此,审判长的禁令没有侵入广播自由的保护范围。这样看来,联邦宪法法院之所以认为审判长的禁令不构成干涉似乎是因为缺少第三个特征:审判长实施禁令是为了保证诉讼秩序和《法院组织法》的遵守,它对基本权利的影响不过是追求其他目标的无意的结果。由传统的干涉概念出发,联邦宪法法院的确可以认定审判长的命令不构成对基本权利的干涉。但是,现代的基本权利理解认为传统的干涉概念过于狭窄,已经对上述四个标准进行了拓展:干涉是指使个人的落入基本权利保护范围的行为全部或部分不可能的国家行为,无论它是有目的的还是无意的,直接的还是间接的,法律的还是事实的,有强制的还是无强制的。[2] 根据这种现代的干涉概念,即使审判长的命令不满足第三个特征,也并不妨碍法院以基本权利为标准衡量这里的国家行为。干涉概念的扩张也带来了一些问题。比如,当考虑所有的事实影响时,某个行为到底是使基本权利的行使变得困难,还是使基本权利的行使在事实的范围之外变得不可能,这个边界的确定就成了一个难题。[3]

此外,联邦宪法法院也认为,《法院组织法》第 169 条第 2 句不是《基本法》第 5 条第 2 款意义上的限制法律。这与下面两个命题是等值的:(1)如果媒体可以使用信息来源,但不得在庭审时使用广播电视录制和传播技术,这种限制不是对基本权利的干涉。

---

① BVerGE 105,279 (300).

② Pieroth/Schlink,Grundrechte. Staatsrecht Ⅱ,26. Aufl.,2010,Rn. 252f.

③ Pieroth/Schlink,Grundrechte. Staatsrecht Ⅱ,26. Aufl.,2010,Rn. 257.

(2)规定信息来源的可公开性和开放使用模式权利的行使规定权不是对基本权利的限制。为什么不构成干涉？联邦宪法法院并没有将规定权的行使当做《基本法》第5条第2款意义上的限制，而似乎把它看成对信息自由的保护范围的形成性创设。① 信息来源的可公开性和使用的模式有赖于国家的决定，没有这种法律上建构的普遍使用，信息自由无法得到真正的保障。从这个意义上来说，信息自由是需要形成的(ausgestaltungsbedürftig)或由规范塑造的(normgeprägt)基本权利。这种基本权利需要民主立法者的形成和具体化，个人通过法秩序才得以行使这些基本权利。② 除信息自由外，广播自由也属于由规则塑造的基本权利，它希望通过实质的、组织的程序规则保证自由的交流过程，完成法律形成。《法院组织法》第169条首先规定庭审和裁判的公布属于公开的信息来源，然后禁止进行录音和广播电视录制。在联邦宪法法院看来，第169条其实是立法者在规定信息来源的可开放性和使用的模式，它表明了立法者行使规定权的方式：有限制的开放。也就是说，第169条第2句虽然表面看来是一种法律限制，但实际上，它与第169条第1句一样属于法律形成。法律形成并非在任何方面都不涉及对基本权利的限制。根据联邦宪法法院的观点，法律形成是指立法者对于基本权利的本质内容从内部予以限制，而法律限制是指对基本权利从外部予以限制。③ 联邦宪法法院的三阶审查所针对的是从外部进行的限制。在本案中，当联邦宪法法院的三阶审查进行到第二步时，这一审查过程就可以宣告结束了。通过这种方式，联邦宪法法院避免了对《法院组织法》第169条第2

① Helmuth Schulze-Fielitz, Art. 5 Ⅰ, Ⅱ, in Horst Dreier (Hrsg.), Kommentar zum Grundgesetz, Bd. 1, 1996, S. 592.

② Pieroth/Schlink, Grundrechte. Staatsrecht Ⅱ, 26. Aufl., 2010, Rn 225.

③ BVerfGE 7, 377 (404). 或参见谢立斌：“药店判决”，载张翔主编：《德国宪法案例选释》(第1辑)，法律出版社2012年版，第48页以下。

句的正当性的讨论,即以比例原则来审查这个绝对禁止法庭电视录制的规定,尤其是,审查该禁止是不是保证人格保护、司法的程序公正和高效的最温和手段。按照联邦宪法法院的原理,我们还可以推得,对于国家负责的博物馆、档案馆、数据库等,如果国家规定购票准入、未经允许不得拍照等,同样不是对基本权利的干涉。

二、绝对禁止还是允许例外

《法院组织法》第 169 条第 2 句禁止在庭审中使用录音和广播电视录制技术。在权衡了媒体公开与人格保护、程序公正、诉讼效率等法益之后,联邦宪法法院的多数意见认为,立法者并不因宪法而负有制定例外规则的义务。持异议的法官对于无例外地禁止录音和广播电视录制提出了质疑,他们认为,立法者应该重新考虑今天的立法情势,允许或有限地允许媒体公开,以寻求变通之道。在他们看来,多数意见虽然正确地描述了与媒体公开相对立的利益,但未能为无例外的禁令提供充分的理由。异议法官的意见值得认真对待和回应,它主要基于以下两点:

1. 媒体现实的变化

自 1964 年《法院组织法》修改以来,公共领域的结构不断调整,信息社会的趋势越来越明显,产生了许多新的电子技术、交流手段、展示方式和媒体内容。媒体决定着人们的沟通和交流,影响着人们的生活。面对现代社会的海量信息,人们已经没有能力亲自去接受,而是由媒体代行。因此,人们的经验、生活观、价值观以及行为模式多由媒体传达。其中,广播电视因其技术特点而变得尤其重要。这种变化也影响了人们对法庭审理的观察和控制。法庭公开、局限于报纸报道的媒体公开的重要性已经大不如从前。视听媒体已经部分取代了报纸的功能。在异议法官看来,《法院组织法》第 169 条第 2 句的无例外禁令无视这种媒体现实的发展。

2. 法益冲突的现实性

持异议的法官认为,多数意见准确地描述了与媒体公开相冲突的法益,但这些法益并非绝对地存在。第一,西方工业国家和德国宪法法院公开的经验并未表明媒体公开妨害诉讼的运作或人格利益的保护。第二,对于某些诉讼类型或诉讼阶段,人格保护和诉讼进行的利益通常并不明显。例如,在行政诉讼中,不是人民被处以刑罚或被判违背社会伦理而自卫,而是人民控告行政违法。而且,经常没有证人出庭,当事人也经常不是本人出庭而由律师代理。一些诉讼阶段对于法律发现和事实发现不具有内容上的影响,如诉讼开始时和公布判决的结束阶段。

持异议的法官认为,立法者至少应为媒体公开补充例外规则,这有助于通过小规模试验性的计划和对其系统地加以利用,以取得进一步的经验。更为激进的方案则是为媒体公开制定一项持久而广泛的规定。立法者应采行何种方案是一个法政治的问题,需要结合立法情势,并权衡相关利益后作出决断。

【后续影响及借鉴意义】

第二次法庭电视录制案全面表明了联邦宪法法院在法庭电视录制问题上的基本立场。在德国,法庭虽然允许新闻记者进入法庭旁听案件,但绝对禁止在庭审中使用录音和广播电视录制技术。这项规则适用于除联邦法宪法法院之外的各类法院。在第二次法庭电视录制案中,联邦宪法法院多次援引了第一次法庭电视录制案的观点,[①]主要涉及两方面的内容:(1)信息自由和广播自由的保护范围;(2)对《法院组织法》第169条和第176条的解释。这些内容恰恰是第一次法庭电视录制判决的要旨所在:(1)像新闻出版自由一样,广播自由的保护范围从信息的获取一直延伸到新闻的传播。它也保护媒体特有的报道形式和对必要的技术设施的使用。(2)不同于新闻出版报道,法院诉讼程序中的广播报道对其他法益的妨害更为严重。当新闻出版自由被广泛地限制

① BVerfGE 91,125.

时,更严重的妨害能够正当化这种限制。(3)如果《法院组织法》第176条的法庭警察规定限制了广播报道,那么,对该规定的解释必须考虑第5条第1款第2句,而且,其措施必须符合比例原则。

联邦宪法法院在此后的一些判决援引了第二次法庭电视录制案的法官意见。这里的援引既包括多数意见,也包括反对意见;既涉及实体方面,也涉及程序方面。下面仅就实体方面的影响阐述之。在2008年的法庭电视案(Gerichtsfernsehen-Beschluss)中,联邦宪法法院在以下几个方面延续了第二次法庭电视录制案的意见:第一,联邦宪法法院指出,如果信息来源是普遍开放的,媒体像公民一样受《基本法》第5条第1款第1句保护。使用广播特有的信息录制手段,尤其是录音和录像设备,受特殊的《基本法》第5条第1款第2句保护。第二,联邦宪法法院强调请求国家开放信息来源的权利的可能性,它必须具备以下前提条件:处于国家负责领域的信息来源依据法律的预先规定应为公开使用,但国家拒绝提供。第三,联邦宪法法院再次表明了对在法庭上使用录音和广播电视录制技术的疑虑,并指出要考虑诉讼参与人(尤其是被告人和证人)的人格权、诉讼参与人对于程序公正的要求、司法的高效(尤其是不受阻碍的事实发现和法律发现)等多重因素。第四,联邦宪法法院在上述因素的权衡过程中,仍然坚持了一些具体的观点,如媒体的可识别报道会损害被告对无罪推测的要求,使后来的再社会化变得困难。在行政诉讼中,行政机关、司法机关和参与诉讼的私人虽然同处于公众关注下,但他们在人格保护的要求上是不同的。①

在广播资助国家合同案(Rundfunkfinanzierungsstaatsvertrag-Urteil)中,联邦宪法法院仍然认为新闻活动存在歪曲现实的风险,

① BVerfGE 119,309.

如偏好那些耸人听闻的事件,选取特殊事件作为报道对象。它将这种风险归咎于市场条件下媒体所面临的经济竞争压力和对公众关注度的追求。联邦宪法法院还援引了第二次法庭电视录制案的反对意见,强调广播在信息社会由于其广泛影响、现实性和启发力而具有特殊的作用。[①] 这并不意味着联邦宪法法院转而赞同第二次法庭电视录制案的反对意见。这里的引用服务于其他的目的:它以此来论证广播秩序的法律形成具有突出的意义。

近年来,联邦宪法法院在第二次法庭电视录制案中的绝对立场似乎有所松动。这在2008年的法庭电视案中已经有所体现。在该案中,联邦宪法法院裁定,明斯特地方法院刑事审判庭审判长的命令侵犯了诉愿人德国电视二台(Zweites Deutsches Fernsehen,ZDF)的广播自由。联邦宪法法院强调,如果存在特别重要的公共资讯利益,言词辩论之外的法庭电视报道是允许的。但是,法院可以采取一些保护诉讼参与人的措施,如对录制进行匿名化处理。[②] 这被视为新闻报道的一个重要成果。[③] 在2012年,汉堡地方法院就一起刑事案件发布了电视录制禁令,其理由为保护被告人的人格权。诉愿人向联邦宪法法院申请一个临时许可。联邦宪法法院认为,对被告人的人格权的损害尚未达到如此严重的程度,以至于能够证立对电影录制的全面禁止,因而支持了诉愿人的请求。[④] 在该刑事诉讼的后续阶段,汉堡地方法院不得不允许了法庭电视录制。但是,这种许可必须以“联合使用”的方式进行,即一个摄影小组进行电视录制,并有义务即刻、无偿提供给其他感兴趣的报道者。

---

① BVerfGE 119,181.

② BVerfGE 119,309.

③ TV-Aufnahmen im Gerichtssaal erlaubt,Süddeutsche Zeitung,17. Mai 2010.

④ NJW 2012,2178.

我国《宪法》第125条第1句规定:“人民法院审理案件,除法律规定的特别情况外,一律公开进行。”可见,我国宪法上确立了司法公开的原则,它同时还规定,司法公开可以被法律保留。除了上述明确规定之外,我国宪法上的法治原则和民主原则也内含了司法公开的要求。《宪法》第5条第1款规定:“中华人民共和国实行依法治国,建设社会主义法治国家。”该条款明确规定了法治原则。《宪法》第1条规定:“中华人民共和国是工人阶级领导的、以工农联盟为基础的人民民主专政的社会主义国家。”第2条第1款规定:“中华人民共和国的一切权力属于人民。”第3条第1款规定:“中华人民共和国的国家机构实行民主集中制的原则。”这些条款表明了我国宪法上的民主原则。

除此以外,我国相关法律对宪法中的司法公开进行了一定程度的具体化。我国《人民法院组织法》第7条规定:“人民法院审理案件,除涉及国家机密、个人阴私和未成年人犯罪案件外,一律公开进行。”《民事诉讼法》第134条规定:“人民法院审理民事案件,除涉及国家秘密、个人隐私或者法律另有规定的以外,应当公开进行。离婚案件,涉及商业秘密的案件,当事人申请不公开审理的,可以不公开审理。第148条第1款规定:“人民法院对公开审理或者不公开审理的案件,一律公开宣告判决。”《刑事诉讼法》第183条第1款规定:“人民法院审判第一审案件应当公开进行。但是有关国家秘密或者个人隐私的案件,不公开审理;涉及商业秘密的案件,当事人申请不公开审理的,可以不公开审理。”《刑事诉讼法》第196条第1款规定:“宣告判决,一律公开进行。”《刑事诉讼法》第274条规定:“审判的时候被告人不满十八周岁的案件,不公开审理。但是,经未成年被告人及其法定代理人同意,未成年被告人所在学校和未成年人保护组织可以派代表到场。”《行政诉讼法》第54条第1款规定:“人民法院公开审理行政案件,但涉及国家秘密、个人隐私和法律另有规定的除外。”可见,相关法律对不予公开的范围、方式等作了进一步的规定，但这些规定并没有涉及媒体公开的问题。

我国最高人民法院于1999年出台的《关于严格执行公开审判制度的若干规定》除进一步明确公开审判的范围外，还规定了媒体参与庭审公开的问题："依法公开审理案件，经人民法院许可，新闻记者可以记录、录音、录像、摄影、转播庭审实况。外国记者的旁听按照我国有关外事管理规定办理。"我国最高人民法院于2007年出台的《关于加强人民法院审判公开工作的若干意见》规定："通过电视、互联网等媒体对人民法院公开审理案件进行直播、转播的，由高级人民法院批准后进行。"2009年我国最高人民法院出台了《关于司法公开的六项规定》，在"庭审公开"部分明确："因审判场所等客观因素所限，人民法院可以发放旁听证或者通过庭审视频、直播录播等方式满足公众和媒体了解庭审实况的需要。"同样是在2009年出台的《关于人民法院接受新闻媒体舆论监督的若干规定》规定："对于公开审判的案件，新闻媒体记者和公众可以旁听。审判场所坐席不足的，应当优先保证媒体和当事人近亲属的需要。有条件的审判法庭根据需要可以在旁听席中设立媒体席。记者旁听庭审应当遵守法庭纪律，未经批准不得录音、录像和摄影。"它不仅较为详细地规定了媒体公开，而且还规定了媒体的法律责任："人民法院发现新闻媒体在采访报道法院工作时有下列情形之一的，可以向新闻主管部门、新闻记者自律组织或者新闻单位等通报情况并提出建议。违反法律规定的，依法追究相应责任。(一)损害国家安全和社会公共利益的，泄露国家秘密、商业秘密的；(二)对正在审理的案件报道严重失实或者恶意进行倾向性报道，损害司法权威、影响公正审判的；(三)以侮辱、诽谤等方式损害法官名誉，或者损害当事人名誉权等人格权，侵犯诉讼参与人的隐私和安全的；(四)接受一方当事人请托，歪曲事实，恶意炒作，干扰人民法院审判、执行活动，造成严重不良影响的;(五)其他严重损害司法权威、影响司法公正的。"通过我国最高人民法院的解释,我国媒体公开的法律框架已经基本成形。这样的规定是否既能保证司法的公正、高效、权威,又能保证当事人的人格利益和公共利益?这不仅仅是一个经验问题,还是一个规范问题。也就是说,我国媒体公开的法律规制首先面对的不是能否经受住实践(尤其是媒体现实的变化)考验的问题,而是能否统一到宪法构造的价值秩序之下的问题。

纪念鲁道夫·赫斯集会案

张　翔

【案例名称】纪念鲁道夫·赫斯集会案(Rudolf Heß Gedenkfeier, BverfGE 124, 300, 2009年11月4日)

【关 键 词】一般性法律　禁止特殊法　国家的中立性　国家认同　法律明确性交互影响理论

【　案　情　】

德国新纳粹每年都在位于巴伐利亚州文西德尔市的德国国家社会主义党副元首鲁道夫·赫斯的墓旁举行集会,主题为"纪念鲁道夫·赫斯"。为了阻止这一集会,2005年3月24日,德国的立法机构对《刑法典》第130条进行了补充,新增加的第130条第4款规定:

"公开或者在集会中,支持、颂扬纳粹暴政或者为纳粹暴政进行辩护,并因此而以侵犯牺牲者的尊严的方式破坏公共和平的,处3年以下徒刑或者罚金。"

该规定在2005年4月1日生效。根据《刑法典》第140条第4款,以及相关的《集会法》第15条第1款关于主管机关可以禁止会直接危害公共安全的集会和游行的规定,行政机关以一个立即执行的命令禁止了新纳粹在文西德尔城的集会。集会的组织者对此申请暂时保护,之后又提起行政诉讼,但未得到行政法院的支持。2008年6月25日,德国联邦行政法院作出终审判决,依然驳回了当事人的诉请。2008年8月6日,当事人向联邦宪法法院提起宪法诉愿。

本案中,存在违宪争议的是前引《刑法典》第130条第4款。

涉及《基本法》的最主要条文是第5条,即

(1)人人享有以语言、文字和图画自由发表、传播其言论的权利并无阻碍地以通常途径了解信息权利。保障新闻出版自由和广播、电视、电影的报道自由。对此不得进行内容审查。

(2)一般性法律和有关青少年保护及个人名誉的法律规定可以对这一权利予以限制。

涉及的其他《基本法》条文还包括:

第3条(平等原则)第3款:任何人不得因性别、门第、种族、语言、籍贯和来源、信仰、宗教或政治见解受到歧视或优待。任何人不得因残疾受到歧视。

第8条(集会自由):(1)所有德国人均享有不携带武器进行和平集会的权利,集会无须事先申请和批准。(2)对于露天集会的权利,可制定法律或根据法律予以限制。

第9条(结社自由)第2款:社团的宗旨和活动违反刑法、宪法秩序或违反民族谅解原则的,予以禁止。

第18条(基本权利的丧失):凡滥用自由发表意见的权利,特别是新闻出版自由权(第5条),教学自由权(第5条第3款),集会自由权(第8条),结社自由权(第9条),通信、邮政和电讯秘密权(第10条),财产权(第14条)和避难权(第16a条)以攻击自由民主的基本秩序为目的的,丧失相应的基本权利。基本权利的丧失和丧失范围由联邦宪法法院宣布。

第21条(政党)第2款:政党宗旨或党员行为有意破坏或推翻自由和民主的基本秩序,或有意危害德意志联邦共和国的生存的,该政党属违反宪法。政党违宪由联邦宪法法院予以裁判。

第103条第2款:一个行为,只有在该行为作出之前已经被法律明确规定为可被刑事处罚的,才能被刑事处罚。

背景资料:赫斯其人、他的离奇"自杀"以及身后影响

鲁道夫·赫斯(Rudolf Walter Richard Heß)(1894年4月26日~1987年8月17日),德国国家社会主义工人党(纳粹党)的副元首。生于埃及亚历山大港的德国商人家庭,1920年加入纳粹党,1923年11月9日在慕尼黑市中心参加了啤酒馆暴动,后失败被捕,与希特勒一同在监狱服刑。狱中完成了由希特勒口述、赫斯笔记的《我的奋斗》。第二次世界大战后,赫斯在纽伦堡审判中被判处终身监禁,囚禁在柏林施潘道军事监狱内,1987年8月17日,赫斯自缢身亡,终年94岁。

然而,赫斯的死却显得扑朔迷离、充满疑点。赫斯死后,他的家人要求得到赫斯的私人物品,其中包括赫斯的笔记本。然而,施潘道监狱和赫斯待过的小别墅却已被夷为平地,赫斯的私人物品也不知所踪。主管部门却称,他们是为了防止纳粹势力余孽借机兴风作浪才把它们拆除的。此外,在对赫斯进行公开验尸时,英国法医詹姆士—卡梅隆证实了赫斯用电缆上吊自杀的说法。但赫斯的家人不接受这一结论。在赫斯儿子的强烈要求下,慕尼黑法医学院在1987年8月21日对赫斯进行了第二次验尸。专家发现:死者脖子上有绳索多次缠绕过的迹象,且勒痕呈平行状而非向上,没有任何自杀痕迹,实属谋杀。而参与过抢救赫斯的护士阿卜杜拉也认为抢救过程颇有疑点,赫斯并非自杀。

赫斯在第二次世界大战中曾于1941年5月10日私自乘飞机去过英国,英国当局至今未公开相关档案。因此有人怀疑英国曾与纳粹有过共同对抗苏联的秘密协议。在赫斯死前,国际社会一直呼吁出于人道主义而释放赫斯,但一直遭到苏联方面的反对。而1987年戈尔巴乔夫上台后,苏联方面的态度开始松动,德国的各大报纸纷纷报道,认为赫斯将被释放。基于这些因素,许多人认为,赫斯并非自杀,而是有人要杀人灭口。

由于赫斯历史上的特殊身份,以及其具有悲情色彩的可疑死亡,德国的新纳粹和右翼极端组织将赫斯视为偶像,甚至称其为"国家烈士"。[①] 依据其遗愿,赫斯被葬于其父母的家乡文西德尔市(Wunsiedel),此后每逢其忌日,皆有数百乃至上千的新纳粹在其墓前集会,几乎成新纳粹圣地,从而引发了本案。

【判决要旨】

"1.《刑法典》第130条第4款作为非一般性法律也是合乎《基本法》第5条第1款、第2款的。考虑到纳粹统治给欧洲和世界其他一些地方带来的无可比拟的极端不公正和恐怖,以及联邦德国的出现应当被理解为是对纳粹统治的否定,这种限制对纳粹暴政进行背书和宣传的法律规定,是可以得到《基本法》第5条第1款和第2款的当然支持的,这些规定是原则上禁止制定涉及言论自由的特别法的例外情况。

2.第5条第1款、第2款对于这种特别规定的开放性,并没有取消言论自由的实质内容。依据《基本法》,并不能一般性地禁止

① 以上内容,参考了维基百科"Rudolf Heß"词条,以及报道"俄媒体曝惊人内幕:纳粹'二把手'死于神秘暗杀",资料来源 http://big5.chinabroadcast.cn/gate/big5/gb.cri.cn/3821/2004/09/03/401@289130_1.htm,访问时间2010年7月25日。

右翼极端思想的传播，也不能一般性禁止在内容上具有精神性效果的国家社会主义的传播。”

【判决理由与论证】

2009年11月4日，联邦宪法法院第一庭以裁定(Beschluss)①的方式驳回了该诉愿。联邦宪法法院认为：“诉愿无法得到支持。《刑法典》第130条第4款是符合基本法的，行政法院对该条款的适用也无宪法上可争议之处。”

此案中主要的争议问题是：《基本法》第5条第2款规定对言论自由的限制应出自“一般性法律”的规定，所谓“一般性”，就是该法律不得针对某个特别的对象，不可以是针对此特别对象的特别法。然而，本案中，《刑法典》第130条第4款所针对的，就是为纳粹辩护的言论。这是否意味着《刑法典》第130条第4款违反《基本法》第5条第2款的“一般性法律”的要求？

一、纳粹集会是否落入言论自由的保护范围②

本案中，新纳粹的活动方式是集会，所以，当然应该作为集会自由的问题而置于《基本法》第8条之下讨论。但是，《基本法》第8条被认为与第5条关于言论自由的规定存在当然的联系。任何的集会都是要表达某种主张、思想或者意愿。所以，集会自由实际上也是言论自由，或者说表达自由。此外，如果仅考虑《基本法》

---

① 根据德国《联邦宪法法院法》第25条第2款之规定，对于未经言词审理的案件，宪法法院的裁判形式是“裁定”(Beschluss)，经过言词审理的案件，宪法法院的裁判形式是“判决”(Urteil)。

② 这里要特别注意，在德国法上，“某行为落入某基本权利的保护范围”或者“某行为属于某基本权利的保护范围”，并不意味着该行为一定受到保护。其最终是否受到保护，还要看对限制该行为的公权力行为能否被证明是合宪的。所以“某行为落入某基本权利的保护范围”更确切的含义是“该行为应作为某基本权利的问题来讨论”或者“某行为应置于某基本权利条款下分析”。

第8条关于集会自由的规定,会发现并无任何争议存在。第8条对于集会自由的限制性规定仅仅是“不携带武器的、和平的”。新纳粹的集会完全符合这一要求。而《刑法典》第130条第4款的限制性规定,也与《基本法》第8条的限制性规定没有关系。所以,本案在《基本法》第8条之下,实际上并无可讨论的争议。

所以,在宪法法院的判词中,并未纠缠《基本法》第8条,而是径直讨论:《刑法典》第130条所禁止的“支持、颂扬纳粹暴政或者为纳粹暴政进行辩护”的言论(包括集会)是否属于言论自由的保护范围。

(一)否定纳粹屠杀是否只是“事实论断”

对于联邦宪法法院来说,对于此案有一种简便的论证方式:将新纳粹对于纳粹屠杀的否定看作一种“事实论断”(Tatsachenbehauptung),而非价值判断(Werturteil),也就是认定其只是对有无发生纳粹屠杀进行事实上的判断,而不做评价。[①] 之所以说这是一种“简便的论证”,是因为,德国宪法学的通说认为,《基本法》第5条所保护的言论,只是指包含价值判断内容的言论,单纯陈述事实的言论不在言论自由的保护范围内。如果认定否定纳粹屠杀的言论只是单纯的“事实论断”,则这些言论就不受《基本法》第5条的保护,从而,《刑法典》第130条第2款对这种言论的禁止,也就不存在违反《基本法》第5条的可能了。这样做,可以轻易地论证《刑法典》第140条第4款的合宪性。

但是,宪法法院并没有采用这种简便的论证。这是因为,“事实论断”和“价值判断”的二分是有疑问的,尽管德国基本权利理论与实践上大体上还是在采用这种二分,但存在大量质疑。宪法法院在以前的判决中对这种二分也进行过修正,宪法法院认为,如

① Uwe Volkmann, Die Geistesfreiheit und der Ungeist—Der Wunsiedel-Beschluss des BVerfG, NJW2010, 417.

果一个事实论断的部分内容是一个评价性的表达,或者是基于某个价值判断,则这个事实论断也属于《基本法》第5条的保护范围。[1]就本案而言,显然更不可能将"支持、颂扬纳粹暴政或者为纳粹暴政进行辩护"看作纯粹事实论断。这些言论显而易见是价值判断,是典型地落入《基本法》第5条的保护范围的。也就是说,必须置于《基本法》第5条之下进行分析。

(二)《基本法》第5条是否保护"不正确的"以及"危险的"言论

联邦宪法法院的论证是从分析言论自由的内涵开始的。宪法法院指出,《基本法》第5条第1句保护每一个人自由表达和传播其思想的权利。这种思想的表达,是通过人的主观而形成的,以发表自己的意见或者赞同、否定他人的意见为基本要素。对言论自由的保护,不涉及正确与否的问题。"思想受到基本权利的保护,而不管思想的表达有无根据、是否理性、有无价值、危险与否。"公民也没有义务去与宪法设定的国家基本价值保持一致。"法律不能强迫公民赞成作为宪法基础的价值观。基本法虽然期待公民都接受宪法所涉及的基本价值,但并不强迫公民忠于这些价值。"

从而,《基本法》第5条第1款也保护那些希望从根本上改变乃至颠覆现存政治秩序的言论。"基本法相信,自由公开辩论的力量是抵抗极权主义和非人道思想传播的有力武器。相应的,作为对现行秩序有着极端危害的纳粹思想的传播并不会立即被排除在言论自由的保护范围之外。"这里,联邦宪法法院希望说明的是,尽管纳粹思想对于现在的政治秩序而言是有害的、危险的,也被历史证实是错误的,但仍然应该先把这种思想及其表达作为言论自由问题来考虑,在基本法原则上保护一切言论这一前提下,再去考虑对这种言论的限制及限制的正当性。

在宪法法院看来,防止纳粹思想所可能导致的危险,"更主要

---

① BVerfGE61,1/7.

的要依赖在自由民主的政治秩序下的公开辩论、国家的解释和引导,以及《基本法》第7条规定的国家对于学校教育的监督来防止和消除”。

鉴于《基本法》第5条第1款原则上也保护错误的和危险的言论,而《刑法典》第130條第4款涉及支持、赞扬和论证纳粹暴政的言论表达,并且规定这些言论表达在一定条件下还构成犯罪,所以这个规定就侵入了言论自由的保护范围,构成了对言论自由的干预(Eingriff)。下一步需要审查的是:这种限制性规定是否合宪。

二、可以对言论自由作出限制的两种法律

既然《刑法典》第130条第4款应当在《基本法》第5条之下讨论其合宪性,那么首先需要明确的就是,《基本法》第5条对于言论自由的限制设定了什么条件。或者说,公权力必须以何种形式才可以限制言论自由。关于这一点,《基本法》第5条第2款规定:一般性法律和有关青少年保护及个人名誉的法律规定可以对这一权利予以限制。按照这一规定,可以对言论自由作出限制的只能是法律,而这些可以限制言论自由的法律又分为两种:(1)一般性法律;(2)有关青少年保护和个人名誉权的特别法。

这意味着,要想论证《刑法典》第130条第4款是合宪的,就必须证明该条款是一个“一般性法律”,或者是一个“有关青少年保护和个人名誉权的特别法”,否则,《刑法典》第130条第4款就因为不符合《基本法》第5条第2款而违宪。

三、《刑法典》第130条第4款是否是“一般性法律”

首先来讨论第一个层次:《刑法典》第130条第4款是不是“一般性法律”。

(一)何谓“一般性法律”

按照宪法法院的解释,《基本法》第5条第2款中的“一般性法律”应该这样理解:“该法律并不是去禁止某一思想,也不是指向某种思想的表达,而是为了对另外的法益进行保护。这种保护完全不考虑任何特定的思想。这里所保护的法益,必须是在法秩序中被一般性地保护的,而且这种保护与该法益是否会被某言论或者其他的方式所侵害没有关系。”这实际上意味着,“一般性法律”是希望对其他的法益进行保护,而不是为了限制某种思想,也不是要指向任何特定的思想及其表达。简言之,一般性法律不可以是为了限制某种特定的思想或言论而制定的。本案的诉愿人认为,《刑法典》第130条第4款禁止对纳粹暴政的支持和颂扬,禁止为纳粹暴政进行辩护,这一规定仅仅是针对国家社会主义,甚至都不针对人类近期历史中存在的其他暴政,因而是有违《基本法》第5条第2款的。

(二)判断“一般性”的两个标准

联邦宪法法院从不同的角度对何谓“一般性法律”进行了反复的剖析,从中可以归纳出两个标准:

1. 标准一:是否涉及“思想的内容”

联邦宪法法院认为,判断一部法律是否是一般性法律,首先要看这部法律是否与“思想的内容”相联系。如果一部法律完全与言论的内容无关,毫无疑问这部法律是一般性法律。但是,如果一部法律涉及言论的内容,是不是意味着其一定不是“一般性法律呢”?联邦宪法法院却认为,这要视情况而定。如果一个规范虽然涉及了言论的内容,但是,这个规范同时也是为了保护法秩序中的一个法益,也就是说,这个规范并非指向一个特定的思想,而是中立于各种思想,只是一般性地为了保护某一法益免受侵害,则这个规范也是“一般性法律”。

2. 标准二:是否保持了“思想上的中立”

《刑法典》第130条第4款显然是与言论的内容相关的,因为它明确禁止的就是纳粹言论。那么,《刑法典》第130条第4款有可能被认定为“一般性法律”吗?联邦宪法法院的答案是否定的。联邦宪法法院认为,在本案中,决不能做相反的推论,不能说,因为这部法律保护了一个法益,所以它就是"一般性法律"。还需要考虑,这个法律是否保持了"思想上的中立"。

联邦宪法法院认为,"当一部法律包含了涉及内容的言论限制而不具备足够的开放性,而只是针对特定的信念、行为和意识形态时,这部法律就是缺乏'一般性'的"。只有当能够证明这部法律是前后一致地、抽象地保护某一法益,而且没有只针对具体的既存观点时,这项保护性法律才具有一般性。也就是说,如果一部法律涉及言论的内容,那么要看这部法律是目的性地指向某个特定思想,还是在各种思想之间保持中立。只有当该涉及言论内容的法律并非为了限制某个特定的思想和言论,而是为了保护某个法益,而且并无偏颇地指向不特定的思想时,这部法律才可能被认定是"一般性法律"。

概括起来,被联邦宪法法院认定为"一般性法律"的是以下两种:(1)与思想的内容无关的法律;(2)与思想的内容有关,但是只是为了保护某一法益,而对各种思想保持中立的法律。

(三)"一般性"的目的:平等对待

那么,为什么限制言论自由的法律一定要是"一般性法律"呢?联邦宪法法院结合《基本法》第3条第3款第1句进行了解释,联邦宪法法院指出,这种"一般性"是为了保证对各种思想的平等对待,避免对某种政治观点的歧视。第3条第3款第1句规定:任何人不得因性别、门第、种族、语言、籍贯和来源、信仰、宗教或政治见解受到歧视或优待。法律的一般性意味着,法律并不指向某种特定的思想,无论是对其优待,还是对其歧视。所以,法律的一般性实际上也是宪法上的平等原则的体现。"涉及言论内容,并禁止或者惩罚造成法益侵害的言论的法律,只有在严格尊重中立和平等的原则时,才会被允许。"

(四)结论:《刑法典》第130条第4款不是"一般性法律"

至此,结论非常明确,《刑法典》第130条第4款不是"一般性法律”。推论过程如下：

1.《刑法典》第130条第4款显然是涉及言论的内容的，因为它就是为了禁止为纳粹辩护的言论；

2.作为涉及言论内容的法律，《刑法典》第130条第4款确实是在保护一项法益：公共和平，而且此项法益在整个法秩序中也被以多种方式保护着。

3.但是，《刑法典》第130条第4款只是针对纳粹思想的表达的，其指向的对象是特定而非一般的，其并非中立于各种思想的。

联邦宪法法院认为，“《刑法典》第130条第4款虽然旨在追求公共和平这项法秩序所保障的法益，但其并非以一般性的、内容开放的方式来形成这种保障，而是仅仅针对国家社会主义表达特定观点的言论”。“从立法背景来看，《刑法典》第130条第4款被认为是立法者针对与国家社会主义相联系的极右派的公开集会游行的回应，其中也包括每年对鲁道夫·赫斯的纪念活动。”所以，《刑法典》第130条第4款不是“一般性法律”，而是“旨在防止赞颂国家社会主义暴政的特定言论”的特别法。

四、《刑法典》第130条第4款是否属于《基本法》第5条第2款所列举的“特别法”

既然明确的结论是，《刑法典》第130条第4款不是“一般性法律”，那么他是否是《基本法》第5条第2款所规定的“特别法”(Sonderrecht)，从而也被允许对言论自由作出限制呢？这里再次援引《基本法》第5条第2款的规定：一般性法律和有关青少年保护及个人名誉的法律规定可以对这一权利予以限制。非常明显，《基本法》第5条第2款对“一般性法律”规定了两个例外：青少年保护和个人名誉。《刑法典》第130条第4款显然与“青少年保护”无关，那么它与“个人名誉”有关吗？

联邦宪法法院认为，《刑法典》第130条第4款是与个人名誉有关的。这里涉及的是纳粹受害者和为反抗纳粹而牺牲者的尊严。如果否定纳粹暴政甚至颂扬纳粹,无疑是对这些人的尊严的损害。

但是,联邦宪法法院却进一步指出,即使是为了保护个人名誉,也只能制定"一般性法律"。个人名誉固然是法秩序给予一般性保护的法益,但是不能为了这项法益而针对特定的思想和言论作出限制。可以想象,如果出于保护个人名誉的理由,就可以确定地禁止某种思想或者言论,无疑会对思想自由和言论自由造成过度的限制。基本法显然不希望出现这种负面效果。这等于是说,整个《基本法》第5条第2款,就是在规定一个"一般性法律"原则。也就是说,只要是限制言论自由的法律,就必须是一般性法律,而不能是特别法。

所以,虽然《刑法典》第130条第4款有可能被认定是《基本法》第5条第2款所规定的保护"个人名誉"的特别法,但宪法法院认为,即使是这样的特别法,也不应该就是指向限制某种思想和言论,而应该是思想中立的,所以《刑法典》第130条第4款也不能借此认定而被证明为合宪。

五、《基本法》第5条第2款可否包含其他的特别法

至此,几乎已经可以认定,《刑法典》第130条第4款是违宪的。因为这一条款不符合《基本法》第5条第2款的形式性规定:这一条款既不是"一般性法律",也无法被作为两种明确列举的"特别法"而得到合宪性论证。然而,宪法法院却提出了更进一步的论证,其认为,《基本法》第5条第2款,在明确列举的"一般性法律"和"有关青少年保护及个人名誉的法律"外,还可以包括像《刑法典》130条第4款这样的"特别法",因为这个"特别法"的目的是"阻止对纳粹在1933~1945年的暴政的肯定和宣扬"。

联邦宪法法院认为,"《刑法典》第130条第4款,即使并非是一个'一般性法律',也是符合《基本法》第5条第1款、第2款的"。这里,联邦宪法法院给出了本案的核心论证,也就是被作为

“判决要旨”而突出强调的论证:“《刑法典》第130条第4款作为非一般性法律也是合乎《基本法》第5条第1款、第2款的。考虑到纳粹统治给欧洲和世界其他一些地方带来的无可比拟的极端不公正和恐怖,以及联邦德国的出现应当被理解为是对纳粹统治的否定,这种限制对纳粹暴政进行背书和宣传的法律规定,是可以得到《基本法》第5条第1款和第2款的当然支持的,这些规定是原则上禁止制定涉及言论自由的特别法的例外情况。”对于这一论证,联邦宪法法院分两个层次进行了展开。

(一)基本法作为纳粹暴政的“对立方案”

联邦宪法法院认为,《刑法典》第130条第4款“旨在阻止对纳粹在1933~1945年的暴政的肯定和宣扬”,而这是《基本法》第5条第2款规定的“一般性法律”原则的例外。“《基本法》第5条第2款对于限制言论必须出于一般性法律的要求,应该对限制宣扬1933~1945年纳粹暴政的法律给予例外的许可。”也就是说,《刑法典》第130条第4款虽然是个针对特定的思想和言论的法律,但它依然是合宪的。联邦宪法法院指出,纳粹在1933~1945年的非人道的统治,在整个欧洲和世界的其他一些地方带来的是杀戮、镇压等无可估量的灾难。这些历史事实对于联邦德国战后的宪法秩序而言,却有着“从对立面去形成共识和认同”的意义。也就是说,正是基于对纳粹统治的根本性否定,才有可能建立联邦德国的战后秩序。经历纳粹暴政之后的痛定思痛,是推动基本法的制定以及基本法秩序建构的历史性的核心因素。

在这种意义上,《基本法》完全就是针对纳粹极权统治的一个“对立方案”(Gegenentwurf)。从基本法的制定的许多细节都可以看出,《基本法》所要实现的,就是从历史中吸取教训,避免历史悲剧的重演。《基本法》的这种历史背景和思想背景,充分体现在许多历史文件中。比如,1941年的美国总统罗斯福与英国首相丘吉尔签署的《大西洋宪章》(Atlantic Charter),其中规定战后世界秩序的纲领之一是“在彻底摧毁纳粹暴政后确立和平”;1945年的《波茨坦公告》(Potsdamer Abkommen)和《盟国管制委员会法》(Kontrolleratsgesetz),以及1948年美、英、法三国向联邦德国移交管辖权的《法兰克福文件》(Frankfurter Dokumente),都是《基本法》制定和战后德国宪法秩序形成的基础。而在国际层面,德国的“去纳粹化”也是德国重新被国际社会接纳并得到国际社会的持续认可的基础。

在这样的背景下,《刑法典》第130条第4款所涉及的那些为历史上的纳粹暴政进行背书的言论,就与一般的言论不能同日而语了。这种言论具有远超普通的舆论竞争的紧张性,在德国国内,对纳粹政权的赞同言论是一种可能造成社会动荡、破坏族群认同的攻击,会危及国内的和平和安宁,同时在国际上,也会在别的国家引发深切不安。鉴于颂扬、赞同纳粹的言论会导致特殊的效果,因此对其也不应从通常的言论限制的“一般性法律”规则来思考。基本法是针对纳粹暴政的“对立方案”,体现了在特殊历史中形成的国家认同,因而作为《基本法》的组成部分的第5条第2款就应该能够允许:通过一个特别法来禁止这种言论。也就是说,在这种特定情况下,《基本法》第5条第2款是能够接受限制言论的特别法的。因此,《刑法典》第130条第4款就是不违宪的,因为其是一个指向为纳粹暴政辩护的言论的特别法。

(二)允许此种特别法的存在不会根本上否定言论自由

接下来的问题是:本来《基本法》第5条第2款是一个封闭结构,也就是只有“一般性法律”和“有关青少年保护及个人名誉的法律”才可以限制言论自由,但现在,这种“阻止对纳粹暴政的肯定和宣扬”的特别法,也可以限制言论自由了。由此,《基本法》第5条第2款就成为一个“开放的”条款,可能会有更多的特别法的出现,而最终导致言论自由的丧失。

针对这种可能的质疑,联邦宪法法院提出了它的第二个重要的论证:“第5条第1款、第2款对于这种特别规定的开放性,并没有取消言论自由的实质内容。依据基本法,并不能一般性地禁止右翼极端思想的传播,也不能一般性禁止在内容上具有精神性效果的国家社会主义的传播。”

这种“精神性效果”(geistige Wirkung)可以理解为一种“思想性”,也就是一种观点或者言论所具有的知识性和启发性。在联邦宪法法院看来,言论自由所保护的根本内容是精神性的,即使是纳粹主义的国家社会主义思想,也是具有精神性效果的。基本法并没有确立一般性的反纳粹条款,也不允许对具有精神性效果的国家社会主义思想的传播的禁止。“基本法对于言论自由的保障原则上也及于自由的敌人。”只有在这些言论超越了纯粹精神性的领域,而以侵略性的态势构成了对法秩序所保护的法益的侵害或者某种危险的状态时,国家才可以干涉。敌视宪法的思想的传播本身并不构成言论自由的边界,边界毋宁在于其是对自由民主基本秩序的主动攻击和挑衅。这里可以引用《基本法》的另外两个条文来说明:

第18条(基本权利的丧失):凡滥用自由发表意见权,特别是新闻出版自由权(第5条),教学自由权(第5条第3款),集会自由权(第8条),结社自由权(第9条),通信、邮政和电讯秘密权(第10条),财产权(第14条)和避难权(第16a条)以攻击自由民主的基本秩序为目的的,丧失相应的基本权利。基本权利的丧失和丧失范围由联邦宪法法院宣布。

第21条(政党)第2款:政党宗旨或党员行为有意破坏或推翻自由和民主的基本秩序,或有意危害德意志联邦共和国的生存的,该政党属违反宪法。政党违宪由联邦宪法法院予以裁判。

这两个条文表明,《基本法》原则上是保护一切言论自由和政治活动的,只有在这些活动侵害了"自由民主基本秩序"(这一概念显然是纳粹思想的对立物)这一根本性法益,或者危害联邦德国的生存时,方可限制。因此,联邦宪法法院认为,允许特别法限制言论自由不会损害言论自由的实质内容,不会从根本上取消言论自由。

六、《刑法典》第130条第4款符合比例原则

在以上的论证中,宪法法院是想说明:虽然《刑法典》第130条第4款不是《基本法》第5条第2款所要求的"一般性法律",但由于其只是针对肯定和宣言纳粹暴政的言论,其依然是《基本法》第5条第2款所允许的"特别法"。接下来的问题是:任何限制基本权利的法律,都要接受比例原则(Verhältnismäßigkeit)的审查。只有合乎比例原则,该法律才能最终被认定为合宪。

对于限制基本权利的法律所进行的比例原则的审查,一般包括以下内容:[①](1)该限制性法律是为了追求正当的目的(legitimer Zweck)。(2)限制的手段必须具有适当性(Geeignetheit)。这要求,法律所采用的限制性手段,必须是能够促成其所追求的目的的。(3)限制的手段必须是必要的(Notwendigkeit; Erforderlichkeit)。适当的手段可能有多种,必要性原则要求必须选择最温和的手段,也就是给被限制对象的干预最小,带来的负担最少。(4)狭义比例原则(Verhältnismäßigkeit im engeren Sinn)。这是指要将被立法者设为目标的利益,与基本权利主体所受损害进行衡量,如果后者大于前者,则不应采取此限制措施。

联邦宪法法院审查认定,《刑法典》第130条第4款满足了比例原则的要求。这一规定是为了追求一个正当的目的,也是适当的、必要的和合乎狭义比例原则的。

(一)《刑法典》第130条第4款的规定是出于正当的目的

对言论自由进行干预的前提是"保护正当法益",这也是认定

---

① Pieroth/Schlink, Grundrechte. Staatsrecht Ⅱ, 25. Aufl, 2009, S. 68 ff.

干预手段是否合乎比例原则的关键前提。这里,联邦宪法法院首先重述了在著名的吕特案中提出的“交互影响”(Wechselwirkung)理论,认为:在基本权利保障和基本权利限制之间存在一种相互影响,就言论自由而言,这意味着“一般性法律”可以对言论自由设定限制,但限制本身也要在保障言论自由的考量下确定范围。“言论自由的限制不得动摇言论自由的实质内容。”对相关法条的解释必须纳入此种交互影响的思考。这意味着,对言论自由的限制,必须是出于“禁止法益侵害”这一正当目的,而非“为限制而限制”。对言论自由的限制的目的不可以是防止特定言论的精神性效果,任何仅仅具有精神性效果的言论都不应被限制。只有“在言论已经对法益造成个别的、具体的危险时,立法者对言论进行相应的限制,才是在追求正当目的”。因此,如果言论已经超过了说服层次,而是意在间接产生现实效果,如通过煽动、攻击或者减轻犯罪心理的方式来引发法益侵害后果,立法者就可以对言论进行规制。“当言论对个人法益或者一般性受保护的利益产生明显危害时,便允许针对言论内容的限制。”国家不能介入个人信仰的主观内在世界,也不得介入其信念的传播,只有言论在外部领域产生法益侵害的效果时,国家才可以干预。立法者在制定限制言论的法律时,其目标永远都不是消减自由思想和自由辩论本身,而是在寻找自由思想和自由辩论的外部边界。

就《刑法典》第130条第4款而言,该条款所保护的法益是“公共和平”(öffentliche Frieden)和牺牲者的尊严(die Würde der Opfer),这是一个正当的目的。但是,联邦宪法法院认为,对“公共和平”这个概念的内涵必须予以限制,以免过度限制基本权利。联邦宪法法院指出:“如果把‘公共安全’理解为:保护人民免于因为接触煽动性言论和某种意识形态而产生的主观不安,或者维护‘基础性’价值观或者伦理观,则不能正当化对言论自由的干预。”这意味着,“公共安全”并非是指社会中没有任何主观不安情绪的状态。不能因为某种言论导致“主观不安”,就可以以“公共安全”这一理由去限制它。这是因为,言论自由的存在,必然会导致在思想论辩中产生不安情绪,“导致不安”并不能成为限制言论的理由。任何自由国家,因为言论自由导致不安,都是必须接受的常态。国家绝对不能出于保障“一般的和平感”、防止“毒害思想氛围”、防止人民受到极权主义意识形态影响等理由来干预言论自由。“基本法选择相信:社会有能力承受激烈批评和争论,并通过公民参与来面对,并且以自由的方式拒绝追随。”

在《刑法典》第130条中,立法者将公共和平理解为公共辩论中的安宁性,这种处置是适当的。此时,保障“公共和平”涉及言论的外部效果,也就是禁止意在引发法益侵害的攻击或者其他违法行为的言论。这种言论的情绪激化的呼吁方式,会作用于听众,使他们也陷入情绪激化,或者降低心理门槛而不把暴行当作暴行,或者这种言论的目的就在于直接震慑其他人群。《刑法典》第130条的限制,当然涉及对言论内容的限制,但是其目的是维护人际关系中的和平共处。在这种意义上,“公共和平”也是很多刑法所保护的法益,包括禁止煽动犯罪(《刑法典》第111条)、禁止对犯罪行为的称赞(《刑法典》第140条)以及关于族群抽横条款的其他犯罪的构成(《刑法典》第130条第1~3项)。

(二)《刑法典》第130条第4款的限制措施是适当的

《刑法典》第130条第4款所处罚的,是对纳粹残暴统治的支持、颂扬和辩护。被处罚的并不是对国家社会主义理念的赞同,而是对历史上灭绝人性到极点的真实罪行的赞同。在立法者看来,对这种残暴统治的赞同,就是对人民的攻击。这些言论,会使那些纳粹牺牲者的价值和本已获得的公道被再次置于疑问之下,这无疑是对他们的粗暴冒犯。“散布对不法政权的正面评价经常会导致社会对立、引发恐慌,或者会产生让支持者写出犯罪心理包袱的效果。”因此,禁止这种赞同暴政的言论,维护公开的意见争论中的和平状态,是有助于实现“公共和平”这一目标的。手段可以促进目标的实现,该手段就是适当的。

(三)《刑法典》第130条第4款的限制措施是必要的

联邦宪法法院认为,在确保能对可能被侵害的法益提供保护的前提下,《刑法典》第130条第4款所采用的手段,已经是最温和的了。至少,现在还无法找到更温和的手段并也能达到此目的。

(四)《刑法典》第130条第4款的限制措施是合乎狭义比例原则的

《刑法典》第130条第4款在尽力维持言论自由与公共和平之间的平衡,它并没有过分地把一切右翼极端思想和国家社会主义思想的传播规定为犯罪。它既没有一般性地禁止对纳粹统治的措施的赞同性评价,也没有把这些限制性规定与会使人们联想起纳粹暴政时代的任何日期、地点或者形式相联系。按照这一条,可能被定罪的仅限于“对历史上真实存在过的纳粹暴政的否定”,并且,还限定了这样的事实条件:“以侵犯牺牲者的尊严的方式破坏公共和平”,这使只有极端的和典型的行为才会被定罪。这样,《刑法典》第130条第4款在保护“公共和平”的同时,也尽可能小地限制了言论自由,从而是合乎比例原则的,也是合宪的。

七、《刑法典》第130条第4款符合《基本法》第103条第2款的“明确性”要求

《基本法》第103条第2款规定:“一个行为,只有在该行为作出之前已经被法律明确规定为可被刑事处罚的,才能被刑事处罚。”这一规定被认为科以了立法者明确规定犯罪构成要件和使用范围的义务。法律的明确性意味着,必须让人民知晓,哪些行为是被禁止而可能受到处罚的,以保证法律的可预期性。应该说,法律的明确性,特别是刑法的明确性,是法治国原则的基本要求。本案的诉愿人认为,《刑法典》第130条第4款“公开或者在集会中,支持、颂扬纳粹暴政或者为纳粹暴政进行辩护,并因此而以侵犯牺牲者的尊严的方式破坏公共和平的"规定在构成要件上缺乏《基本法》第103条第2款所要求的明确性。

联邦宪法法院首先指出,法律明确性原则并不排除立法者在特定情况下使用需要法官加以解释的概念。即使在对明确性要求极高的刑法领域,社会生活的复杂性也使刑法规范会存在一定的抽象性而需要法官解释。所以,法律的明确性的标准毋宁是"规范的含义在一般情况下可借由通常的解释方法来确定","行为人至少可以认知到遭受刑罚的风险"。据此,联邦宪法法院认为:"支持、颂扬纳粹暴政或者为纳粹暴政进行辩护",以及"公开或者在集会中"、"以侵犯牺牲者的尊严的方式"等表述,都没有违反明确性的要求,即使在日常言语中,这些构成要件的要素也是清楚的,是可以在司法裁判中解释确定的。

稍微需要论证的是"破坏公共和平"的措辞是否明确。联邦宪法法院认为,立法者使用"破坏公共和平"的措辞并非完全没有宪法上的疑虑,因为这一措辞的明确性经常是难以捉摸的,刑法学界对此也多有批评。如果是唯一的构成要件要素,或者通过其他的构成要件要素无法进行限缩,那么就有违反《基本法》第103条第2款的"明确性"的嫌疑。但是,联邦宪法法院认为,《刑法典》第130条第4款中的其他构成要件要素已经足够支持刑罚权,并且借由其他要素实际上可以对"破坏公共和平"作出具体的描述。换言之,立法者实际上将公然或者在机会中表达对纳粹残暴统治的赞同和颂扬、为其辩护的行为,就作为一种"破坏公共和平"的行为,在此意义上,这一措辞也是具有明确性的。

实际上,联邦宪法法院再次明确限定了《刑法典》第130条第4款的适用范围,其所禁止的言论必须是指向纳粹"历史上真实存在过的残暴统治"。"纳粹的残暴统治"是一个包括作为纳粹政权标志的人权侵害,以及其专制罪行历史的整体性概念。公开或者在机会中赞成“纳粹的残暴统治”可能会导致纳粹暴政的死灰复燃,并危及政治论辩的和平性,因而应予禁止。相反,如果只是一般性地信奉国家社会主义,一般性地颂扬国家社会主义理念,并不属于《刑法典》第130条第4款的处罚对象。“错误的历史诠释或者对国家社会主义意识形态的信仰并不在《刑法典》第130条第4款处罚之列。”

【涉及的重大理论问题】

一、一般性法律(allgemeine Gesetze)

《基本法》第5条第2款规定:“一般性法律和有关青少年保护及个人名誉的法律规定可以对这一权利予以限制。”如前所述,“一般性法律”意味着,该法律并非特定指向某种思想的表达,并非是为了禁止某种思想而专门规定。并且,即使是为了保护青少年和个人名誉而制定法律,该法律也应该是一般性的。也就是说,不可以为了保护青少年和个人名誉,而特别针对某种思想和言论作出限制。限制言论自由必须是出于保护其他法益(其中也包括保护青少年及个人名誉),这些法益必须是在法秩序中被一般性保护的,并且其被保护与其是否会被某种言论侵害没有关系。

这意味着,《基本法》第5条第2款本来是一个封闭结构,只有“一般性法律”才可以限制言论自由。这一条款可以被看作一个“反特别法条款”,禁止针对某种具体思想或言论的特别禁止。这样,对言论自由的保护就是普遍的。公权力不可以对任何特定的思想或者言论予以格外的关注,更不可能故意去限制某种它不喜欢的言论。只有当言论自由与某些法益发生冲突时,才有可能为了保护这项法益而反射性地限制到言论自由。而在这种冲突发生之前,限制性的规定是没有确定的指向的。这种中立性、无特定指向性,同时也是《基本法》第3条平等原则的要求。

然而,纪念鲁道夫・赫斯集会案的判决却使《基本法》第5条第2款有可能成为一个开放性的条款,它使针对言论内容进行限制成为了可能。在未来,存在其他的限制言论的特别法也被证明是在维护基本法设定的根本价值,是在维护自由民主基本秩序而被认定是合宪的危险。这对于言论自由而言是值得忧虑的。人们在发表言论时,可能就会去考虑基本法所对抗的思想是什么,基本法所要维护的价值基础是什么,甚至于只是去考虑联邦宪法法院的法官们所主张的价值是什么。这无疑可能导致人们被迫接受一种共同的思想和价值判断,①精神自由和言论自由也就会被压制。有学者指出,《基本法》第5条第2款本来是一个防止"特别法"的"堤坝",可是在《基本法》实施了60年以后,这个"堤坝"却被破坏了。相比以前是一个绝对性的框架性原则,现在《基本法》第5条第2款却变得可以被渗透,变得相对化了。②

二、国家的中立性与国家价值观

德国联邦宪法法院当然能够预见到这个判决可能导致的批评,判决中的许多论证实际上是对这些批评的预先回应。联邦宪法法院一再强调,规制言论自由的法律必须保持"思想上的中立"。对言论的限制不是为了限制言论而限制言论,而是出于保护某种法益的需要。如果法律涉及言论的内容,那么应该在各种不同思想之间保持中立,而不应只是指向特定言论而为限制的规定。国家可以为了保护其他需要保护的法益而限制言论,但是必须无偏私地指向不特定的思想、立场或者意识形态。

但同时联邦宪法法院实际上又认为宪法是确立了某种国家价值观的。其在论证中指出,对纳粹暴政的根本性否定是"从对立

① Uwe Volkmann, Die Geistesfreiheit und der Ungeist-Der Wunsiedel-Beschluss des BVerfG, NJW2010, 420.

② Thomas Holzner, Einschränkung des Versammlungsrechts für rechtsradikale Gruppierungen verfassungsgemäß-Anmerkung zu BVerfG(1. Senat), DVBl2010, 50.

面去形成共识和认同”,《基本法》是纳粹暴政的“对立方案”。作为宪法秩序基础的国家价值观,就是《基本法》所确立的“自由民主基本秩序”。在1952年的社会主义帝国党违宪案中,联邦宪法法院已经说明:“自由民主基本秩序,是一种自由、平等以及在排除任何形式的专制或者恣意支配,而在国民多数意志自我决定的基础上的以法治国家原则为前提的统治秩序。其基本原则包括:尊重基本法具体规定的人权(特别是人格尊严及自由发展权)、人民主权、权力分立、责任政府、依法行政、司法独立、多党制以及一切政党合宪地组织和机会均等的原则。”而这正是从反纳粹的角度确立了宪法的价值基础。在国家有特定价值观和国家对不同思想的中立性之间,显然存在紧张。而前述对本案判决的批评,也是担心特定的国家价值观会对思想自由、言论自由的包容性造成压抑。

联邦宪法法院根本上也反对用国家价值观来压抑思想自由,“自由民主基本秩序”不应该意味着反对自由的自由被压抑。联邦宪法法院小心地作出了这样的调和:首先,从言论自由的保护范围的角度,指出言论无论真伪、无论理性与否、无论有无价值、无论是否有害,都受到宪法的保护。即使是以彻底推翻宪法确立的政治秩序的言论,也同样受到言论自由的保护。其次,虽然宪法确立了特定的国家价值观,但国家却不能通过法律来强制人民接受并实现此种价值观,“《基本法》并不强制人民对价值的忠诚”。《基本法》寄希望于公开辩论、国家的引导以及国家对学校教育的监督来防止纳粹思想的危险,鉴于此,国家价值观应该是在自由辩论中为人民所接受,而并非被强制赞同。最后,对于应被限制的纳粹言论应该作出严格限制。联邦宪法法院认为,“德国对于纳粹政权下曾实际存在的残暴统治仍然持续负有特殊的历史责任”,因此有必要对纳粹言论进行一定限制。但是,并非所有纳粹思想的传播都应被限制,仅仅具有“精神性效果”的纳粹言论并不会被一般性地禁止,只有那些颂扬历史上的纳粹暴政、主动攻击和挑衅自由民主基本秩序并具有破坏公共和平的效果的言论才会被限制。

基于此,联邦宪法法院认为,在肯定“限制言论的法律必须具有一般性”的要求存在例外,并不会导致压制言论的大门被打开。本质上,抵制有害思想的责任还是应该交给自由辩论本身,相信充分的言论自由必然能够带来公众对危险思想的自觉抵制。

三、交互影响理论

本案中,联邦宪法法院还重申了基本权利限制与基本权利保障的“交互影响理论”。在德国联邦宪法法院关于言论自由的第一个重要判决“吕特判决”中,针对《基本法》第5条第2款的“一般性法律可以限制言论自由”的规范,联邦宪法法院提出了“交互影响”(Wechselwirkung,交互效果、相互影响)的论证,认为法律固然可以对基本权利作出限制,但在自由民主的体制下,法律却要依据基本权利的价值来解释。不能仅仅认为基本权利受到了法律的单方限制,而要同时认识到,基本权利在自由民主国家是宪法所追求的客观价值所在,对于法律的解释必须本着此项认识而进行,这意味着法律本身也受着基本权利的限制。对于规制基本权利的法律的各个方面的解释适用都必须尊重基本权利的价值内涵。从《基本法》第5条第2款的字面上看,似乎是授权“一般性法律”可以限制基本权利,但在自由民主的体制下,一般性法律自身却要在保障言论自由的目标下来解释,言论自由的限制与言论自由的保障是相互影响的。在赫斯案中,联邦宪法法院再次指出,“言论自由的限制不得动摇言论自由的本质内容”,对于相关法律的内容和立法目的的解释,必须接受这一原则的约束。

四、法律的明确性

法律的明确性是法治的最基本要求之一。拉兹提出的法治八条原则的其中一条就是:法律必须是可预期、公开和明确的。而卢曼认为,法律系统的功能就在于为社会提供规范性期待的稳定感,法律的明确性是关键所在。德国联邦宪法法院也一再指出,法律必须明确,使人民能够从法律本身预见自己的何种行为是被禁止的,是会被处罚的。法律的明确性要求(Bestimmheisgebot),事关个人自由,这一点对于刑法而言尤为重要,因此《基本法》第103条第2款对此也做了要求。

然而,给予人类理性的有限性,法律却总是不得不使用各种模糊的语词,在解释和适用这些不确定概念上,作为法律执行者的行政机关和司法机关就会拥有巨大的裁量权,而这对于民主原则下人们权利的保障是不利的。因此,必须对于法律的明确性确立标准,避免因为法律的模糊而导致人民权利的损害。

联邦宪法法院认为,法律的明确性绝非要求立法者只能使用具体详尽的语言,而是允许其基于社会生活的复杂性以及适用与个案中是否妥当的考虑,而使用不确定概念。相应地,法律的明确性的标准就只是法律的规范性含义“可借由通常的解释方法来确定”,而社会公众基于通常的认知水平而可以知悉并理解法律的含义。受到法律规范的人民从法律中可以预先评价自己的行为,而法律规范对于行政和司法机关而言是可理解、可借由法律解释方法明确含义的,该法律规范就是合乎法律明确性要求的。在赫斯案中,联邦宪法法院具体论证了“破坏公共和平”何以是可借由解释而明确其含义的,这里不再重复。

【后续影响及借鉴意义】

赫斯案是言论自由领域的极端案例,但从中亦可探究言论自由保护的一般原理。言论自由,对于开放多元的社会,对于追求民主自由的国家,具有秩序建设的功能。任何现代国家的法制,对于言论自由都必须加以严格的保护。

尽管我们接受“任何自由都是有边界的”观念,但“一般性法律”的原理可以帮助我们了解:对言论自由的限制,不是为限制而限制,而是出于保护其他法益的必要;并且此种限制应该是无偏私地针对所有的思想、立场、意识形态及其表达的,对于言论,国家应该保持一种开放而多元的态度。与此相关,尽管任何国家的宪法都是基于特定的意识形态,或者说任何国家都有其特定的国家价值观,并期待人民也持有同样的价值观,但这并不应该意味着可以强迫公民去接受国家价值观,而是应该通过自由讨论,让人民自己去理解和选择接受。

在赫斯案中,德国联邦宪法法院提出了一个重要论证,就是认为"基本法是纳粹暴政的对立方案",对纳粹暴政的否定有从反面形塑联邦德国的国家认同和社会共识的意义。这一点与我国现行的1982年《宪法》具有类似性。

我国1982年《宪法》制定时的一个基本共识是"反文化大革命"。我国1982年《宪法》制定的重要背景是中国共产党十一届三中全会的召开和中国共产党《关于建国以来党的若干历史问题的决议》,而纠正"文化大革命"和以前的极左错误,是当时社会的共识。总结"文化大革命"的反面经验、吸取"文化大革命"的严重教训,避免"文化大革命"悲剧的重演,是1982年《宪法》制定的基本指导思想。《关于建国以来党的若干历史问题的决议》特别指出:"逐步建设高度民主的社会主义政治制度,是社会主义革命的根本任务之一。建国以来没有重视这一任务,成了'文化大革命'得以发生的一个重要条件,这是一个沉痛教训。""决不能让类似'文化大革命'的混乱局面在任何范围内重演。"①彭真1982年11月26日在第五届全国人民代表大会第五次会议上所做的《关于中华人民共和国宪法修改草案的报告》开篇也指出,"党和国家领导全国人民全面清理'文化大革命'的错误"是对1978年《宪法》进行全面修改的背景。"从50年代中期开始,我们寻找这条正确道路,既取得了重大的成就,也犯过许多错误。'文化大革命'的

① 许崇德著:《中华人民共和国宪法史》,福建人民出版社2003年版,第555页。

发动和延续，是极严重的错误。”①“一九八二年宪法既总结了正面的经验，又总结了反面经验，特别是‘文化大革命’的反面经验。”②而宪法条文中增加规定“人格尊严不受侵犯”、对人身自由等作出更加具体明确的规定，也是根据历史的经验和“文化大革命”的教训。我们可以说，改革共识是从正面形成了当时的社会共识，而“反文化大革命”，则如同《基本法》制定时的“反纳粹”一样，具有从反面形塑社会共识的意义。理解这一点，对于理解和解释我国现行宪法，处理与“文化大革命”相关的法律问题，具有重要意义。赫斯案中，联邦宪法法院对于“基本法是纳粹暴政的对立方案”的阐释，对于我们理解和解释 1982 年《宪法》也具有重要的借鉴意义。

① 彭真：“关于中华人民共和国宪法修改草案的报告”（1982 年 11 月 26 日在第五届全国人民代表大会第五次会议上），载《全国人民代表大会常务委员会公报》1982 年第 5 号。

② 肖蔚云编：《我国现行宪法的诞生》，北京大学出版社 1986 年版，第 1 页。

附录一：

解题报告之审查模式（宪法诉愿）①

李浩然

审查模式是什么？

在撰写解题报告时，审查模式是帮助梳理分析思路的重要工具，其所充当的是案例分析的“节目单”。借助于这一工具，学生一方面能够掌握常见案例的主要法律争议点，并认识到这些问题在逻辑上是如何步步推进的；另一方面，在熟悉模式的基础上，对于实例进行条理清晰、详略得当的鉴定。在民法上须考量的是请求权基础，即“谁得向谁依据何条主张什么？”（Wer will was von wem woraus）刑法关注的是犯罪三阶层（构成要件该当性—违法性—有责性），尽管其具体展开因涉及不同法域而有所区别，但其基本模式是一致的；而在公法方面，能够归纳出来的基本模式只有可受理性和可证立性，更进一步地统一划分则是不存在的，因其中的争议本身并非统一：首先区分宪法性争议和非宪法性争议，前者又区分为宪法诉愿、机构争议和规范审查，后者则主要是指行政法上的争议，区分为撤销之诉、课予义务之诉、一般给付之

---

① 本部分的撰写参考了 Epping, Grundrechte, 6. Aufl. Berlin/Heidelberg 2015; Schoch, Übungen im öffentlichen Recht I, Berlin 2000; Bringewat, Methodik der juristischen Fallbearbeitung, 2. Aufl. Stuttgart 2013.

诉和确认之诉。

为什么需要审查模式?

审查模式对于接受法学教育培训的学生而言,所提供的是教育学上的帮助和方法上的工具,训练学生形成特定的思维方式。

首先,借助于审查模式能够对与案件相关的问题进行全面的检视,相当于对照事先列好的清单,因此可以最大限度地避免遗漏。但是,这并不意味着必须完全按照所掌握的审查模式逐点逐项地进行检查;对与待审查案件不相关或在该案中显然无争议的问题点可以一带而过,而将重点放在有疑问之处详加阐述,必要时还须列明正反方的观点,并借助学说和判决阐明自己所支持的观点。

其次,审查模式还具备体系化功能,它作为案例分析的提纲,有助于将与案件相关的公法学基础知识清楚地展示出来——例如,在审查撤销之诉的可证立性中"违法性"这一特征时,所涉及的问题实际上是法律保留——并因此将个别知识点同案件的解决联系在一起。尽管在不同的教材中存在各种版本的审查模式,其基本规则依然是建立在逻辑之上的,因此基本框架是不可更改的,基于此,它能够逻辑地将案例分析构建起来。如若违反这一基本模式,则会导致案例分析出现推理上或是论证本身的缺陷。

最后,审查模式将法学教育和司法实践紧密地联系在一起,通过第一次国家司法考试的学生成为候补法官,其在实践中所写的判决在论证框架方面与其熟悉的解题报告(鉴定式)并无不同,且结论的形成也多依赖于预先作出的鉴定式,尽管如此,两者仍然在适用情形、结构、形式和语言诸角度存在较大差异。法学教育中的鉴定式和司法实践中的判决式的主要区别如下表所示:

	鉴定式	判决式
情形	对已经确定的事实适用法律	先解决事实争议,再作出法律判断
结构	提出假设—论证—结论	结论前置—正当化论证
形式	提问—规范及其解释—涵摄—结论	明确法律后果—要件分析及涵摄
语言	“可能”、“应该”、“需要考虑的是”虚拟式	“因为”、“由于”直陈式

须注意的事项

第一,防止过于僵化地应用审查模式,每个案例的考察重点各有侧重,须结合具体情况加以检讨,而不能一概而论;

第二,进行案例分析时注意时间分配,一般而言,解题报告的重点在于分析可证立性,应将时间和精力放在与案件相关的实体法问题上;

第三,灵活应对非典型案情,既有的审查模式不能涵盖所有的案件事实,因此,利用所学的基础知识和研究方法来解决相对陌生的案件也是十分重要的。

宪法诉愿的审查模式

下面,以宪法诉愿的审查模式为例,对解题报告的撰写略加描述。在写解题报告时,学生必须对案件进行全面而深入的分析,以避免检视时有所疏漏,因此,牢记审查模式很重要。具体的检查须结合单个基本权利及案情来进行,这里只能大致梳理其框架。

一、宪法诉愿的可受理性

当《基本法》第 93 条第 1 款第 4a 项和《联邦宪法法院法》第 13 条第 8a 项及第 90 条以下条款的前提条件成立,则宪法诉愿是可受理的。

（一）联邦宪法法院的管辖权

根据《基本法》第 93 条第 1 款第 4a 项和《联邦宪法法院法》第 13 条第 8a 项及第 90 条以下条款，联邦宪法法院对于宪法诉愿拥有管辖权。

（二）诉讼资格/诉讼权利能力

《联邦宪法法院法》第 90 条第 1 款保障了“每个人”有权向联邦宪法法院提起宪法诉愿的权利。该条意义上的“每个人”是指在具体案件中需要考察的基本权利（《基本法》第 1 条至第 19 条）或是等同于基本权利（《基本法》第 20 条第 4 款、第 33 条、第 38 条、第 101 条、第 103 条和第 104 条）的权利人，包括自然人和法人。

1. 自然人

原则上，每个自然人都是基本权利的权利人。但是，一些基本权利只有德国人（拥有德国国籍的人）才享有，如《基本法》第 8 条第 1 款、第 9 条第 1 款、第 11 条第 1 款和第 12 条第 1 款等，在这些权利中，外国人被排除在外。

2. 法人

《基本法》第 19 条第 3 款规定：“基本权利依据其性质也可适用于国内法人。”排除适用的是与人类特性密切相关的基本权利，如人性尊严（《基本法》第 1 条第 1 款）、生命和健康权（《基本法》第 2 条第 2 款第 1 句）。无争议的是由私人控制的民法上的法人。

需要注意的问题：

（1）政党不适用，其可根据《基本法》第 93 条第 1 款第 1 项、《联邦宪法法院法》第 13 条第 5 项、第 63 条以下条款提起国家组织争议程序；

（2）国家或公共组织参股的民法上法人，根据联邦宪法法院判决，当企业的全部或多数股份由国家或公共组织掌握，则其不享有基本权利；

(3)公法上的法人不适用,但有例外;

(4)根据联邦宪法法院判决,扩大适用于欧盟成员国的法人,尤其需要注意的是内部市场基本自由的优先适用和禁止歧视。

(三)诉讼行为能力

诉愿人须亲自实施诉讼行为;无行为能力人必须由法定代理人代为参加宪法诉愿。无强制聘用律师制度。

(四)诉愿客体

根据《联邦宪法法院法》第90条第1款的规定,宪法诉愿的客体为"公权力"的行为,包括德国国家权力——立法权、行政权和司法权——的所有作为和不作为。对于立法权来说就是议会立法;行政权的行为是指执行机关的所有行为,即广义上的行政,包括行政行为和条例,但是,行政争议首先通过专门法院的法律途径解决,因此宪法诉愿一般并不直接针对行政行为提出(如果终审判决确认行政行为,则宪法诉愿的客体是该判决);司法行为是指所有的法院裁判,包括联邦和州的法院裁判以及公法团体的职业性法庭的裁判(如律师协会的名誉法庭),但不包括联邦宪法法院的裁判。

欧洲条约和国际条约不是法律所允许的宪法诉愿客体,与之相反,同意法(Zustimmungsgesetz,《基本法》第59条第2款)则可成为适格的宪法诉愿客体。

(五)允许提起诉愿的权利

根据《联邦宪法法院法》第90条第1款的规定,诉愿人必须主张其基本权利或是等同于基本权利的权利受到侵害。

1. 主张基本权利受到侵害

此类权利受到侵害的可能性必须是足够清楚的,如果仅仅是一般权利受到侵害则是不够的,必须是特殊的宪法上权利受到侵害,这一情形多数是由法院裁判引起,特别是指法院没有认识到基本权利的重要意义或是对其存在错误的理解。例如,在吕特案中,民事法院通过对于德国《民法典》第 826 条进行违宪的适用或是在解释和适用过程中错误地认识基本权利设定价值的重要意义，可能会侵犯吕特的自由表达言论这一基本权利。

2. 负担

诉愿人受到针对自身、现时和直接的负面影响。首先，他必须是该措施的指向对象，如诉讼当事人或是行政行为相对人；其次，损害必须是已经发生且尚未结束，而不能是将来的或是过去的损害；最后，直接影响要求不再需要其他执行行为来对诉愿人施加法律效力。司法和行政行为一般是没有问题的，有疑问的是法律，法律的执行需要专门的行为，因此，宪法诉愿只能针对该执行行为提出。

（六）法律途径用尽和从属性原则

1. 法律途径用尽

《联邦宪法法院法》第 90 条第 2 款第 1 句要求，只有在法律途径用尽之后，才能提起宪法诉愿。对于司法和行政行为来说，原则上，只有针对法院的终审裁判才是可受理的。立法行为（议会立法）则因没有法律救济途径而不存在专门法院的法律保护，可以对其提起宪法诉愿（《联邦宪法法院法》第 93 条第 3 款）。针对行政立法行为（各州的章程和条例）可向高级行政法院提起规范审查程序（根据《行政法院规章》第 47 条第 1 款的要求并结合州法）。

2. 从属性

宪法诉愿的从属性原则是指为了达到消除侵害的目的，除却宪法诉愿之外再无其他补救的可能性。因此，在提起宪法诉愿之前，诉愿人必须首先寻求专门法院的法律保护。

3. 例外情形

根据《联邦宪法法院法》第 90 条第 2 款第 2 句的规定，下面两种情况下，联邦宪法法院可以在用尽法律途径之前对提起的宪法

诉愿作出裁判:

(1)裁判具有普遍的意义,如裁判能澄清宪法中的基本问题或阐释众多案件中相同的法律状态;

(2)不作出裁判,诉愿人将会遭受重大和不可避免的损失。

(七)一般的法律保护需求

法律保护需求所涉及的是程序法的一般性制度设置。当申请人的法律地位不能通过联邦宪法法院的裁判得到改善时,或是当存在更为简单、快速的法律执行途径时,则不存在法律保护需求。如果法律保护请求不能先于宪法诉愿的提起而得以实现,在有重复危险时,则尤其存在法律保护的需求。这指的是这样的情况:法院没有重视已经加以强调的准则,并且存在足够明确的危险,其将对相似的事实、法律情势作出相同的裁判。

(八)合乎规定的申请

根据《联邦宪法法院法》第23条第1款第1句的规定,宪法诉愿必须书面提起,允许传真形式,但不包括电子邮件。此外,根据该条第1款第2句和第92条,申请中须附有理由说明,不仅要注明受损的基本权利和作为侵害的作为和不作为,还必须提交必要的证据,用事实对其理由加以证实。

(九)期限

关于期限,《联邦宪法法院法》第93条区分了针对法律提起的宪法诉愿和其他宪法诉愿,但没有规定如何计算期限,对此,联邦宪法法院一直援引德国《民法典》第187条以下条款的规定。针对法律提起的诉愿,其期限是自生效之日起一年;有溯及力的法律则是自公布之日起算。对于送达或是非正式通知的决定来说,自其依职权实施之日开始起算,其他情况下,决定公告之日或是诉愿人获悉之日(无公告情形)为其起算点。

二、宪法诉愿的可证立性

当诉愿人的基本权利或是等同于基本权利的其他权利受到公

权力行为事实上的侵害,则其宪法诉愿是可证立的,区分为对自由权的侵害和对平等权的侵害。

(一)自由权的审查

1. 针对法律提起的宪法诉愿

(1)对于基本权利保护范围的侵害(通过法律)。

(2)侵害(法律)的合宪性审查:

①合乎规定的成立(权限、程序和生效;对于联邦立法的检视参见《基本法》第70条以下条款)。

②实质合宪性。

第一,不违反基本权利。

1)限制性规定(基本权利可被限制):

——简单的法律保留(如《基本法》第2条第2款第3句、第8条第2款和第10条第2款第1句);

——加重的法律保留(如《基本法》第11条第2款和第13条第2款);

——其他规定的保留(如《基本法》第12条第1款第2句"根据法律作出规定");

——内容和限制的明确性(如《基本法》第14条第1款第2句);

——"一般法律"的限制保留(如《德国基本法》第5条第2款);

——字面上无法律保留,但可能存在基本权利冲突(如《基本法》第5条第3款);

——"合宪的秩序"(《基本法》第2条第1款)。

2)限制的界限:

具有正当性的目的、法律的适当性、必要性和合比例性,任何情况下均不得侵害基本权利的实质内容。

第二,不违反其他宪法规范。

2. 针对基于法律作出的具体行为提起的宪法诉愿(通常是经法院裁判确认的行政行为)

(1)对于基本权利保护范围的侵害(通过行政行为)。

(2)侵害的合宪性审查。

须具备有效的授权基础,且须合宪地行使。

①有效的授权基础:

第一,具体行为的法律基础。

第二,法律基础的合宪性。

1)形式上的合宪性[同上,1.(2)①]。

2)实质上的合宪性。

——不违反具体行为侵害的基本权利;

——不违反其他基本权利;

——不违反其他宪法规范。

②对于授权基础规范进行合宪地适用。

此处尤其需要注意的是,联邦宪法法院是专门审理宪法问题的法院,它并不是"超级审级法院"。因此,对于一般法律的解释和适用首先是专业法院(如普通法院和行政法院等专门法院)的工作,而联邦宪法法院的审理范围只限于针对宪法的特殊侵犯。

因此,联邦宪法法院对于被诉判决的审查范围包括作为法院判决基础的法律是否是合宪的,法院是否完全无视宪法诉愿申请人的相关基本权利或者对于基本权利的重要性存在重大的认识错误。

(二)平等权的审查

1. 确认公权力行为是否实施下列行为:

(1)对于基本相同的人或事进行不同对待;

(2)对于基本不同的人或事进行同等对待。

2. 平等或不平等对待的合法性:

(1)形式上的合宪性。

(2)实质上的合宪性:

①专门禁止歧视的规范和特殊规定(如《基本法》第3条第2款和第3款、第6条第5款、第33条第1~3款和第38条第1款第1句);

②《基本法》第3条第1款规定的平等原则是否存在客观的正当化根据,确定的标准主要是规范目的。

附录二：

公法案例分析初阶：以吕特案为例

李浩然

本教学案例分析参照 BVerfGE 7,198 – Lüth(《联邦宪法法院裁判集》第 7 卷,第 198 页——吕特案),并对其作出适当修改。

【 案 情 】

法伊特·哈兰曾在第三帝国时期拍摄并导演了反犹太主义的煽动影片《犹太人苏斯》,因此在战后受到反人道罪的指控,但基于紧急避难的辩护而被无罪释放。根据法院的观点,如果他拒绝戈培尔让其拍摄电影的请求,则其可能面临生命之虞。在被宣告无罪之后,哈兰又拍摄了电影《不朽的爱人》。

汉堡市新闻处长埃里希·吕特,在 1950 年 9 月"德国电影周"开幕式上,作为汉堡新闻协会主席向电影出租和制作的从业者致辞,他说:"如果人们试图将他(哈兰)作为德国电影的代表,将会对整个世界造成难以估量的损害,而这个损害是我们所要极力避免的。他的无罪释放只是形式上的,判决理由是一种道德谴责。在此,我们要求出租者和观众要有一种立场,也就是品格,为此人们应当付出不菲的代价。"

几天后,吕特在给新闻界的一封公开信中指出:"在对抗这位有失体面的德国电影代表时,不仅需要抗议,还需要抵制,这不只是正直德国人的权利，更是义务。”

电影制作和出租公司曾以哈兰以往的声誉为这部电影做过宣传，对吕特提起诉讼，要求其停止发表意见并承担损害赔偿的责任。由于吕特的抵制呼吁对公司造成收入损失，因此终审法院判定，该言论违背了《民法典》第826条规定的善良风俗。此后，吕特向联邦宪法法院提起宪法诉愿。

【提　问】

吕特的宪法诉愿有望取得成功吗？

【相关法条】

《基本法》第5条

(1)人人享有以语言、文字和图画方式自由发表、传播其言论的权利及无阻碍地以通常途径获取信息的权利。新闻出版自由和广播、电影的报道自由予以保障。对此不得进行内容审查。

(2)一般法律之规定、有关青少年保护的法律规定及个人名誉之权利，得对上述权利予以限制。

(3)艺术和科学、研究和教学自由进行。教学自由不得免除对于宪法的忠诚。

《民法典》第826条(违反善良风俗的故意损害)

以违反善良风俗的方式故意使他人遭受损害的人，对该他人负有损害赔偿的义务。

【解答提示】

当宪法诉愿同时具备可受理性和可证立性时，则其可望获得成功。

一、诉的可受理性

(一)联邦宪法法院的管辖权

根据《基本法》第93条第1款第4a项、《联邦宪法法院法》第13条第8a项、第90条以下条款,联邦宪法法院对于宪法诉愿拥有管辖权。

(二)诉讼权利能力和诉讼行为能力

吕特作为自然人,是《联邦宪法法院法》第90条第1款意义上的"每个人",因此是有诉讼权利能力的。他也同时具有诉讼行为能力。

(三)诉愿客体

宪法诉愿的合适客体是每一个"公共权力的行为"。这一概念在《基本法》第93条第1款第4a项、《联邦宪法法院法》第90条——不同于《基本法》第19条第4款——所指的不仅仅是行政权,而是全部的三种国家权力。因此,此处作为诉愿对象加以检视的是民事判决。

(四)允许提起诉愿的权利

1. 基本权利受损的可能性(《联邦宪法法院法》第90条第1款)

基于终审法院的民事判决,吕特所享有的言论自由这一基本权利(《基本法》第5条第1款第1句第一种情形)可能会受到损害。但是关于这一点主要存在以下两个问题:第一,吕特作为基本权利享有者的主体资格;第二,针对民事争议所作出的裁判是否是一种需要正当化根据的侵害。

(1)吕特的主体资格

吕特作为国家的代表(汉堡市新闻处长)本是基本权利的义务人而不能援引基本权利。但本案中,吕特却并非以新闻处负责人的身份,而是个人以汉堡新闻协会主席的身份发表言论。结合他所发表的有争议的言论内容来看,他是具备基本权利的主体资格的。

(2)基本权利在民事裁判中的重要意义

民事诉讼程序的双方当事人都是私法意义上的人,由此产生的疑问是,本案中是一种什么样的方式使吕特的基本权利受损。

①私法立法者的义务

对于民事争议来说,首先需要坚持的是,私法的立法者毫无例外地受到基本权利的拘束。如果作为判决基础的私法规范被证实违宪,则受判决约束的当事人的基本权利会因对其不利的判决而受到侵犯。

②基本权利在私法规范解释和适用时的重要意义

对此,疑问就只剩下一个,即对解决争议的规范进行解释和适用的过程中,基本权利在多大程度上能够发挥作用。

第一,直接第三人效力学说(最初由联邦劳动法院提出)。基本权利可能对于所有人产生直接的拘束,对基本权利的使用产生损害的不仅仅是国家权力,还包括社会权力,如出租者、雇主、工会、教会和社团等。此外,《基本法》第 1 条第 2 款指明,人权是"所有人类社会的基础"。

但是,该学说是有问题的。首先,这一看法并不符合基本权利的历史关系,也不符合基本法公布时基本权利与国家之间的关系,它是作为对抗国家的防御权而存在的。其次,如果采纳直接第三人效力学说,只要基本权利的行使同他人的一般行为自由之间产生冲突,就要受到法律保留的限制。在这种情况下,《基本法》第 2 条第 1 款所包含的原则——法无禁止即自由——将会受到冲击。最后,从《基本法》第 9 条第 3 款第 2 句的规定——基本权利例外地拘束私人——反推出,其并不适用于其他基本权利。

综上所述,基本权利对于私人的直接拘束力不予考察。

第二,法院判决作为侵害及对于保护义务的违反。还需要考虑的是法院,当其以国家权威对双方当事人的民事争议作出裁判,它便成为受到基本权利拘束的司法权的一部分(《基本法》第 1 条第3款)。根据不同的情况,对于合乎宪法的规范所进行的解释和适用仍然可能表现为侵害(判决)或是对于保护义务的违反(驳回起诉)。

法院侵犯基本权利这一说法是不成立的。不过会有人辩称,这种说法所引起的仅仅是基本权利针对民事主体的上述自由产生形式上的拘束。然而,一旦民事争议被诉至法院,从实质角度来看,则基本权利将会获得完全的拘束力。基本权利对于司法权的拘束力(《基本法》第1条第3款)在上述范围内是存在例外的,这一例外是否认基本权利对于民事主体具有直接拘束力的后果,同时也是对宪法进行体系解释的结果(所谓"宪法的一致")。

第三,基本权利客观内容的辐射效力学说("间接第三人效力")。以上所提到的有利于基本权利直接效力的几个方面(《基本法》第1条第2款;私人权力对于基本权利的重要意义)是不能证成的。对于宗教信仰自由或是言论自由的实际享有在很大程度上要取决于下列事实,即雇主、出租人和社团能否恣意地不公正对待特定宗教团体成员或者特定观点的支持者。从国家社会主义的教训来看,《基本法》规定的基本权利的重要性不应限制在公民与国家之间的关系,而是应当具备为国家设定价值的重要意义。因此,基本权利既是主观公权利,同时也是客观价值秩序的组成部分。

接下来需要讨论的是,对于私法主体相互之间的关系来说,基本权利的客观内容在私法的解释和适用时必须加以注意。"间接的第三人效力"(通过合宪的法律解释得以实现)的出发点是需要具体化的法律概念,特别是概括性条款,如《民法典》第138条、第242条和第826条等。

提示:此处论述也可在可证立性部分阐释。

③中间结果

本案中,民事法院通过对于《民法典》第826条进行违宪的适用或是在解释和适用过程中错误地认识基本权利设定价值的重要意义,可能会侵犯吕特的自由表达言论这一基本权利。

2. 受到特定影响

如果终审判决确实侵犯了吕特的基本权利,他将受到针对其自身的、现时的和直接的负面影响。

(五)权利用尽和从属性原则

在最后一个审级结束之后,法律途径便已用尽(《联邦宪法法院法》第90条第2款第1句)。基于没有另一种补救的可能性,宪法诉愿的从属性原则得以遵守。

(六)形式和期限

根据《联邦宪法法院法》第93条第1款,一个月的期限也得到遵守。该宪法诉愿的提出是书面的且附有理由的(《联邦宪法法院法》第23条第1款)。

(七)中间结果

吕特的宪法诉愿是被法律所许可的,因此允许提出。

二、诉的可证立性

当吕特的基本权利因法院判决而受到侵害,则他的宪法诉愿是有根据的。本案中,需要考虑的是,其言论自由(《基本法》第5条第1款第1句第一种情形)是否受到侵犯。

(一)考察范围

关于针对法院判决提起的宪法诉愿的可证立性需要考虑的是,联邦宪法法院是专门审理宪法问题的法院,它并不是“超级审级法院”。因此,对于一般法律的解释和适用首先是专业法院(如普通法院和行政法院等专门法院)的工作,而联邦宪法法院的审理范围只限于针对宪法的特殊侵犯。

因此,联邦宪法法院对于被诉判决的审查范围包括,作为法院判决基础的法律是否是合宪的,法院是否完全无视宪法诉愿申请人的相关基本权利或者对于基本权利的重要性存在重大的认识错误。

(二)《基本法》第5条第1款第1句第一种情形保护范围的开启(言论自由)

1. 事物方面

(1)专业和生活领域——“言论”

与事实陈述相反,言论通过发表看法和表达意见表现出来,因此难以对其进行真伪的鉴别。

吕特号召抵制展现出来的仅仅是价值评判。有人指出,“形式上的无罪释放”这一措辞可能包含了事实陈述。然而对于受众来说,他们从上下文能够得出,吕特在此并不想给出法学领域的专业结论,而只是对于当时无罪释放的方式和环境作出一种价值评判。

此处吕特作出的表示所涉及的是意见的表达。

(2)保障内容

对于言论自由的保护首先包含了对于言论和价值评判的自由表达。另外,当事实陈述(不包括被证实为虚构的事实陈述)说明了价值判断的背景信息,它便作为构成言论的前提,从而同言论结合在一起,因此也会被纳入保护范围之内。保护范围的开启并不取决于所发表意见的“价值”。

吕特的声明在言论自由的保护范围之内。

2. 人的方面

言论自由是每个人的基本权利。正如前述,吕特作为私人发表了讲话。因此,在人的方面,保护范围也是成立的。

(三)侵害/对于基本权利的限制

吕特受到民法上的制裁(损害赔偿),其言论表达的基本权利因民事判决而受到限制。

(四)宪法上的正当性论证

如果这一对于言论自由的限制被认为是在《基本法》第5条第1款第1句有效的界限范围内,则该限制是有正当性根据的。

1. 基本权利可被限制

根据《基本法》第 5 条第 2 款,言论自由要受到加重的法律保留的限制。本案中需要讨论的是作为"一般法律"的《民法典》第 826 条。

2.《民法典》第 826 条的合宪性

(1)形式上的合宪性

《民法典》第 826 条的形式合宪性是没有疑问的,特别是因为援引命令既不适用于先于立宪的法律,也不适用于《基本法》第 5 条第 2 款所提到的"一般法律"。

(2)实质上的合宪性

①加重的法律保留的要求

《基本法》第 5 条第 2 款意义上的"一般"意味着至少要超过《基本法》第 19 条第 1 款第 1 句所规定的禁止个案立法。在此之外,自 20 世纪 20 年代开始它便作为两种可能的解释思路的对立面而存在,即"特别法学说"和"权衡学说"。

第一,"特别法学说"。根据"特别法学说",一般法律作为"特别法"的反面服务于对法益的保护,而不考虑特定言论违反一般法律的规定。

第二,"权衡学说"。根据"权衡学说",当一部法律所保护的法益比言论自由重要的话,则它就是一般法律。这种说法导致了合比例性审查的提前,并且使一般性的判断标准变得空洞化。

第三,联邦宪法法院的观点。联邦宪法法院试图将两种思路结合在一起,它认为,一般法律"并非专门禁止某种言论或针对某种言论的法律,而是纯粹只是为了保护法益、不考虑特定言论的法律,它们所保护的共同体价值优先于言论自由的行使"(《联邦宪法法院裁判集》第 7 卷,第 198 页、第 209 页及下一页)。

第四,作为一般法律的《民法典》第 826 条。《民法典》第 826 条并不针对特定的言论表达,而是保护法益免于受到可能的以故意违反善良风俗的方式所造成的损害。因此,《民法典》第 826 条是《基本法》第5条第2款意义上的一般法律。

②合比例性

《民法典》第826条还必须满足比例原则。

第一,目的合法、适当性、必要性。

《民法典》第826条保护法益免于受到可能的以故意违反善良风俗的方式所造成的损害,因此其目的是合法的。设置赔偿损失义务的规定是为了实现这一目的,就可能的案件而言,这一义务是适当的,成本更低的手段也是不明显的。因此,这一规范是适当和必要的。

第二,狭义比例原则。

它还必须符合狭义比例原则的要求。对于言论自由来说,联邦宪法法院特别要求“一种交互作用,即一般法律虽然从字面上看是对这一基本权利设置了限制,但同时这种限制作用本身还要再接受基本权利的限制”。

交互作用学说首先在解释层面起作用,一般法律须被合宪地解释为准许自由表达观点的推定。就这个意义而言,《民法典》第826条也可根据交互作用学说加以解释,因而不违反狭义比例原则。

3.《民法典》第826条适用的违宪性

根据基本权利的间接第三人效力,民事法院在适用《民法典》第826条时必须适当地注意吕特和原审原告公司的基本权利,这些基本权利作为基本法秩序的客观法基本元素具备设定价值的重要意义。

本案中需要衡量的是吕特的言论自由(《基本法》第5条第1款第1句第一种情形)和公司的职业与艺术自由(《基本法》第12条第1款和第5条第3款)。

不再受言论自由保护的是蔑视性批评,它是一种贬低性言论,不是就事论事的争论,而是针对人身进行的诋毁。然而,吕特所表达的并不是蔑视性批评意见,他的言论并没有超越事实本身而指向哈兰的人身。同时,诉愿人“形式上的无罪释放”和“道德谴责”等言论只是对判决内容的综合评价,其在内容和形式上也并未超越合理的界限。相反,对于20世纪50年代而言,其言论为当时争取言论自由做出了贡献,除此之外,出租者和制造者也可以很容易地通过在公开场合提出反对观点来进行对抗。此外,在对新电影进行宣传时,他们同样可以对这种批评作出回应。最后,吕特在呼吁抵制时并没有追求自身的经济利益。

吕特的言论自由超过了公司的经济利益。因此,言论自由不能被民事法院认定为《民法典》第826条意义上的“违反善良风俗的损害”,终审判决错误地认识了言论自由在民法关系中的放射效力。

4. 中间结果

联邦最高法院的判决侵犯了吕特所享有的言论自由,因此,他的宪法诉愿是有根据的。

三、结论

被提起的宪法诉愿是法律所允许的,同时也是有根据的,因而是有望取得成功的。

附录三：

雷巴赫案解析

冯　威

雷巴赫案的宪法诉愿要想胜诉,应当具有适法性以及证立性。

一、适法性

(一)合秩序的申请

根据《基本法》第93条第1款第4a项,《联邦宪法法院法》第13条第8a项、第90~95条,联邦宪法法院对该宪法诉愿具有管辖权。雷巴赫案的宪法诉愿也符合《联邦宪法法院法》第23条、第92条规定的书面形式和理由说明。

(二)当事人能力

诉愿人必须具有当事人能力,也就是《基本法》第93条第1款第4a项与《联邦宪法法院法》第13条第8a项、第90~95条规定的"任何人"。此处的"任何人"系指所有基本权利的享有人。诉愿人作为自然人具有基本权利能力。此外,诉愿人所援引的《基本法》第2条第1款连同第1条第1款也适用于"任何人"。因而,诉愿人同时具有当事人能力。

(三)诉愿标的

根据《基本法》第93条第1款第4a项,《联邦宪法法院法》第13条第8a项、第90~95项,恰当的诉愿标的系任何公权力行为。根据《基本法》第20条第2款、第1条第3款,公权力由立法机关、行政机关与司法机关所享有。雷巴赫案的诉愿人针对的系送达给他的法院判决,也就是司法机关的行为。

(四)诉愿权限

根据《联邦宪法法院法》第 90 条第 1 款,诉愿人还必须具有诉愿权限。而诉愿人具有诉愿权限的前提是,他的基本权利有遭到诉争公权力损害的可能性,且具有本人的、直接的、现实的相关性。

雷巴赫案至少没有从一开始就排除如下可能性,即诉愿人基于《基本法》第 2 条第 1 款连同第 1 条第 1 款的一般人格权遭到诉争法院裁判的损害。

诉愿人作为原初诉讼的当事人,因而与本人具有相关性。通过诉争法院裁判,相应的电视纪录片能够继续按计划播放,因而会对诉愿人产生直接的、现实的影响。

(五)穷尽法律途径

根据《联邦宪法法院法》第 90 条第 2 款第 1 项的规定,诉愿人还必须已经穷尽了法律途径。而由于诉争的法院裁判已经是终审裁判,因而法律途径已经穷尽。

(六)期限

《联邦宪法法院法》第 93 条第 1 款规定的期限,在此适用。

二、证立性

宪法诉愿是证立的,如果诉愿人的基本权利或者《基本法》第 93 条第 1 款第 4a 项规定的其他权利遭到损害。该案仅仅涉及对《基本法》第 2 条第 1 款连同第 1 条第 1 款的一般人格权之损害。

(一)对保护范围的干预

在此首先要追问的是,诉争的法院裁判是否对《基本法》第 2 条第 1 款连同第 1 条第 1 款的一般人格权之保护范围造成了干预。联邦宪法法院认为,本案中通过使用犯罪人的姓名和肖像来对犯罪行为进行电视报道的行为,毋庸置疑,干预了基本权利上一般人格权的保护范围,因为后者意味着在私人领域中“为自己而存在”、“只属于自己”。

(二)合宪性正当化

当且仅当对基本权利的干预并非是对基本权利的限制时,也就是无法得到正当化时,基本权利才遭受损害。

1. 限制

联邦宪法法院认为,整个私人生活领域并非全部处在一般人格权的绝对(nicht absolut)保护之中,而是可能在与其他公民的交往中以及公共生活中受到相应限制。根据《基本法》第2条第1款的规定,一般人格权应当“不侵害他人权利、不违背合宪性秩序和道德法则”,这等同于简单法律保留。

诉争法院裁判系基于《艺术著作权法》第22条、第23条中的限制条款(来自历史领域的肖像)以及限制之限制条款(未侵犯到肖像人的正当利益),它们既是形式的也是实质的法律,因而符合法律保留。此外,诉争法院裁判还援引了《基本法》第5条第1款第2句,出于对德国第二电台的广播电视自由之保护,而对诉愿人一般人格权造成了限制。这属于不成文的直接(通过宪法的)限制。

该案的问题因而在于,《艺术著作权法》第22条、第23条以及《基本法》第5条、第1款第2句对于一般人格权的限制是否具有合宪性。

2. 不具有通常优先地位的紧张关系

联邦宪法法院首先认为:许多基本权利都影响到了普通法律(einfaches Recht)——尤其是一般制定法——的适用;在此涉及的是:“《基本法》第2条第1款连同第1条第1款所保护的人格权与第5条第1款第2句所保障的广播电视报道自由二者之间的紧张关系(Spannungslage)。”接下来经过对相互碰撞的利益——时而也被称之为“冲突情形”(Konfliktfall)——进行了长达7页的反复讨论后,联邦宪法法院强调指出:"两项宪法价值中的任何一方都不能要求具有通常优先地位。"

一方面,就一般人格权而言,本案中通过使用犯罪人的姓名和肖像来对犯罪行为进行电视报道的行为,毋庸置疑干预了基本权利上一般人格权的保护范围,因为后者意味着在私人领域中"为自己而存在"、"只属于自己"。当然,整个私人生活领域并非全部处在一般人格权的绝对(nicht absolut)保护之中,而是可能在与其他公民的交往中以及公共生活中受到相应限制。在此存在一项基础原则,即保护公共利益(Interesse der Allgemeinheit)的公共权力措施只被允许对其进行符合适当强度的且必要的干预(erforderliches Eingriff mit entsprechender Intensität)。而此处的一般人格权由于源于宪法上的最高价值——即人性尊严(Menschenwürde),因而也应当享有很高的位阶。所以,在具体个案中需要考察的是:"所追求的公共利益是否既是一般地又是针对个案情形地具有优先地位;所预见的对私人领域的干预,是否在方式和范围上为追求上述公共利益所必要,并且与事物的意义保持符合比例的关系(im angemessenen Verhältnis)。"

另一方面,就广播电视报道自由而言,联邦宪法法院也认为:广播电视报道自由对于自由民主的基本秩序(freiheitlich-demokratische Grundordnung)具有构成性作用,因为广播和电视本身是公共意见与公共意志形成程序中的决定性因素之一。而且在此也要避免对《基本法》第 5 条第 1 款第 2 句中的"报道"(Berichterstattung)二字进行严格文义解释。实际上,无论像新闻、政论、时评等"严肃"节目(„seriöse" Programme),还是广播剧、滑稽剧或者其他娱乐节目(Unterhaltungssendungen),都会由于对节目的选择与制作而影响到公众的意见形成。更重要的是,联邦宪法法院还认为,对于宪法保障的干预也不取决于相关人对节目具有"正当的"或"合法的"的利益。如果比较一下前述《艺术著作权法》第23条第2款规定的“肖像的使用不得侵害到肖像权人的正当利益”,那么可以发现:联邦宪法法院并不认为一般制定法总是可以限制广播电视报道自由的基本权利,而是应当反过来从基本权利的角度考察对一般制定法的解释甚至限制,从而确保广播电视报道自由符合比例地实现(angemessene Verwirklichung)。

然而,联邦宪法法院通过对上述两项基本权利的保护范围与限制的分析,并不能立即决定何者具有优先地位;可以察觉的反倒是:必须同时进行一般的与具体的权衡(eine generelle und konkrete Abwägung),并且考虑比例原则的要求。

3. 权衡命令及其标准

联邦宪法法院反复提及了“利益权衡的必要性”。联邦宪法法院对于上述普通法律——即《艺术著作权法》第23条——的审查篇幅并不多。唯须注意的是:该法虽然颁布于1907年9月9日,属于前宪法的法律(vorkonstitutionelles Recht),但是《基本法》于1949年5月23日生效以来,对于该法的整体理解——尤其是对肖像权的理解——应当从一般人格权的角度审视之。因而,尽管联邦宪法法院也承认《艺术著作权法》第23条所要求的利益权衡,但是这一利益权衡还应当充分考量基本权利对普通法律的辐射效果。联邦宪法法院并不关切普通法律中的哪些事实构成要件应予权衡,而是仅仅针对相互碰撞的基本权利及其各自的辐射效果加以权衡。

正是针对相互碰撞的基本权利,联邦宪法法院认为:“根据宪法的意图,两项宪法价值(Verfassungswerte)都构成了《基本法》上自由民主秩序的实质组成部分,因而其中任何一方都不能要求具有通常优先地位(keiner von ihnen einen grundsätzlichen Vorrang beanspruchen könne)……两项宪法价值由此必须在冲突情形中尽可能地取得均衡(nach Möglichkeit zum Ausgleich gebracht werden müssen);如果无法达到这一状态,那么应当考量案件类型的构造以及个案的特殊情形,以决定何种利益不得不退让(zurücktreten)。”由此我们可以说:(1)相互碰撞的基本权利之间具有的没有通常优先地位的紧张关系;(2)且不可能达成均衡,这二者构成了联邦宪法法院权衡的起点。

此外,联邦宪法法院还尤其说明了权衡的“指导价值”(Richtwert)。它们包括:其一,人性尊严。上述两项宪法价值都应当从人性尊严这一宪法价值体系(Wertsystem der Verfassung)的核心来予以理解。其二,合比例性的一般原则(allgemeines Grundsatz der Verhältnismäßigkeit),且尤其是过度禁止(Übermaßverbot)。也就是说:“权衡一方面必须考察上述形式的节目对人格领域的干预强度(Intensität der Eingriff);另一方面应当对该节目所服务的具体利益进行评价和审查,是否以及在多大程度上该利益能够在不妨碍(Beeinträchtigung)——或者不深度妨碍——人格保护的情况下依然能够得到满足(Befriedigung)。”以上是联邦宪法法院提出的权衡要求及其权衡标准。

4.“一般的”权衡:可识别犯罪人人格的即时电视报道

根据联邦宪法法院的表述,应当首先考量案件类型的构造(falltypische Gestaltung),以得出具有宪法意义的若干标准,它称之为“一般权衡”(generelle Abwägung)。

一方面,就一般人格权而言,本案中通过使用犯罪人的姓名和肖像来对犯罪行为进行电视报道的行为,始终构成对其人格领域的严重妨碍(stets erheblich beeinträchtigen),因为其犯罪行为被公之于众,其人格一开始就在观众眼前受到负面评价。电视节目会给观众造成某种视觉印象;其纪录片的客观与实事求是风格也会让观众惑于“真实的幻觉”,将犯罪人的部分行为误信为涵盖其全部人格;再加上观众的“选择性感知”倾向,这些都会强化他们对社会边缘群体的普遍排斥。

另一方面,就广播电视报道自由而言,公众需要获知包含犯罪人人格在内的完整信息,这值得慎重考量(erhebliche Erwägung)。在一般的好奇心与感官刺激之外,也应当出于严肃的理由对待公众的信息利益。即不仅是知道纯粹的事实,而且需要对犯罪行为、背景、社会条件予以深刻解释。此外,作为一种合法的民主需要,公众也需要对负责公共安全的国家机构或机关、刑事侦查机关以及刑事法庭进行监督,这一点具有重大分量(maßgebende ins Gewicht)。而电视节目恰好因其覆盖范围而特别适合用来满足上述信息诉求。

“如果人们进行一般的权衡”,联邦宪法法院认为:“那么就针对犯罪行为的即时报道而言,公众的信息利益一般而言享有优先地位(Wägt man generell ab, so verdient für die aktuelle Berichterstattung über Straftaten das Informationsinteresse im allgemeinen den Vorrang)。”在此联邦宪法法院也就通过“一般的”权衡确立了一项有利于公众信息利益的优先规则。值得注意的是,联邦宪法法院依然强调,此处的优先地位依然是通常性的(grundsätzlich),因为信息利益的优先地位并不是毫无限制地有效。由于它对其他基本权利(在此即一般人格权)造成了限制(Schranken),因而这一限制又要考量到人性尊严以及比例原则。

5.“具体的”权衡:可识别犯罪人人格的过时电视报道

经过针对案件类型构造的“一般的权衡”,尚需针对个案的特殊情形(besondere Umstände des Einzelfalls)进行“具体的权衡”(konkrete Abwägung)。此案的特殊情形至少在于:上述交往媒体已经超出即时报道的范围,不受时间限制地(zeitlich unbeschränkt)展示犯罪人的人格及其私人领域。因而最好就该当案件确定一条时间上的界限。但联邦宪法法院尤其指出,在一项通常被允许的即时报道与一项不被允许的过时展示与描述之间,无法一般性地、将若干个月或者若干年作为所有案件中的固定期限。

紧接着联邦宪法法院集中探讨了犯罪人重新融入社会的利

益。实际上,有关社会化的一般观点在当时已经被视为自由刑执行应当追求的较高目标。尤其从释放之日起,犯罪人的再社会化进入决定性阶段:不仅仅犯罪人必须做好回归自由社会的准备,而且社会本身也应当做好接纳他的准备。人们可以想到,社会化思想在前述科布伦茨州高等法院的审理过程已经得到了承认,而且也部分通过1969年的两次《刑法改革法》(1. und 2. Strafrechtsreformgesetz v. 25. 6. und 4. 7. 1969)得到接受。但联邦宪法法院则更进一步地认为:“从宪法上讲,该(再社会化)要求关乎一个社会的自我理解,也就是对于处在宪法价值秩序核心的人性尊严,以及对于社会国原则(Sozialstaatsprinzip)所负有的义务。”对弱势群体的国家关怀与照料,甚至也是对共同体本身的保护(Schutz der Gemeinschaft selbst)。

“总而言之”,联邦宪法法院重新总结道:“一项重复的、不再涉及即时信息利益的、关于严重犯罪行为的电视报道,如果威胁到犯罪人的再社会化,那么也不得被允许。”更进一步的,关于再社会化威胁如何认定,联邦宪法法院指出:“具有一般有效性的是:一项节目越是以犯罪行为的典型性为对象,它越是不需要对犯罪人的可识别性。”就此而言,犯罪人人格的可识别性也被作为本案的考虑因素之一。最终,经过更为“具体的”权衡,联邦宪法法院得出了一项逆转的优先规则。即对于犯罪行为的、可识别的、过时的报道,犯罪人的再社会化利益相对于公众信息利益具有——通常性的——优先地位。

诉争法院裁判对于诉愿人基于《基本法》第2条第1款连同第1条第1款的一般人格权之干预未能得到合宪性正当化。就此而言,诉争法院裁判损害了诉愿人的基本权利,该宪法诉愿是证立的,因而最终能够胜诉。

图书在版编目(CIP)数据

德国宪法案例选释．第2辑，言论自由/张翔主编．—北京：法律出版社，2016.7(2019.5重印)
ISBN 978-7-5118-9777-0

Ⅰ.①德… Ⅱ.①张… Ⅲ.①宪法—权利—案例—德国 Ⅳ.①D951.61

中国版本图书馆CIP数据核字(2016)第172603号

德国宪法案例选释(第2辑)言论自由
DEGUO XIANFA ANLI XUANSHI(DI-2 JI) YANLUN ZIYOU

张　翔 主编

策划编辑 沈小英
责任编辑 沈小英　刘晓萌
装帧设计 李　瞻

出版 法律出版社
总发行 中国法律图书有限公司
经销 新华书店
印刷 北京虎彩文化传播有限公司
责任校对 王沁陶
责任印制 吕亚莉

编辑统筹 法治与经济出版分社
开本 A5
印张 9.625
字数 250千
版本 2016年8月第1版
印次 2019年5月第2次印刷

法律出版社/北京市丰台区莲花池西里7号(100073)
网址/www.lawpress.com.cn
投稿邮箱/info@lawpress.com.cn
举报维权邮箱/jbwq@lawpress.com.cn
销售热线/010-83938336
咨询电话/010-63939796

中国法律图书有限公司/北京市丰台区莲花池西里7号(100073)
全国各地中法图分、子公司销售电话：
统一销售客服/400-660-6393
第一法律书店/010-83938334/8335　西安分公司/029-85330678　重庆分公司/023-67453036
上海分公司/021-62071639/1636　深圳分公司/0755-83072995

书号：ISBN 978-7-5118-9777-0　**定价**：38.00元